数字化背景下
不动产登记档案管理
与开发利用研究

张文娜 著

郑州大学出版社

图书在版编目（CIP）数据

数字化背景下不动产登记档案管理与开发利用研究 / 张文娜
著. — 郑州：郑州大学出版社，2023.11（2024.6 重印）
ISBN 978-7-5773-0014-6

Ⅰ.①数… Ⅱ.①张… Ⅲ.①不动产 - 产权登记 - 档案管
理 - 研究 - 中国 Ⅳ.①G275.9

中国国家版本馆 CIP 数据核字（2023）第 213181 号

数字化背景下不动产登记档案管理与开发利用研究
SHUZIHUA BEIJING XIA BUDONGCHAN DENGJI DANG'AN GUANLI
YU KAIFA LIYONG YANJIU

策划编辑	李勇军		封面设计	孙文恒
责任编辑	刘晓晓		版式设计	孙文恒
责任校对	孙精精		责任监制	李瑞卿

出版发行	郑州大学出版社		地　　址	郑州市大学路 40 号（450052）
出 版 人	孙保营		网　　址	http://www.zzup.cn
经　　销	全国新华书店		发行电话	0371-66966070
印　　刷	廊坊市印艺阁数字科技有限公司			
开　　本	710 mm × 1 010 mm　1 / 16			
印　　张	15.25		字　　数	238 千字
版　　次	2023 年 11 月第 1 版		印　　次	2024 年 6 月第 2 次印刷

书　　号	ISBN 978-7-5773-0014-6		定　　价	58.00 元

本书如有印装质量问题，请与本社联系调换。

前　言

在信息时代的浪潮下，档案管理作为一个重要的信息资源管理领域，扮演着日益关键的角色。随着科技的不断进步和数字化革命的兴起，档案管理面临着前所未有的机遇和挑战。本书旨在深入研究现代科技革命和大数据时代来临对档案管理的影响，特别关注互联网背景下的不动产登记档案的数字化设计、信息化建设以及利用发展平台的实践探究。

档案管理作为信息资源管理的重要领域，在现代社会中扮演着至关重要的角色。随着信息技术的飞速发展，特别是大数据技术的广泛应用，档案管理面临着全新的发展机遇。然而，与此同时，不断涌现的信息化挑战也给档案管理带来了前所未有的考验。在这个信息爆炸的时代，如何有效管理、保护和应用海量的档案信息，成了摆在我们面前的重要课题。

本书的目标是系统研究现代科技革命和大数据时代对档案管理的影响，并深入探讨互联网背景下的不动产登记档案的数字化设计、信息化建设以及利用发展平台的实践。笔者通过对这些关键问题的研究，力图探索创新的解决方案，以应对信息时代档案管理的新挑战和机遇。

本书的研究旨在提高档案管理的效率和质量，进一步促进不动产登记档案的数字化与信息化，并为保护不动产权益、推动社会发展和提升行政效能做出贡献。

本书通过理论与实践相结合的方式，探讨档案管理领域的新理念、新技术和新方法，以期为政府部门、社会机构和相关研究者提供有益的参考和指导。

希望本书能为读者提供深入了解现代科技革命和大数据时代对档案管理的影响，以及在互联网背景下不动产登记档案的数字化设计、信息化建设以及利用发展平台的实践探究。相信通过共同的努力，我们能够做好准备，迎接信息时代档案管理的新挑战，推动不动产登记档案管理事业的持续发展，为构建数字化、智能化的社会奠定更加坚实的基础。

目　录

第一章
档案管理及与信息技术的关系

在 21 世纪的今天，我们正处于一个信息化和数字化的时代，这个时代的特点是数据的快速增长和技术的快速发展。在这个背景下，不动产登记档案管理也面临着新的挑战和机遇。

不动产登记档案是记录不动产权属和使用情况的重要文件，对于维护产权人的合法权益、保障社会经济秩序、促进不动产市场的健康发展具有重要意义。然而，随着不动产交易的增多和复杂性的提高，不动产登记档案的数量和类型也在快速增长，这对档案管理提出了新的要求。

如何有效地管理这些档案以提高工作效率，是一个重要的问题。传统的档案管理方法，如人工分类、手动检索等，已经无法满足当前的需求。因此，我们需要利用现代技术，如数据库技术、人工智能技术等来改进档案管理的方法。

如何有效地利用这些档案以提高服务质量，也是一个重要的问题。不动产登记档案包含了大量的信息，如产权人的信息、不动产的信息、交易的信息等，这些信息对政府、企业和个人都有重要的价值。因此，我们需要开发新的方法，如数据挖掘、数据分析等，来提取和利用这些信息。

随着科学技术的发展，如云计算、大数据、区块链等，不动产登记档案管理也面临着新的挑战，如数据安全、数据隐私、数据质量等。这些问题需要我们进行深入的研究和探讨。

总之，不动产登记档案管理在信息化和数字化的背景下，面临着新的挑战和机遇。如何有效地管理和利用这些档案，以提高工作效率和服务质量，成了一个重要的研究课题。

第一节　档案管理概述

一、定义和范围

档案管理作为一项系统化的组织活动，其重要性在于确保各类档案的完整性、可靠性和可访问性，以支持组织和个人的日常运作和决策。在深入探讨档案管理的定义和范围时，我们可以进一步了解其背后的原理和重要性。

档案管理的定义包括对各类档案进行系统化的组织、管理和利用的活动。这个定义强调了档案管理是一个综合性的过程，它不仅仅是简单地收集和存储文件，更重要的是对这些文件进行有组织、有目的的管理，使其成为有用的信息资源。

档案作为组织或个人在日常活动中产生的书面或电子文件的集合，具有重要的价值。首先，档案是组织和个人活动的历史记录，记录了过去的决策、行动和成果。这些历史记录对于了解组织的发展历程、个人的经历和社会的变迁等非常重要。其次，档案是组织和个人知识的积累，包含了丰富的信息和经验，对于今后的决策和规划具有指导作用。最后，档案是法律依据，它们可以证明合同的有效性、权利的归属等重要法律事项。

档案管理的范围广泛，不仅涉及政府机构、企事业单位、学校和社会团体等各类组织，还包括个人的档案管理。在政府机构中，档案管理涵盖行政档案、法律档案、财务档案等多个类别。行政档案记录了政府的日常管理活动和决策过程，包括政策制定、行政命令、会议记录等。法律档案则记录了各类法律文件和司法决策，是司法机关和法律机构的重要依据。财务档案则包括财务报表、会计凭证等，是组织财务状况的重要反映。

在企事业单位中，档案管理涉及经济档案、人事档案、科研档案等多个方面。经济档案记录了组织的经营活动和业务往来，对于企业的经营决策和财务分析至关重要。人事档案则包含了员工的入职、晋升、离职等信息，是人力资源管理的重要基础。科研档案记录了科研项目的申请、研究过程和成果，是科学研究的重要资料。

在学校中，档案管理包括教学档案、学生档案、科研档案等方面。教学档案记录了教学计划、教学评估和教师教学反馈，对于提高教学质量和效果至关重要。学生档案包含了学生的学籍信息、成绩记录和表现评价，是学校管理和学生评估的重要依据。科研档案记录了学校的科研项目和成果，对于学校的学术声誉和发展有着重要的影响。

在社会团体中，档案管理涵盖了文化档案、慈善档案、社区服务档案等方面的内容。文化档案记录了文化传承和创作活动，是文化机构和文化爱好者的重要资源。慈善档案记录了慈善组织的资金流向和项目实施情况，是慈善活动的重要依据。社区服务档案记录了社区服务活动的开展和效果，是社会团体改进服务质量的重要参考。

档案管理的目标是确保档案的完整性、可靠性和可访问性。首先，完整性要求档案应当保持原始状态，不受到篡改或破坏。其次，可靠性要求档案所载信息应当真实可信，可以依据其进行决策和研究。最后，可访问性要求档案应当能够方便地被查阅和利用，不受时间和空间限制。

为了达到这些目标，档案管理需要有一系列的流程和采取相关措施。首先，档案的收集是档案管理的基础。收集工作需要对组织的各类文件进行定期整理和归档，以保证档案的全面性。其次，档案的整理和分类是为了将档案按照一定的标准和规则进行组织，方便后续的检索和利用。编目工作对于建立档案目录和索引至关重要，它是档案管理的核心环节之一。存储是指将档案妥善保存在适当的环境中，以防止档案老化和损坏。检索是档案管理的重要环节，它要求档案能够被快速准确地找到。

二、历史沿革

档案管理作为一门学科，其历史沿革极为悠久，它的演进和发展与人类社会的进步息息相关。早在古代文明时期，人们已经开始使用各种形式的档案来记录重要信息和事件。在古埃及，人们使用纸质档案记录法律、政治和宗教事务，这些档案成了研究古埃及文明的重要依据。而在古代中国，使用木简等材料制作的档案也得到广泛应用，特别是在统治者和官吏之间进行信息传递和记录，这些档案为后来的历史研究提供了宝贵的资料。

随着人类文明的不断发展，档案管理体系逐渐形成和完善。在古代文明的基础上，欧洲国家于中世纪开始建立自己的档案管理体系。国家和组织需要记录和保存大量的政治、经济和社会信息，这些档案为研究历史和社会发展提供了重要的线索。同时，档案管理在中世纪的欧洲宗教机构中也得到广泛应用，教会档案成为研究中世纪欧洲宗教和文化的重要资源。

现代档案学作为一门学科的形成可追溯到 19 世纪末 20 世纪初。随着工业革命的兴起和现代社会的快速发展，档案管理逐渐成为组织和国家重要的管理领域。特别是在工商业迅速扩张的时期，组织需要高效地管理大量的文件和信息，档案管理成为组织运营的关键环节。同时，在现代国家治理中，政府需要记录和管理大量的政策、法规和社会信息，档案管理也成为国家管理的基础。

20 世纪初，档案学作为一门独立学科开始出现。不同国家的学者开始系统地探讨档案管理的理论和实践，逐步建立起一套完整的档案管理体系和方法论。档案学的研究范围不断拓展，包括档案的获取、整理、保存、利用和销毁等各个环节。同时，档案管理的专业化也在逐渐加强，档案学的教育和培训体系逐步建立。

在现代科技的推动下，数字化档案管理和电子档案管理逐渐成为新的研究热点。数字化技术的应用，使海量的档案可以被更加高效地获取、存储和检索，为档案管理带来了革命性的变化。电子档案的出现也为档案管理带来了挑战和机遇，如何保证电子档案的安全和可靠性成为重要议题。

不同国家和地区在档案管理方面有着不同的发展历程和特点。各国档案管理部门和机构相继成立，并逐步建立起完善的与档案管理相关的法律法规体系。档案学的研究逐渐获得重视，各类档案学院和研究中心应运而生。在国际层面，各国之间也不断开展档案交流与合作，促进了档案学的跨国交流和合作。

档案管理经历了从古代文明的起源，到中世纪和近现代的发展，再到现代数字化时代的革新。它记录着人类社会的发展历程和演变轨迹，为后世了解历史和进行研究积累了宝贵的财富。同时，档案管理在现代社会中的重要性也越发凸显，它不仅是知识的载体，更是组织和国家决策的重要依据，为社会治理和公共服务发挥着不可或缺的作用。档案学的不断发展和创新，将为人类社会的进步和发展作出重要贡献。

三、档案管理的重要性

档案管理的重要性体现在多个方面，它不仅是信息资源的宝库，还是组织机构运作的基础，同时也承载着文化和历史遗产的传承。

档案作为信息资源的宝库，是记录组织和个人的重要信息的重要载体。档案中蕴含着组织的发展历程、业务活动、财务状况等关键信息，这些信息对于组织的决策和未来规划至关重要。个人档案则记录了员工的工作经历、技能水平、培训成果等，有助于评估员工绩效和晋升途径。这些档案信息能够为组织提供可靠的数据支持，使其更好地应对市场竞争和挑战。

档案是组织机构运作的基础。在日常运营中，组织需要参考档案来作出决策，包括制定发展战略、决定资源配置、进行项目管理等。档案中的历史数据和信息记录帮助组织分析过去的经验和教训，从而在未来更加明智地作出决策。对于组织管理层而言，档案是评估过去成绩、规划未来发展和制定战略的重要依据。

同时，档案也承载着文化和历史遗产的传承责任。档案记录了人类社会的发展历程和文化传统，对于保存国家和地区的历史文化记忆至关重要。它们不仅代表着个体和组织的历史，同时也是整个社会文明演进的见证。通过档案的传承，后辈能够了解和学习前辈们的智慧和经验，进而形成自身的文化认同和价值观。档案还有助于保护濒临消失的传统和文化，使其得以传承和发扬光大。

在数字化时代，档案管理也面临新的挑战和机遇。数字化技术使得档案信息的获取、存储和共享更加高效便捷，同时也带来了信息安全和隐私保护的问题。保障档案的完整性和真实性成为亟待解决的问题，同时也需要确保档案的长期保存和持续可用性。

档案管理在现代社会中扮演着不可替代的重要角色。它作为信息资源的宝库，记录并见证着组织和个人的发展历程；作为组织机构运作的基础，为决策提供可靠依据；同时，它还肩负着文化和历史遗产传承的责任，维护着国家和地区的历史记忆和文化传统。在未来的发展中，我们应当继续加强档案管理的创新和保护，以更好地利用档案的价值，为社会进步和发展作出贡献。

四、档案管理的基本原则

档案管理是一种组织和管理信息资源的重要活动，旨在收集、组织、保护和利用各种类型的档案，以支持组织决策、历史研究和社会发展。在实践中，档案管理需要遵循一系列基本原则，以确保档案的质量、可信度和安全性。

第一，完整性是档案管理的核心原则之一。档案应当记录完整，不得随意删除、遗漏或篡改信息。保持档案的完整性意味着需要确保所有与组织或个人相关的重要事项都能得到记录。这包括组织的规章制度、活动记录、财务信息、员工档案以及与组织目标和使命相关的其他重要信息。只有通过查阅完整的档案记录，我们才能全面了解组织的历史、业务运营和决策过程，从而更好地规划未来发展。

第二，真实性是档案管理不可或缺的要素。档案内容应当真实客观，不得虚构或伪造。保持档案的真实性对于历史研究和决策制定至关重要。虚假的档案信息可能误导研究人员、决策者和公众，影响人们对历史事件的认知和理解。为了确保档案的真实性，档案管理者需要严格遵守信息采集和记录的规范性，不得随意篡改或隐瞒重要信息。

第三，可靠性和权威性是档案管理的追求目标。可靠性指的是档案应当具有可信性和准确性，能够为研究和决策提供可信的资料。档案的可靠性与信息的来源、采集方式和记录过程密切相关。档案管理者需要确保信息来源可靠、信息采集方式科学合理，避免主观偏见和误导性信息。同时，档案应当具备权威性，即经过专业鉴定、认证或授权，成为研究和决策的重要依据。高度可靠和权威的档案能够帮助研究人员和决策者作出准确的判断和决策，推动社会进步和科学发展。

第四，保密性是档案管理中的重要原则。档案中涉及个人隐私和机密信息的内容必须得到严格保密。这些信息包括个人身份、健康状况、财务状况以及国家安全等敏感数据。保护个人隐私和机密信息是档案管理的法律义务和社会责任。档案管理者需要建立完善的保密制度和安全措施，防止信息的泄露和滥用，确保个人权利和国家利益得到有效保护。

第五，咨询性是档案管理的目标之一。档案应当为有需要的用户提供及时、准确的信息。这意味着档案管理者需要为用户提供便捷的档案查询和获取的渠道，以满足用户对信息的需求。档案的咨询性不仅要做到便捷，还需要保持及时更新。只有及时更新档案，反映最新的信息和进展，用户才能获得最新的可信资料。为了实现档案的咨询性，档案管理者需要不断改进档案管理系统，提高信息处理效率和服务质量。

总之，档案管理的基本原则包括完整性、真实性、可靠性、权威性、保密性和咨询性，这些原则共同构成了一个高效、安全、可信赖的档案管理体系，为社会发展、历史研究和决策制定提供了重要的支持和保障。只有坚守这些原则，档案管理才能发挥其应有的作用，成为组织和社会的宝贵财富。随着信息技术的不断发展，档案管理也将不断创新，从而更好地服务于社会和人类进步。

五、档案管理的基本流程

档案管理是现代组织运转的必备环节，它涉及组织内部的信息生命周期，包括档案的产生与收集、分类与整理、保存与利用以及销毁与归档等基本流程。这些流程共同构成了一个完整的档案管理体系，确保了组织信息的有效管理和合理利用。

档案的产生与收集是档案管理的起点。在日常运营中，各类活动都会产生重要的文件和信息。这些文件可能是会议记录、员工档案、业务文件、客户信息等。它们记录着组织的活动和决策，是组织运作的重要依据。这些文件和信息通过各种手段被收集起来，如电子文档、纸质文件、邮件记录等。这些来源各异的文件汇聚成了档案的基础。

档案的分类与整理是保证档案管理有效的前提。对档案进行分类是为了方便日后的检索和使用。通过对文件内容和属性的分析，把相似性质或功能的文件归类在一起，形成档案的层次结构。这有助于快速准确地找到需要的信息，提高工作效率。同时，档案整理是保持档案的有序性和完整性。应对档案进行修复、清理、整合，确保其信息内容的真实性和完整性，防止文件遗失或受损。

档案的保存与利用是整个档案管理过程中最为关键的环节。档案要求在适当的环境和设施中被妥善保管，以防止文件的损坏、遗失或泄露。对于纸质档案，应设置合适的储存条件，如防潮、防虫、防火等。对于电子档案，要建立健全的信息安全措施，防止数据的泄露和篡改。同时，档案的利用是档案管理的价值所在。组织成员可以通过合法途径提取档案中的信息，为决策和业务开展提供依据。档案的利用不仅促进了组织内部信息的流通和共享，还有助于发掘和传承组织的知识资产。

档案的销毁与归档是档案管理的收尾工作。一些已经失去价值或不再需要保留的档案可以根据规定进行销毁。销毁要遵循相关法律法规，并在相关部门的监督下进行。而对于具有重要价值的档案，需要进行长期归档保管。这些档案有可能是组织的历史沿革、创新经验、战略规划等，对于组织的发展和决策具有重要的参考价值。长期归档需要设立专门的档案库，确保档案的安全和可访问性。

档案管理的基本流程是档案的产生与收集、分类与整理、保存与利用以及销毁与归档。这一流程是组织信息管理的基石，对于组织的发展和决策具有重要的意义。有效的档案管理可以提高组织运转的效率并确保决策的科学性，有助于组织实现长期稳定发展。因此，各个组织都应高度重视档案管理工作，加强人员培训，优化管理流程，确保档案管理体系的健康发展。只有这样，组织才能在信息化时代中站稳脚跟，实现持续创新与发展。

第二节　现代档案管理概述

一、数字化与电子化

数字化与电子化是现代档案管理领域的两个重要趋势，它们给传统档案管理方式带来了革命性的改变。传统的纸质档案在过去被广泛用于记录和存储各种信息，但随着科技的不断进步，数字化和电子化正逐渐成为档案管理的主流。

数字化是指将纸质档案转换成数字形式的过程。这一转变使得原本只能在实体形态下被使用的档案信息变得可以在电子设备上被访问和共享。通过扫描或拍照，纸质档案中的内容被转换为电子文件，这些文件可以存储在计算机硬盘或云服务器中。数字化后的档案信息不再受限于物理空间，避免了纸质档案占用大量存储空间的问题。此外，数字化还可以防止纸质档案因为年代久远或环境因素而腐朽、丢失或损坏。数字化的好处不仅体现在节省空间和保护档案，更重要的是提高了档案信息的可访问性和共享性。通过数字化，用户可以轻松地在计算机或移动设备上查找和浏览档案信息，实现快速、便捷的检索。

电子化是在数字化基础上进行的，将档案信息进行电子化管理。通过建立电子档案系统，档案信息可以以数据库的形式存储，并配备相应的软件和硬件设施来实现信息的自动化管理。这种系统可以大大提高档案信息的检索速度和准确性。在传统纸质档案管理中，为了找到一份特定的档案，用户可能需要花费很多时间和精力在文件柜中搜索。而有了电子档案系统，用户只需通过简单的关键词搜索即可迅速找到需要的档案。此外，电子档案系统的数据备份功能能够确保档案信息的安全性，避免了因为意外事件导致档案丢失的风险。并且，在电子档案系统中，管理员可以对档案信息进行权限控制，只有授权用户才能访问敏感信息，确保了档案信息的安全和隐私。

数字化和电子化的转变还带来了更多的好处。首先，这种转变节省了大量的资源。档案管理不再需要大量的纸张、文件夹和文件柜，减少了对森林资源的消耗，有利于环保。其次，数字化和电子化使得档案信息的传输更为便捷。通过网络，档案可以被迅速传输到不同的地点，实现了信息共享和协同。最后，电子档案系统提供了更加灵活的权限控制和查阅记录，能够确保档案信息的安全和隐私。例如，一些档案信息可能只有在特定条件下才能查阅，而电子档案系统可以方便地实现这种功能。

总之，数字化和电子化是现代档案管理的重要趋势。它们使档案信息的存储、检索和传输更为高效和便捷，同时节省了资源，提高了信息的可访问性和共享性。这种转变为档案管理带来了革命性的变化，并在各个领域推动了信息管理的创新发展。数字化和电子化的优势将继续推动档案管理的不断进步和完善，为未来的信息时代带来更加便利和高效的档案管理解决方案。

二、数据管理与信息安全

数据管理与信息安全在现代档案管理中扮演着至关重要的角色。档案管理已经超越了传统的纸质文档，而是包含了各种形式的数字信息。档案管理员必须深入了解数据管理技术，并掌握一系列数据库管理系统、数据备份和恢复等技术，以确保档案数据的完整性和安全性。

　　档案管理涉及处理多种形式的信息，例如文本、图像、音频和视频等数字信息。这些数据以电子格式存储在数据库中，因此，档案管理员需要熟悉数据库管理系统，如 SQL Server、MySQL 或 Oracle 等。他们必须了解数据库的结构和运作方式，以便更有效地存储、检索和处理档案信息。

　　数据备份与恢复是档案管理中的一个重要环节。档案中的信息可能随时面临丢失、损坏或被破坏的风险，这可能是由于硬件故障、自然灾害、人为错误或恶意攻击。为了确保档案数据的安全性和持久性，档案管理员必须定期进行数据备份，并制订灾难恢复计划。这些备份文件应该被保存在安全的地方，以便在需要时能够快速恢复档案数据。

　　信息安全是现代档案管理中的一个关键问题。随着信息技术的不断发展，网络攻击和数据泄露的风险也在增加。因此，档案管理员需要采取措施确保档案数据的安全性，包括限制访问权限，确保只有授权人员可以查看和修改档案信息。档案管理员还必须加密敏感数据，以防止未经授权的访问者窃取信息。网络安全也至关重要，档案管理系统应该采用安全的网络架构和防火墙，防止恶意攻击和未经授权的访问。

　　现代档案管理涉及多种形式的数字信息，需要档案管理员掌握数据库管理技术，进行数据备份与恢复，并重视信息安全方面的措施。这样才能确保档案数据的完整性和安全性，为后续的档案管理工作提供坚实的基础。档案管理员在这个数字化时代发挥着关键作用，他们不仅仅是记录保管者，更是信息保护者和数据安全的守护者。他们必须时刻保持警惕，随时准备应对各种潜在的风险和挑战，以确保档案数据在安全可靠的环境中得到妥善管理和保护。只有这样，我们才能信任档案管理系统，确保历史的连续性和信息的延续性。因此，对于档案管理领域的从业者来说，不断学习和更新知识技能是非常重要的，只有紧跟科技的步伐，才能更好地应对不断变化的挑战。在数字时代，档案管理将继续发展壮大，成为信息社会中不可或缺的一环，而数据管理与信息安全的重要性也将越发凸显。因此，我们应该共同努力，加强档案管理领域的研究和实践，不断提升档案管理员的专业素养和能力水平，为信息文化的繁荣发展贡献更多力量。

三、档案数字化项目

档案数字化项目是一项越来越受到关注的重要工程，它旨在将传统的纸质档案转化为电子形式。这个过程通常涵盖多个步骤，包括扫描纸质档案、创建数字图像或文档、存储和索引数据，以方便长期保存和管理。数字化档案的出现带来了许多优势，不仅有助于减少纸质档案的损耗和降低丢失风险，还为档案信息的利用和应用提供了新的可能性。

数字化项目为组织和机构提供了更加灵活和高效的档案管理方式。通过将纸质档案转化为电子形式，信息可以被存储在计算机或云存储中，使检索和共享变得更加容易和快捷。以前需要翻阅大量文件的任务现在可以通过简单的搜索查询实现，大大节约了时间，降低了人力成本。

数字化档案的保存周期相对较长，相比纸质档案更具耐久性。纸张可能会因时间的推移而变得脆弱，甚至出现褪色、污损等问题，而数字档案则可以通过备份和冗余存储来确保数据的安全性和稳定性。这为档案的长期保存提供了可行的解决方案，使历史文化遗产和重要信息能够得以保留和传承。

数字化项目也为数据挖掘和文本分析提供了更广阔的应用前景。在纸质档案中，信息的提取和分析可能相对烦琐，需要大量的人力和时间。然而，数字化档案的出现使得大规模数据的自动处理成为可能。通过应用数据挖掘和文本分析技术，用户可以从大量的档案数据中发现潜在的关联和信息，进而为决策制定、历史研究等提供有价值的参考依据。此外，数字化项目也有助于促进信息共享和国际合作。传统纸质档案的共享存在一定的物理限制，而数字档案可以通过网络等方式迅速传播和共享，为不同国家和地区的研究人员之间开展合作提供了便利，促进了学术和文化的交流。

当然，数字化项目也面临着一些挑战。首先，数字化档案需要大量的人力和技术投入，特别是对于拥有庞大档案的收藏机构而言，这可能是一项庞大而昂贵的任务。其次，数字化档案需要确保数据的安全性和隐私保护，防止未经授权的访问和滥用。最后，对于一些古老和珍贵的文献，在数字化过程中也需要采取特殊的保护措施，以避免对原件的损害。

总之，档案数字化项目是一个值得投入和努力的重要举措。它不仅为组织和机构提供了更加高效和便捷的档案管理方式，还有助于保护和传承历史文化遗产，促进信息的共享和交流。同时，面对挑战，我们需要综合考虑技术、安全、成本等因素，合理规划和实施数字化项目，以确保其可持续发展。

四、档案管理软件与系统

档案管理软件与系统在现代档案管理中扮演着至关重要的角色。传统的手工档案管理已经难以满足大规模、复杂的档案管理需求，而随着信息科技的不断发展和应用，各种档案管理软件和系统应运而生，为档案管理工作带来了前所未有的便利，大大提高了工作效率。

首先，我们来深入了解档案管理软件和系统提供的文件管理功能。在传统档案管理中，处理文件需要大量的手工操作，而且容易出现错误。然而，现代档案管理软件通过直观的界面和功能，使得档案管理员能够轻松地创建、编辑和删除文件。文件管理功能还允许对文件进行分类、标签化和索引，这使文件的组织和查找变得更加简便。文件分类和标签化有助于建立文件间的关联，提高文件的整体结构性和组织性，从而帮助档案管理员更好地管理大量的档案资料。

其次，让我们探讨档案管理软件的另一个重要特点——检索功能。在传统档案管理中，档案管理员要找到特定文件可能需要花费大量时间和精力。而有了档案管理系统的检索功能，档案管理员只需输入相关关键词或属性，系统就能自动快速定位并呈现相应的文件。这极大地节省了时间，并且减少了出错的可能性。检索功能的高效性使档案管理员能够更快速地满足用户的查询需求，提高了服务质量。

归档功能也是档案管理软件的一个重要特征。档案管理软件允许档案管理员将文件按照一定的规则和标准进行整理和保存。这样做不仅保证了档案的整洁有序，也有利于档案的长期保存和维护。一些档案管理软件还提供了智能化的归档功能，能够根据文件的内容、类型或重要性自动进行归类，进一步提升了档案管理的效率。智能化的归档功能使得档案管理员能够将更多精力投入更加复杂和有价值的工作中，提高了工作的智能化程度。

版本控制也是档案管理软件和系统的重要功能之一。随着文件的不断更新和修改，版本控制能够追踪和管理文件的历史变更记录。这对于追溯档案的演进过程、避免信息丢失和错误是非常关键的。版本控制确保了档案的完整性和可追溯性，让档案管理员能够更加自信地应对审计和审查等。

最后，许多档案管理软件和系统还提供云端存储和备份功能。云端存储使得档案可以随时随地被访问，不再受限于物理位置和设备。档案管理员和用户可以通过网络连接在任何地点访问档案资料，这极大地提高了档案的可用性和灵活性。同时，通过定期备份，即使出现硬件故障或发生意外事件，档案的数据也能得到保护，大大增强了档案的安全性和可靠性。备份的重要性不言而喻，它确保了档案的持续可用性，避免了因意外事件而导致的数据丢失和不可恢复性。

档案管理软件和系统为档案管理工作带来了诸多便利和高效。它们通过提供文件管理、检索、归档、版本控制等功能，使得档案管理员能够更好地管理和利用档案资源。在信息化时代，档案管理软件和系统必将继续发展壮大，给档案管理领域带来更多创新和进步。通过不断引入新的技术和功能，档案管理软件将持续为档案管理工作提供更加智能化和便捷的解决方案。档案管理软件的发展和应用将为现代社会的信息化建设和知识管理作出积极贡献。

五、管理人员培训

管理人员培训在现代档案管理中具有重要的战略意义。档案作为组织和社会重要的信息资源，对管理人员的专业能力和素质提出了更高的要求。深入系统的培训能够帮助管理人员掌握先进的管理理念、方法和技术，提升档案管理的效率和质量，为组织发展和社会进步提供有力支持。

档案管理涉及多个环节，包括档案的收集、整理、分类、鉴定、数字化等。管理人员需要了解不同类型档案的特点和处理方法，掌握现代档案管理的基本理论，如档案学、档案鉴定学、档案数字化技术等。这些知识的掌握，有助于管理人员更好地理解档案的价值、用途和应用场景，从而更科学地开展档案管理工作。

数字化技术在现代档案管理中具有重要的应用价值。随着信息化时代的到来，数字化档案管理成为必然趋势。管理人员需要了解数字化档案管理的基本原理和技术，掌握数字化存储、检索和传输等相关操作技能。数字化档案管理能够提高档案信息的传输和利用效率，便于远程查阅和共享，极大地拓宽了用户获取信息的途径。通过培训，管理人员可以更好地推进数字化档案管理工作，提高信息资源的利用效率。

信息安全和隐私保护是档案管理工作中不可忽视的方面。培训管理人员掌握信息安全管理的理论和实践，以及相关的法律法规，有助于预防和应对信息泄露、篡改和病毒攻击等安全风险。隐私保护同样重要，特别是在数字化档案管理中，管理人员需要保护个人隐私信息，合理控制档案的访问权限，确保信息的安全和保密。

除了专业知识和技能外，档案管理人员还需要具备优秀的沟通与协调能力。档案管理工作涉及多个部门和岗位之间的信息交流和合作。管理人员需要与上级领导、同事和其他部门的工作人员进行有效沟通，了解各方需求，协调资源，推动档案管理工作的顺利进行。此外，培训还应该着重培养档案管理人员的问题解决能力和创新意识。档案管理中常常会面临各种挑战和困难，需要档案管理人员能够迅速分析问题，找到解决方案。同时，创新意识也非常重要，通过培训可以激发档案管理人员的创造力，推动档案管理工作朝着更高的质量和效率的方向发展。

现代档案管理对管理人员的要求越来越高。通过系统全面的培训，档案管理人员能具备深厚的档案管理知识、掌握数字化技术的应用、具备信息安全和隐私保护意识、具备良好的沟通与协调能力，以及问题解决能力和创新意识，这样的档案管理人员才能更好地适应现代档案管理的需求，提高档案管理的水平和效率，为组织和社会的发展贡献力量。

第三节　大数据时代与档案管理

一、数据量爆炸

数据量爆炸是指随着各类组织和机构不断产生大量数据，数据规模呈指数级增长的现象。这一挑战是当前大数据时代面临的重要问题之一。过去的几十年里，随着计算机技术的迅速发展和互联网的普及，数据的产生和积累呈现出前所未有的速度和规模。数据量爆炸带来了巨大的机遇，也对数据管理、处理和分析提出了前所未有的要求。

传统的数据管理方法，比如纸质档案和基于电子表格的管理系统，已经无法满足现代大数据处理的需求。海量数据需要高效的存储、处理和分析，而传统方法往往效率低下，且难以应对复杂的数据结构和关联关系。面对数据量爆炸的挑战，档案管理员需要引入新的技术和方法，以适应这种数据爆炸带来的变革。

新技术的应用成为解决数据量爆炸问题的关键。人工智能、机器学习和自然语言处理等先进技术可以为数据管理和处理提供有力支持。通过机器学习算法，档案管理员可以实现对海量数据的自动分类和归档，从而减轻自身的工作负担。自然语言处理技术可以将大量的非结构化文本数据转化为结构化信息，使得数据更易于管理和分析。这些技术的应用可以大大提高数据处理的效率和准确性。

另一个应对数据量爆炸的解决方案是云计算。云计算可以提供强大的存储和计算能力，使海量数据得到高效的存储和处理。通过将数据存储在云端，档案管理员可以随时随地访问数据，无须担心受到存储空间的限制。同时，云计算还可以根据实际需求弹性调整资源，使数据处理任务可以更高效地完成。

然而，随着数据量的增加，数据安全和隐私问题变得尤为重要。海量数据中可能包含大量敏感信息，比如个人隐私数据和商业机密。在处理数据的过程中，档案管理员必须确保数据的安全存储和传输，以防止数据泄露和滥用。这需要采取多层次的数据安全措施，包括加密技术、访问控制和数据备份等。

除了技术手段，制定合适的数据管理策略也是解决数据量爆炸问题的关键。档案管理员需要制定灵活、高效的数据管理流程，以适应数据量不断增长的情况。这包括数据采集、存储、清洗、分析和共享等环节的规划和优化。同时，要充分利用数据价值，需要将数据管理与业务需求相结合，推动数据驱动的决策和创新。

数据量爆炸给档案管理带来了前所未有的挑战，但也为引入新技术和创新提供了机遇。通过充分利用人工智能、机器学习、自然语言处理和云计算等先进技术，档案管理员可以更好地应对海量数据的管理和处理。同时，也必须高度重视数据安全和隐私保护，确保数据管理工作在合规的基础上进行。只有在技术和策略的共同推动下，数据的价值作用才能充分发挥，为各个领域的决策和创新提供有力支持。

二、多样化的数据类型

在当今大数据时代，数据的产生量日益庞大，种类也日益增多，其中数据形式的多样性是一个显著的特点。这种多样性主要体现在数据的类型上。首先是结构化数据。结构化数据是指按照特定的数据模型进行组织和存储的数据，通常存储在数据库中。这种数据具有明确的格式和组织方式，我们可以轻松地对其进行查询和分析。举例来说，企业的客户信息、销售记录以及金融交易数据等都属于结构化数据。

其次是非结构化数据。非结构化数据是指没有明确定义的数据模式和组织形式的数据，通常以自然语言文本、图像、音频或视频等形式存在。这些数据的特点是信息含量丰富，但往往难以直接用于传统数据库的处理。例如，社交媒体的帖子、评论、新闻文章，以及图像、音频视频文件等都是典型的非结构化数据。

还有一种数据类型是半结构化数据。半结构化数据介于结构化数据和非结构化数据之间。它们包含一些结构化元素，但并不完全符合传统数据库表格的结构。典型的半结构化数据包括日志文件和 XML 文件。日志文件记录了系统或应用程序的运行状态和事件，其中的内容可能包含时间戳、错误信息、事件类型等。XML 文件则是一种置标语言，用于描述数据的层次结构和关系，常用于数据交换和信息传递。

这些多样化的数据类型对档案管理提出了挑战，因为传统的数据处理和存储技术往往无法同时适用于所有数据类型。因此，档案管理需要根据不同类型数据的特点，发展相应的数据处理和存储技术。对于结构化数据，可以继续采用传统的数据库管理系统，利用 SQL 等技术进行数据的增删改查。对于非结构化数据，需要引入新的技术和工具，如自然语言处理、图像识别和音频处理等，来从数据中提取有用的信息。对于半结构化数据，需要采用半结构化数据存储和处理技术，如 NoSQL 数据库和 XML 数据库，以更好地管理这类数据。

随着数据类型的多样化，档案管理需要不断创新和发展，以应对不同类型数据的处理和存储需求。档案管理人员只有适应并善于利用多样化的数据类型，才能更好地管理和利用这些宝贵的信息资源。在面对结构化数据时，档案管理人员可以继续借助成熟的数据库管理系统，通过建立关系模型、定义表结构和索引等方式来高效地存储和查询数据。对于非结构化数据，档案管理人员需要运用自然语言处理技术，将文本、图像和音视频等数据转化为结构化信息，以便于后续的处理和分析。此外，图像识别和音频处理等技术也能帮助提取非结构化数据中有用的信息。

同时，半结构化数据也需要特殊处理。对于日志文件，档案管理人员可以使用文本处理技术，提取其中的关键信息，如时间戳、错误类型和事件等，并将其转化为结构化的格式，以便进行数据分析和挖掘。而 XML 文件则需要借助 XML 数据库，以其自身特有的数据组织方式进行存储和管理。这样一来，不同类型的数据都能得到有效处理和管理，从而保证了数据的准确性和完整性。而且档案管理人员还需要根据不同类型数据的特点制定相应的数据管理策略。例如，对于结构化数据，可以采用严格的数据权限控制措施，确保只有授权人员能够访问和修改数据。对于非结构化数据，可以制定文档分类和标签化的规范，使得数据检索更加方便和快捷。而半结构化数据的管理则需要更灵活的方法，根据数据的实际情况进行处理。

除了技术和策略上的创新，档案管理人员还需要注重数据的质量和价值。随着数据的不断增长，很多数据可能会变得冗余或过时。因此，需要定期对数据进行清理和更新，以保持数据的准确性和时效性。同时，要根据数据的价值制定不同的备份和保护策略，确保重要数据不会因为意外事件而丢失或损坏。

多样化的数据类型是当今大数据时代的一个显著特点。这些数据类型包括结构化数据、非结构化数据和半结构化数据。面对这种多样性，档案管理需要持续创新和发展，通过采用不同的技术手段和管理策略，高效地处理和利用各种类型的数据。只有这样，才能更好地管理和利用这些宝贵的信息资源，为各行各业的发展带来更多机遇和可能性。

三、数据挖掘与分析

在现代社会中，数据挖掘与分析已成为信息时代的核心技术之一。随着科技的不断进步，数据的生成速度呈指数级增长，这些数据蕴含着无穷无尽的价值和潜力。数据挖掘与分析技术应运而生，成为帮助我们理解这些海量数据、发现内在规律和洞察深层信息的关键工具。

在档案管理领域，数据挖掘与分析技术有着重要的作用。首先，它们帮助档案管理者从庞杂的数据中提取出重要信息，发现潜在价值，从而使档案管理变得更加精准和高效。例如，在历史档案中，档案管理者通过数据挖掘，可以找到隐藏的历史事件之间的关联，从而更好地还原历史的脉络和发展历程。

数据挖掘与分析技术为档案管理者提供了更深入的数据洞察。档案管理不再仅仅停留于简单的数据统计和描述，而是通过这些技术探索数据的内在结构和关联。这些洞察可以帮助管理者更好地了解档案中的信息价值，为未来的决策和规划提供科学依据。

数据挖掘技术的核心是算法和模型的应用。通过使用分类、聚类、关联规则挖掘等算法，档案管理者可以自动发现数据中的模式和规律。例如，对于大规模的档案数据，可以运用聚类算法将具有相似特征的数据进行分类，帮助管理者更好地了解各类档案的特点和价值。

除了数据挖掘，数据分析也是档案管理过程中不可或缺的一环。数据分析的目标是深入理解数据，对数据进行评估和解释，从而发现数据中的信息和见解。通过数据分析，档案管理者可以识别数据中的异常、趋势和规律，以及数据之间的关联。这种综合性的数据理解有助于优化档案管理策略，提高数据利用率。

数据挖掘与分析技术还可以帮助档案管理实现智能化。通过对历史数据的挖掘和分析，系统可以预测未来的趋势，辅助管理者作出更加明智的决策。在数字档案管理方面，利用自然语言处理技术，可以实现对档案文本内容的智能化搜索和分类，提高档案检索效率。

当然，在应用数据挖掘与分析技术时也面临着一些挑战。首先是数据的质量和完整性。如果数据本身存在错误、缺失或不完整，将会影响到挖掘和分析的准确性和可信度。因此，档案管理者需要确保数据的准确性和完整性，可能需要进行数据清洗和修复。

其次，数据隐私和安全问题也是一个不可忽视的挑战。档案管理者在进行数据挖掘和分析的过程中，可能会涉及敏感信息。因此，在应用技术的同时，必须确保数据的安全性，遵循相关的隐私保护法规和标准。

数据挖掘与分析技术在档案管理中发挥着重要的作用。通过这些技术，档案管理者可以更好地理解和利用档案数据，发现其中有价值的信息，为决策提供有力支持。未来，随着技术的进一步发展，数据挖掘与分析技术将继续在档案管理领域发挥重要作用，推动档案管理的智能化、高效化发展。同时，我们也需要加强对数据质量和隐私安全的关注，确保技术的应用不仅有效而且可靠。只有在科技与管理相结合的基础上，数据挖掘与分析技术才能真正发挥其潜力，为档案管理带来持久的影响。

四、数据共享和开放

在大数据时代，数据共享和开放已经成为信息社会的重要特征，对各行各业都产生着深远影响。档案管理作为记录、保护和传承人类历史与文化遗产的重要任务，也应紧跟时代潮流，积极融入数据共享的进程。

数据共享在档案管理中的作用是多方面的。传统档案管理主要关注历史文献的整理和保存，然而，随着科技的进步，越来越多的档案和信息以电子化形式存在。这些电子档案不仅包含历史事件和文化遗产，还涵盖了大量的科学研究数据、社会调查数据以及各个领域的统计数据等。这些数据蕴含着宝贵的信息和知识，合理的数据共享机制可以使这些数据得以共享，进而推动人类社会知识的传播和交流。

数据共享为档案管理机构带来了新的挑战和机遇。数据量的爆发式增长使得档案管理面临海量数据的管理和处理问题。如何有效地组织和存储这些数据，如何确保数据的质量和完整性，如何提高数据的可访问性和可用性，都是亟待解决的问题。同时，数据共享也为档案管理带来了更广阔的合作空间。不同机构之间可以共享各自的数据资源，开展跨领域的研究与合作，从而促进档案管理的创新与发展。

数据共享在档案管理的社会价值和意义中也发挥了重要作用。档案管理不仅是对历史文献的保管，更是对历史记忆的传承和重建。通过数据共享，人们可以更深入地了解过去的历史和文化，加深对自己国家文明传承的认识和文化自信。同时，数据共享也有助于促进社会的科学进步和创新发展。科学研究所依赖的数据，往往不仅来源于独立实验室的收集，还需要来自不同领域、不同地区的共享数据，才能得出更准确的结论和更全面的认识。

同时，数据共享也面临着一些挑战和障碍。首先，数据的共享涉及个人隐私和商业机密等敏感信息，如何在保障数据安全的前提下实现共享，是一个复杂的问题。其次，数据共享还需要解决数据格式的标准化和互操作性的问题，以确保不同数据能够被有效地交流和利用。此外，数据共享还需要建立信任和合作的文化，各个机构和个人愿意共享自己的数据资源，这需要在社会层面建立相应的激励机制和法规政策。

为了促进数据共享在档案管理中的应用，各方需要共同努力。政府部门可以制定相关的政策和法规，鼓励和支持机构和个人参与数据共享。同时，档案管理机构也应加强技术和人才的培训，提升自身的数据管理和共享能力。此外，还需要建立数据共享的平台和标准，促进不同机构之间的数据交流和合作。

数据共享和开放是大数据时代的必然趋势，对于档案管理来说也是一种重要的发展方向。通过数据共享，我们可以促进知识的传播和合作研究，推动档案管理向更广泛的领域拓展。然而，数据共享也面临着一些挑战，需要各方共同努力，建立合理的机制和文化，才能使数据共享在档案管理中发挥出最大的社会价值。只有不断探索和创新，档案管理才能在大数据时代焕发新的活力。

五、数据隐私与安全

在当今数字化时代，数据的快速增长和广泛应用对数据隐私与安全提出了更高的要求。在大数据环境下，档案管理需要高度重视数据隐私与安全问题，以确保敏感信息和个人隐私得到充分保护。

数据隐私保护是数据安全的核心方面之一。档案管理可以采取多层次的手段来保护数据隐私。加密技术是一项基本而重要的安全措施。对数据进行加密，可以确保即使在数据传输和存储过程中，即便数据被截获或窃取，黑客也无法解读其内容。数据加密可采用对称加密和非对称加密等多种方式，以适应不同场景下的数据保护需求。

访问控制是数据隐私保护的另一个关键措施。通过设定权限和角色，档案管理可以限制只有授权人员才能访问特定的敏感信息。这种访问控制机制可以通过身份验证、角色管理和访问审计来实现，确保仅有授权人员才能够查阅、处理或修改特定数据，从而有效降低数据泄露风险。数据脱敏技术也是保护隐私的有效手段。在某些情况下，数据需要共享或用于特定用途，但又不应直接暴露敏感信息。数据脱敏通过对数据进行去标识化处理，确保在保持数据可用性的同时，隐藏敏感细节，从而降低隐私泄露的潜在风险。

数据的安全性同样至关重要。档案管理需要采取措施保障数据的完整性和可用性。数据签名技术是一种常见的手段，通过在数据上附加数字签名，以确保数据在传输和存储过程中不被篡改。当数据完整性受到破坏时，数据签名会发生变化，系统可通过校验数据签名来检测数据是否被篡改。数据备份和恢复机制也是数据安全的重要保障措施。定期进行数据备份可以在数据意外丢失或损坏时迅速恢复数据，以确保业务连续性。同时，备份数据要存储在安全的地点，以防止恶意攻击或灾难性事件对数据造成破坏。随着科技的不断发展，数据隐私与安全问题也在不断演变。档案管理需要与时俱进，持续关注最新的安全威胁和保护技术。对于新的安全挑战，档案管理应及时做出相应调整和改进。此外，合规性也是数据隐私保护的重要考量因素，档案管理需要遵守相关法律法规和行业标准，确保数据的合法使用和保护数据隐私与安全，这在大数据时代具有重要意义。档案管理应采取加密、访问控制、数据脱敏、数据审计、数据签名以及数据备份等多种措施，以全面保护数据的隐私与安全。持续更新和优化这些措施是确保大数据安全的关键，既能满足数据的广泛应用需求，又能保护个人隐私和敏感信息免遭泄露、滥用或篡改的风险。同时，档案管理应注重合规性，确保在数据处理过程中遵守相关法律法规，树立公信力，赢得用户的信任。只有这样，我们才能在数字化时代使数据的潜力充分发挥，从而推动社会和科技的持续进步。

第四节　信息技术与现代档案管理

一、人工智能与档案管理

人工智能在档案管理领域的应用是现代信息科技发展的一大进步，它不仅改变了传统档案管理的方式，还为档案管理工作带来了全新的机遇和挑战。

自动分类和标注的应用为档案管理带来了革命性的变化。在过去，档案管理人员需要进行大量的手动工作，对档案进行分类和标注，这不仅耗费时间，而且容易出现错误。然而，随着人工智能技术的发展，自动分类和标注成为可能。通过深度学习和自然语言处理等技术，人工智能系统能够准确地识别档案文档的内容和特征，并自动将其分类和标注。这一技术的应用大大提高了档案管理的效率，极大地降低了人为错误的风险。同时，人工智能还能根据用户的需求和喜好，个性化地为用户推荐相关档案信息，提升了档案利用的用户体验。

人工智能在档案质量控制方面发挥着重要作用。档案是珍贵的历史资料，其准确性和可信度对于历史研究和决策至关重要。然而，由于长期保存和多次复制，档案中可能出现错误和缺陷。人工智能的应用可以实时监测和检测档案中的问题，例如文本中的拼写错误、图像模糊或损坏等，以及档案中的冗余数据。人工智能的纠错和优化，可以确保档案信息的质量和完整性。这对于历史学家、研究人员和决策者而言意义重大，可以避免因为错误信息而导致作出错误结论和决策。

人工智能在档案挖掘方面有着广泛的应用。档案中通常蕴含着大量的历史信息，其中有许多隐藏的知识和见解。通过人工智能的数据挖掘技术，我们可以对档案进行深入挖掘和分析，发现历史事件、人物之间的关联，挖掘历史背后的规律和趋势。例如，人工智能可以通过文本分析识别出历史事件中的关键词汇和人物，从而更好地了解事件的背景和影响。这些挖掘出的历史知识可以为历史学家、研究人员和决策者提供更多有价值的参考依据，帮助他们作出更明智的决策，并制定相关规划。

除了以上三个方面，人工智能在档案管理中还有其他应用。例如，人工智能可以通过语音识别技术将口述档案转换为文本，这极大地提高了档案数字化的效率。此外，人工智能还可以通过图像识别技术对图像档案进行智能化管理，方便用户查找和浏览。同时，人工智能还可以利用大数据和机器学习技术，对档案管理的整体运营进行优化，提高管理效率，并进行成本控制。

尽管人工智能在档案管理中的应用具有许多优势，但也面临一些挑战。例如，隐私和安全问题是人工智能应用的重要考量。在处理档案信息时，档案管理人员必须确保数据的安全性和保密性，防止敏感信息泄露。此外，人工智能系统的可解释性也是一个挑战。在使用人工智能技术决策时，需要确保其过程是可解释的，以便于人们理解和审查决策结果。

人工智能在档案管理领域的应用为我们带来了许多机遇和挑战。自动分类和标注提高了档案检索的效率和准确性，档案质量控制确保了档案信息的可信度和完整性，档案挖掘为历史研究和决策提供了更多有用的知识。同时，人工智能在档案管理中的其他应用也为我们提供了更多可能性。然而，隐私与安全、可解释性等问题也需要我们持续关注和解决。随着人工智能技术的不断进步，我们期待它在档案管理领域发挥更大的作用，为我们带来更多的便利和启示，推动档案管理向着更智能、更高效的方向发展。

二、区块链与档案管理

区块链技术与档案管理的结合是一项具有潜力和前瞻性的创新，它将为传统档案管理带来巨大的变革和优势。在区块链技术的引领下，档案管理的核心问题，包括信息的可靠性、完整性、安全性和可信度等方面，将得到全面的升级和改进。

区块链技术的不可篡改性是其最重要的特点之一。传统的档案管理可能会面临信息篡改、伪造等风险，尤其是在涉及重要历史记录或重要合同的情况下，这种风险更加显著。通过区块链技术，每一条档案信息都被加密和哈希，形成一个不可逆的数据块，这使得信息一旦记录，就无法随意更改。因为区块链是由多个节点共同维护的，没有单一的中心机构能够单方面改变信息内容。这种不可篡改性使得档案信息具有高度的可信度和真实性，能够有效防止信息被恶意篡改、修改或删除。

区块链技术实现了去中心化管理。传统档案管理通常由单一的中心机构或组织负责，一旦该机构遭受故障、黑客攻击或人为破坏，档案信息可能会受到重大损失。而采用区块链技术，档案信息被分布式存储在多个节点上，每个节点都有整个档案的完整副本。当有新的档案信息需要更新时，需要经过共识机制，即多数节点都同意后，才能将新的数据块添加到区块链上。这种去中心化管理模式有效降低了单点故障的风险，即使部分节点受到损坏或遭受攻击，整个档案系统仍能继续运作，确保档案信息的持续性和稳定性。

区块链技术还能提供档案信息的溯源和可信度。在传统档案管理中，有时很难确认某一信息的来源或历史变更，特别是在涉及多方合作的情况下。而在区块链上，每个数据块都包含了前一个数据块的哈希值，形成了一个链式结构，从而构成了档案信息的完整历史记录。通过追溯每个数据块的哈希值，我们可以轻松验证每一步的信息变更，使档案信息的来源和完整历程变得透明可信。这种溯源功能在某些场景下尤为重要，比如在历史档案的保护、产品溯源和知识产权的验证等方面都能发挥重要作用。

然而，要实现区块链与档案管理的有效结合，我们仍然面临一些挑战。首先，区块链技术在存储和处理大量数据时可能面临性能瓶颈。虽然区块链网络技术在不断进步中，但要满足大规模档案管理的需求，仍需要更高效的技术支持。其次，法律和监管方面的问题也需要解决。例如，如何在区块链中保护个人隐私数据，如何处理区块链上的合同执行和争议解决等问题，都需要有明确的法律规范和标准。

尽管面临一些挑战，但区块链技术与档案管理的结合依然具有广阔的前景。

随着区块链技术的不断发展和成熟，相信它将为档案管理带来更加安全、可靠、透明和高效的解决方案，推动档案管理行业的创新与发展。同时，政府、企业和科研机构等各方应积极探索和合作，共同推动区块链在档案管理领域的应用，以实现数字时代档案管理的新跨越。

三、云计算与档案管理

云计算与档案管理是当代信息科技领域的重要话题。随着信息量的不断增加和科技的迅猛发展，传统的档案管理方式已经难以满足现代社会对于档案信息处理和利用的需求。而云计算技术以其高效、弹性和安全的特性，为档案管理带来了全新的解决方案和发展机遇。

云计算为档案管理带来了远程访问与共享的便利。在传统档案管理中，档案信息通常集中存储在本地服务器或硬盘上，只能在特定地点进行访问，由此导致地域限制和信息难以共享等问题。然而，云计算技术通过将档案信息存储在云端服务器上，使得档案可以通过网络实现远程访问。这意味着不论在何地，只要有网络连接，就可以随时随地访问和利用档案信息。同时，不同地区的员工、合作伙伴或者多个组织之间可以实现便捷的信息共享和合作，大大提升了工作效率和合作效果。

云计算提供了弹性存储的解决方案。在传统档案管理系统中，通常需要提前规划和购买存储设备，可能导致存储空间的浪费或者因容量不足而影响档案的正常存储。而云计算允许根据实际需求随时调整档案的存储空间，将存储成本与实际使用相匹配。这样可以更加高效地利用资源，避免过度采购存储设备造成的资源浪费和资金浪费。对于一些需要存储大量临时性数据的项目，云计算的弹性存储方案尤为有益。

云计算的灾备功能为档案信息的安全提供了保障。在传统档案管理中，备份通常依赖于本地设备，一旦遭遇灾害、设备损坏或人为错误，档案信息可能面临丢失的风险。而云计算采用自动备份机制，可以定期对档案信息进行自动备份，确保数据的安全性和完整性。即使发生灾害，档案信息也能够迅速恢复，从而降低了档案遗失的风险。云计算技术的高可用性和冗余备份机制，进一步保障了档案信息的稳定性和安全性。

除了上述优势，云计算还在其他方面推动了档案管理的创新。例如，通过云计算技术，档案管理系统可以实现更智能的数据分析和挖掘，帮助用户更好地理解和利用档案信息。云计算也为档案管理与人工智能、大数据等新兴技术的融合提供了契机，使得档案管理可以更好地适应未来的发展趋势。然而，云计算与档案管理的融合也面临一些挑战。其中之一是数据安全和隐私问题。由于档案信息通常包含敏感和私密的内容，确保数据在云端的安全存储和传输变得尤为重要。因此，云计算服务提供商需要不断加强数据加密、身份验证等安全措施，保护用户数据不被未经授权地访问和泄露。

随着云计算在档案管理中的广泛应用，数据的持续可访问性也变得关键。确保云服务商的长期稳定和可靠性，防止服务商倒闭或服务中断对档案信息造成的损失，成为需要认真考虑的问题。

云计算技术为档案管理带来了诸多优势和创新，包括远程访问与共享、弹性存储和灾备。它极大地提高了档案信息的利用效率和安全性，并为档案管理的未来发展开辟了广阔的前景。然而，我们也需要认真应对数据安全和可持续性等挑战。通过不断加强技术研究与实践，云计算在档案管理领域可以发挥更大的作用，为社会和组织带来更大的价值。

四、智能化档案检索与推荐

智能化档案检索与推荐是当代信息技术的重要发展方向，它融合了自然语言处理技术和推荐系统，为用户提供更加便捷、个性化和精准的档案服务。

自然语言处理（Natural Language Processing，简称 NLP）是人工智能的一个重要分支，其目标是使计算机能够理解、处理和生成自然语言。NLP 技术在智能化档案检索中发挥着核心作用。传统的档案检索系统通常需要用户输入特定的关键词或使用专业术语来查询，但这对于普通用户来说可能是一种挑战。NLP 技术的应用使得用户可以用自然语言进行查询，无须掌握特定的检索规则或术语，极大地降低了使用门槛。

NLP 技术可以实现词法分析、语义理解和语法解析，使计算机能够从用户的输入中准确地抽取关键信息并理解其意图。例如，用户可以用简单的句子形式来查询，比如"我想找关于太阳能的档案"，系统通过 NLP 技术可以提取出关键词"太阳能"，并迅速返回相关的档案信息。这种自然语言查询的方式使得智能化档案检索更加普惠，不论是学生、企业员工还是普通民众，都能轻松地找到所需要的信息。

推荐系统是另一个核心技术，它基于用户的历史检索记录和兴趣，通过分析大量数据，为用户推荐相关的档案信息。推荐系统广泛应用于电商、视频平台、社交媒体等领域，而在智能档案检索中也发挥着重要作用。传统的档案检索往往需要用户主动输入关键词进行查询，但是用户可能不知道有哪些相关档案或如何更准确地描述自己的需求。推荐系统通过分析用户的历史检索行为和偏好，为用户提供个性化的档案推荐，极大地提高了用户体验。

推荐系统采用协同过滤、内容过滤等算法，结合机器学习和深度学习技术，不断优化用户体验。例如，当用户在智能档案检索系统中浏览一系列与历史上的某个事件相关的档案时，推荐系统可以根据用户的兴趣推荐更多与该事件相关的档案，或者推荐其他类似事件的档案，从而拓宽用户的视野和知识面。

智能化档案检索与推荐在多个领域都具有广泛的应用。在教育领域，学生和教师可以通过自然语言查询智能档案检索系统来获取学习资料、学术文献等信息，从而更高效地进行学习和教学。在企业领域，员工可以通过智能检索系统找到所需的企业档案和业务信息，提高工作效率。在文化和历史领域，公众可以利用这种技术更便捷地了解文化遗产、历史资料等，从而促进文化传承和历史研究。

然而，智能化档案检索与推荐也面临一些挑战。首先，NLP 技术需要高度精准的处理，系统需要不断学习和优化，以避免理解错误而导致的误导。在理解复杂的查询和上下文相关性方面，仍然存在一些限制。其次，隐私问题是一个需要重视的方面。智能档案检索与推荐系统涉及大量个人数据，必须采取安全措施保护用户的隐私。此外，过于个性化的推荐也可能导致信息的局限性，用户可能会错过一些有意义的非个性化推荐。因此，如何在个性化推荐与多样化推荐之间取得平衡是一个重要的问题。

为了克服这些挑战，我们不仅需要不断完善 NLP 和推荐算法，还需要制定严格的隐私政策，确保用户数据的安全。同时，还可以结合混合推荐算法，既考虑个性化推荐，也兼顾为用户提供更多样化的选择。与此同时，开发智能化档案检索与推荐系统需要跨学科的合作，结合计算机科学、信息学、图书馆学等领域的知识，从不同角度共同解决问题。

智能化档案检索与推荐是信息技术发展的重要方向，它为用户提供了更加便捷、个性化和精准的档案服务。随着技术的不断进步和完善，智能化档案检索与推荐将在各个领域发挥更加重要的作用，为人们的生活带来更多便利。同时，我们也需要在发展的过程中认真面对和解决相关的挑战，确保技术的安全和可持续发展。智能化档案检索与推荐未来将是更加智能化、个性化和人性化的，从而为用户带来更加优质的档案服务体验。

五、跨平台和跨系统兼容性

在现代社会中，信息科技的迅猛发展对档案管理提出了更高的要求。档案管理不再局限于传统的纸质文档，而是涵盖了电子文档、数字媒体、数据库等多种形式的信息。由于计算设备和操作系统的多样性，人们需要能够在不同平台和系统之间轻松地共享和访问档案信息。因此，跨平台和跨系统兼容性成为现代档案管理不可或缺的一环。

在现实应用中，我们常常会遇到 Windows、Mac、Linux 等多种操作系统，以及 iOS、Android 等移动操作系统。这些平台和系统拥有各自独特的技术架构和文件格式，导致数据在不同环境下难以被正确读取和解析。例如，Windows 使用 NTFS 文件系统，而 Mac 使用 HFS+ 或 APFS 文件系统。这就意味着如果档案信息是在 Windows 上创建的，那么其可能无法直接在 Mac 上打开或编辑，除非进行数据格式转换。

不同平台之间的互操作性也需要得到解决。平台之间的差异不仅表现在操作系统上，还涉及软件应用和硬件设备。例如，Microsoft Office 和 Apple iWork 使用不同的文件格式，这导致在两种平台之间共享办公文档时可能出现兼容性问题。另外，不同的设备可能有不同的屏幕尺寸和分辨率，需要适配不同的显示效果，以确保用户在不同平台上都能获得良好的用户体验。

为了解决这些挑战，制定统一的数据标准和格式变得尤为重要。这意味着在档案管理过程中，我们必须采用通用的数据格式，使得不同平台和系统都能够识别和处理这些数据。通用的数据标准有助于消除系统间的障碍，使得数据在不同环境下可以被正确解析和传递。例如，XML 和 JSON 是两种通用的数据交换格式，它们可以跨越不同的操作系统和编程语言，从而实现数据的互通。

此外，制定统一的数据标准还有助于保障档案信息的一致性和完整性。在档案管理系统中，数据的一致性非常重要，即不同档案之间的信息应该相互匹配和补充。通过采用统一的数据标准，可以确保不同档案中的信息按照相同的规范进行存储和管理，从而避免了信息混乱和错误。

在实现跨平台和跨系统兼容性的过程中，技术团队扮演着关键的角色。他们需要进行大量的研发和测试工作，以确保档案管理系统在不同平台和系统下的稳定运行。这可能涉及编写不同平台的驱动程序，开发兼容性插件或使用虚拟化技术等手段。同时，随着技术的不断更新和演进，档案管理系统也需要及时进行升级和维护，以适应新的平台和系统要求。

在实际应用中，跨平台和跨系统兼容性对于提高工作效率和降低管理成本有着显著的影响。通过实现兼容性，档案管理人员可以在不同平台之间自由地迁移和共享数据，减少了重复操作和数据转换的工作量。这使得档案管理工作更加高效和便捷。同时，兼容性的实现还有助于降低档案管理系统的维护成本，因为系统不需要针对不同的平台进行单独开发和维护，从而节省了开发和维护的成本。

总而言之，跨平台和跨系统兼容性在现代档案管理中具有重要意义。面对不同平台和系统的多样性，我们需要制定统一的数据标准和格式，以确保档案信息在不同设备和环境下实现无缝共享和访问。技术团队的不断努力和创新是实现兼容性的关键。只有不断关注和改进兼容性，档案管理系统才能在信息时代发挥更大的作用，服务于社会的发展和进步。通过克服跨平台和跨系统兼容性的难题，我们可以更好地管理和保护珍贵的档案信息，促进知识传承和社会文明的发展。

六、可持续性发展

可持续性发展是当代社会所面临的重要议题，它跨越了各个领域。档案管理作为文化遗产和知识传承的重要组成部分，也需要紧密关注和积极适应这一理念。随着科技革命的持续推进，我们的生活方式和工作方式正经历着翻天覆地的变化。数字化技术对社会产生的影响是前所未有的，它极大地改变了信息的传播方式、存储方式以及我们获取和利用信息的方式。在这一背景下，档案管理也必须随着时代的步伐不断更新和升级，以适应新技术的变革和挑战。

数字档案的长期保存和管理是当前需要强调的重要问题。传统纸质档案容易受到自然灾害、酸化、虫蛀等因素的损害，而数字化档案也有自身的脆弱性。数字档案可能因为技术的更新而陷入无法访问的困境，从而导致信息的丢失。例如，某个文件格式可能在不断更新的技术环境中逐渐被淘汰，如果档案数据没有及时进行格式转换和迁移，就可能无法在新的环境中被读取和展示。因此，保证数字档案的长期保存和管理是一项非常重要的工作。

为了防止数字档案的信息丢失，我们需要制定长期保存和管理的策略。首先，档案管理者需要不断关注最新的技术发展和档案标准，以确保档案数据在不同技术环境下的可访问性。其次，建立多地灾备机制，将档案数据复制到多个存储设备和地点，以防止单一存储设备或地点的故障而导致数据丢失。最后，进行定期的数据迁移和转换，将旧的文件格式转换为新的格式，确保档案数据能够在新技术环境下继续使用。这些措施有助于保障数字档案的持久性，防止信息的丢失，保护珍贵的历史和文化遗产。

数字化也为档案管理带来了新的挑战。数字档案不仅仅是简单的数据文件，它们还包含了丰富的元数据和相关信息。如何高效地组织和检索这些信息，成了档案管理者亟待解决的问题。传统的文件目录和索引方式已经无法满足数字档案管理的需要。为此，借助人工智能和机器学习等技术，我们可以更加智能地对数字档案进行分类、索引和检索，提高档案管理的效率和准确性。例如，可以利用自然语言处理技术对文档内容进行语义分析，实现智能化的关键词提取和文本分类，帮助用户快速找到所需要的信息。

此外，数字化还带来了档案共享和合作的机会。不同机构和国家的档案往往涵盖着丰富多样的信息，通过数字化，我们可以实现档案资源的共享和利用。这种跨界合作有助于拓展我们对历史和文化的认识，促进知识的传播和交流。例如，在历史研究中，不同国家的档案可以相互印证，从而形成更为全面和客观的历史叙述。然而，档案共享也涉及知识产权和隐私等敏感问题。为了实现合理的档案共享，我们需要制定合适的政策和法规来确保档案共享的合法合规，保护个人隐私和机构的权益。

在可持续性发展的理念下，档案管理还需要关注环境可持续性。纸质档案的生产和存储需要大量的资源，而数字化可以在一定程度上减少对自然资源的消耗。推广数字化档案管理，可以为环境保护作出积极贡献。同时，随着电子设备的频繁更新换代，电子垃圾也成了环境污染的一个问题。为了降低电子垃圾对环境的影响，档案管理者需要思考如何处理和回收废弃的电子设备。可持续性发展要求我们在档案管理中注重环保，积极推动绿色数字化，减少对环境的负面影响。

同时，可持续性发展也意味着对人力资源的持续投入和培养。档案管理是一门复杂的学科，需要专业的知识和技能。培养合格的档案管理人才，不仅需要吸引更多的年轻人投身于此，还需要为他们提供持续的培训和学习机会，使他们能够紧跟科技发展的步伐，不断提升自己的专业素养。例如，可以建立档案管理培训项目，开设相关课程和研讨会，鼓励档案管理人员参与学术交流和实践活动。通过不断培养新的人才和传承经验，档案管理可以在可持续性发展的轨道上不断前进。

总体来说，可持续性发展对于现代档案管理提出了全新的要求和挑战。数字档案的长期保存和管理、智能化的信息检索、跨界的档案共享、环境可持续性和人才培养都是我们需要关注和解决的问题。只有持续地更新和升级档案管理的理念和技术，我们才能更好地保护和传承人类的历史和文化，为可持续的未来奠定坚实的基础。档案管理者应当积极引领科技发展，推动数字档案管理的创新，为社会进步和文明传承贡献力量。

第二章
不动产登记档案概述

在我们的日常生活中，不动产以其独特的存在形式和价值属性，构成了社会经济活动的重要基础。然而，对于不动产的理解和管理，却需要我们深入探讨其背后的法律和制度框架。在即将展开的第二章中，我们将从不动产的概念及登记入手，探讨其在法律和经济活动中的基础地位。

不动产登记档案，作为不动产权利证明的重要依据，其概念、特点及管理方式，对于维护产权关系、保障经济交易的公正公平具有重要作用。本章我们将深入剖析这一主题，揭示其在不动产管理中的核心地位。同时，我们将探讨不动产统一登记的基本原则及内容，理解其如何通过规范化、标准化的流程，提高不动产管理的效率，减少产权纠纷，保障社会经济秩序的稳定。我们亦将审视我国不动产登记的现状及发展趋势，分析在经济社会快速发展的背景下，不动产登记制度如何应对挑战，把握机遇，以适应未来的发展需求。最后，我们将阐述不动产登记档案的概念及特点，全面理解其价值和重要性。

本章将揭开不动产登记档案的神秘面纱，理解其在法律和经济活动中的重要作用，为我们的学习和研究提供坚实的基础。

第一节 不动产的概念及登记

一、不动产的定义

不动产，作为地球表面的土地及其所附着的不能移动的建筑物和构筑物的统称，是人类社会发展和文明进程的重要组成部分，承载着复杂的历史、经济、社会和法律背景。通过深入探讨不动产的定义和意义，我们可以更好地认识人类社会的财产制度以及对土地资源的利用与保护。

不动产的定义要素之一是土地。土地作为地球上最原始的资源，是自然界与人类活动交织的产物。农业、工业、城市化等发展都依赖土地。农民靠土地耕种谋生，工业、企业依赖土地建厂生产，城市居民依附土地建设家园。土地也是文化的载体，承载着民族的历史、乡土的记忆。然而，土地资源有限，合理利用土地、保护土地生态环境成为当代社会面临的挑战。我们需要深入研究土地资源的开发和保护，并推行土地可持续利用的理念。

不动产还包括房屋和建筑物，是人类生活、劳动和经济活动的空间载体。房屋是人们的栖息之所，是家庭的温馨港湾。在房屋中，人们建立家庭，传承文化，实现个人和家庭的价值。同时，建筑物作为工作、生产和服务的场所，也对经济活动起到重要支撑作用。然而，城市化进程加速，建筑业的快速发展也引发了土地资源的浪费和城市规划的不合理问题。因此，需要加强城市规划和建筑设计的科学性和可持续性，以应对城市发展中的挑战。

此外，不动产还包括与土地紧密结合且不能移动的构筑物，如道路、桥梁、堤坝等，是交通、基础设施建设的重要组成部分。道路与桥梁联通城市和乡村，促进经济的繁荣和交流的便利。堤坝在防洪、发电等方面发挥着重要作用。然而，这些基础设施的建设需要大量土地资源和资金投入，同时也要求科学规划和推行可持续发展的理念。我们需要关注基础设施建设与土地资源的平衡，以及其对环境和社会带来的影响。

不动产作为财产权的一种形式，对于社会经济的发展和个人财富的积累都具有重要意义。然而，在不动产交易中，土地的权属和使用权往往牵扯复杂的法律问题，如土地登记、产权确认、土地纠纷等。因此，建立健全的法律制度和社会管理机制，加强土地资源的管理与保护显得尤为重要。只有通过健全的法律和政策体系，我们才能更好地保障土地资源的合理利用，确保不动产权益的稳固和社会秩序的稳定。

在探讨不动产的定义和意义时，我们还要从社会、文化、法律等多维度进行思考。不动产不仅是经济资源，更是社会和文化的重要组成部分。土地承载着历史记忆和文化传承，建筑物是人类生活和价值实现的空间。通过深入探讨不动产的社会和文化价值，我们可以更好地认识土地和建筑在社会生活中的意义，从而更好地保护和传承人类的文化遗产。

综上所述，不动产作为不能移动或经移动会损害其经济效用和经济价值的物，承载着人类社会发展和文明进程的复杂历史、经济、社会和法律背景。通过深入研究不动产的定义和意义，我们可以更好地认识土地资源的重要性和有限性，推动土地资源的可持续利用和保护。同时，关注建筑与城市化发展中的挑战，加强科学规划，推行可持续发展理念，确保土地资源的合理利用。在不动产交易中，应建立健全的法律体系，保障不动产权益的稳固和社会秩序的稳定，通过多维度思考不动产的社会和文化价值，保护和传承人类的文化遗产。只有在全面认识不动产的基础上，我们才能更好地应对当今社会面临的土地资源有限、城市化快速发展等挑战，促进经济的可持续发展和社会的和谐进步。

二、不动产的特征

不动产是一种重要的财产形式，与动产相对立。其最显著的特征之一是不可移动性。不动产与地球表面紧密结合，无法轻易改变位置。这使得它们在交易和使用过程中相较动产更为烦琐。例如，房地产交易需要进行详细的产权调查和签署法律手续，以确保所有权的合法转移。不可移动性也限制了不动产的流动性，因为它们不能像动产一样方便地转移或销售。

不动产具有永续性的特点。它们的存在是长期的，不会因为日常使用或所有权转移而消失。这使得不动产在经济和社会中具有稳定性和持久性。人们通常将不动产视为长期的投资，可以实现资产保值和增值的目标。例如，人们购买房地产不仅可以提供住所，还能在未来的时间里通过房产价值的上涨获得更高的回报。

不动产的另一个显著特征是土地与建筑物的联合。不动产包括土地和与土地紧密结合的建筑物。土地是不动产的基础，而建筑物是在土地上增加价值和功能的重要组成部分。这两者相互依存，构成了不动产的核心价值。例如，在城市中，土地的位置和地理条件会影响建筑物的规划和设计，而建筑物的用途和功能也会决定土地的价值和用途。

不动产在社会和经济发展中扮演着重要角色。首先，不动产为个人和企业提供了稳定的居住和生产基地。农民依赖土地进行农业生产，工业企业需要土地和建筑物进行生产和经营活动，而居民需要房屋来居住。不动产的稳定性和永续性为经济的持续增长和社会的稳定发展奠定了基础。其次，不动产在地方经济发展中发挥着推动作用。地方政府可以通过合理规划和管理不动产资源，吸引投资和促进产业发展。例如，政府可以规划土地用途，划定商业区和住宅区，提供更好的基础设施和公共服务，从而吸引更多企业和居民前来定居和投资。不动产的发展和利用也为地方政府带来税收收入，支持地方公共事业建设和社会福利改善。

不动产也是财富和资产的重要组成部分。个人和企业通常将不动产视为重要的投资手段。通过购买土地或房产，他们可以实现资产保值增值的目标。在不动产市场上，房地产交易是一项庞大的产业，涉及众多专业从业人员，如房地产经纪人、律师、估价师等，这为社会创造了大量的就业机会。然而，不动产的管理和开发也带来了一些挑战。

首先，随着城市化进程的加快，不动产的开发可能会导致土地的过度开发和资源浪费。不合理的土地开发可能导致生态破坏和环境污染，影响生态平衡和可持续发展。因此，需要制定科学合理的城市规划和土地利用政策，平衡经济发展与环境保护的关系。

其次，不动产的所有权和权益问题也可能引发纠纷和争端。在不动产交易中，产权的确认和归属可能涉及历史问题、法律条款和权益认定等复杂因素。如果不动产的所有权归属不明确或存在争议，将导致产权纠纷，影响交易的顺利进行。因此，确保不动产所有权的合法性和明晰性非常重要，需要完善的法律法规和有效的产权保护机制。

不动产作为与地球紧密结合的财产，具有不可移动性、永续性和土地与建筑物的联合等特征。它们在经济和社会发展中扮演着重要角色，为个人和企业提供稳定的居住和生产基地，推动地方经济发展，同时也是重要的财富和资产来源。然而，不动产的管理和开发也需要面对一系列挑战，需要社会各界共同努力，制定合理政策和管理措施，实现不动产资源的可持续利用和社会的共同发展。只有这样，不动产才能更好地为社会和经济发展作出更大的贡献。

三、不动产登记的意义

不动产登记作为一种制度，具有重要的意义和价值，它在社会、经济和法律等多个层面发挥着重要作用。

不动产登记有助于保障不动产权益的合法性和真实性。通过登记备案，不动产的权利状况和所有权关系得以明确记录，使其具有法律效力。这样，任何人都能查阅相关登记资料，确保不动产权益的合法性和真实性，防止虚假交易和侵权行为的发生。不动产登记的透明性和公开性，为社会提供了一个公平公正的交易环境，使得不动产市场更加稳健和可靠。

不动产登记有利于保护权利人的合法权益。不动产通常是人们最重要的财产之一，涉及权益的稳定性和安全性。通过不动产登记，权利人的权益得到法律保障，他们可以依法享有和处置自己的不动产。同时，对于涉及担保、抵押等金融交易，登记记录也为金融机构提供了权益保障，减少了金融风险，促进金融市场的稳定发展。

不动产登记对于促进不动产交易和经济发展具有积极作用。一个完善的不动产登记制度有助于提高交易的效率，降低交易的成本，促进市场的流动性。当交易成本较低时，人们更愿意进行不动产的买卖，促进了市场的活跃度和发展。同时，不动产登记也为房地产市场的调控提供了依据，政府可以根据登记数据来制定相应的政策，防范和化解潜在的房地产泡沫。

不动产登记还有助于优化土地资源配置。在城市化进程中，土地是有限资源，如何合理利用土地，满足城市的发展需求，是一个亟待解决的问题。不动产登记可以清晰记录土地使用情况，推动土地资源的高效配置和利用，促进城市可持续发展。

不动产登记还为城市规划和建设提供了基础数据。人们进行城市规划需要充分了解不动产的分布情况、用途和所有权关系等信息，才能科学合理地规划城市布局和发展方向。不动产登记可以为城市规划和建设提供准确的数据支持，有助于避免规划冲突和资源浪费。

不动产登记也有助于解决土地纠纷和争议。在现实生活中，不动产权益的界定常常引发各类争议，比如拆迁补偿、土地征用等问题。不动产登记可以明确权益归属，减少纠纷发生，提高社会和谐稳定程度。

不动产登记在现代社会中具有不可忽视的重要意义。它不仅保障了不动产权益的合法性和稳定性，也促进了不动产交易和经济的发展。同时，在土地资源的优化配置、城市规划和建设以及解决土地纠纷等方面，不动产登记都起到了积极的作用。因此，建立健全不动产登记制度，不断完善相关法律法规，对于推动社会的发展和进步具有重要的意义和价值。

四、不动产登记的内容

不动产登记制是现代社会中非常重要的制度之一，它对于保护不动产权利人的合法权益，维护社会秩序和经济稳定起着至关重要的作用。不动产登记涉及的内容十分丰富，主要包括不动产的基本信息、不动产权属信息、不动产的限制性权利以及不动产的历史权属信息等。

不动产的基本信息是不动产登记的核心内容之一。不动产指的是土地、房屋等固定在地球上并不易于移动的财产。在登记时，需要详细记录土地的具体位置，包括所在地区、街道、门牌号等，以便进行精确定位。同时，登记土地的面积也是非常重要的，它决定了土地的利用价值和开发潜力。土地使用用途也是必须登记的信息之一，这有助于规划土地的合理利用，推动城市的可持续发展。而对于建筑物，登记需要包括建筑物的结构信息，如是住宅、商业建筑还是工业建筑，以及建筑物的用途，如是居住、办公还是生产等。此外，建筑物的面积也需要登记，这有助于对房屋的合理规划和使用。

不动产权属信息是不动产登记的另一个重要内容。权属信息是指登记不动产的所有权和使用权归属。所有权是指对不动产的所有和支配权，使用权是指对不动产的使用和收益权。登记所有权人的身份信息，可以确保不动产的所有权得到法律保护，并使产权人能够合法行使权利。同时，登记使用权人的身份信息，也有助于明确不动产的使用范围和条件，避免权利的混淆和争议。

不动产的限制性权利是不动产登记中的重要内容之一。限制性权利是指对不动产权利人的处置权和使用权产生限制的权利，主要包括抵押权、查封权、租赁权等。抵押权是指当事人以其不动产作为债务的担保物，并在登记机关登记的一种权利。当债务人未按照约定履行债务时，债权人有权通过处置该不动产来实现债权。查封权是指有关主管部门或者法院为了解决诉讼或执行其他法律文书的需要，对不动产实行暂时性的限制措施。租赁权是指产权人将其不动产出租给他人使用，并在登记机关登记的一种权利。限制性权利的登记，可以防止不动产的滥用和非法转让，保护权利人的利益。

不动产的历史权属信息也是不动产登记的重要内容。历史权属信息是指记录不动产的过去所有权人和权属变更情况的信息。通过登记不动产的历史权属信息，可以确保不动产权属链的连续性和完整性。这对于防止不动产权属的纠纷和争议非常关键。历史权属信息的登记，可以清晰地追溯不动产的权利来源，为当前权属的合法性提供依据。

综上所述，不动产登记涉及的内容非常广泛，包括不动产的基本信息、不动产权属信息、不动产的限制性权利以及不动产的历史权属信息等。这些内容的登记和管理对于保障不动产权利人的合法权益，维护社会秩序和经济稳定具有重要意义。不动产登记可以确保不动产交易安全有序地进行，促进房地产市场的稳定发展。同时，政府和相关部门也可以通过不动产登记数据，进行土地资源的合理规划和利用，推动城市建设和国民经济的可持续发展。因此，不动产登记制度的建立和完善是现代社会治理的重要组成部分。

五、不动产登记的程序

不动产登记是一个复杂而关键的法律程序，其目的在于确保不动产权益的真实性、合法性和优先权的确立。在许多国家和地区，不动产登记被视为确权和保护产权的基石，其重要性在不动产交易和投资中不可忽视。

申请登记是不动产登记程序的起始阶段。权利人或其授权代理人必须向相关的不动产登记机构提交书面申请，并提供详细的信息和相关的证明文件，如土地使用证、房屋产权证、购房合同等。申请人必须确保所提供的信息真实、准确，否则可能导致登记申请被拒绝或延迟处理。

登记审查是不动产登记过程的核心环节。登记机构的工作人员对申请材料进行仔细审查，核实不动产的基本情况、权利人的身份、不动产权属是否明确以及是否存在限制性条件。审查的目的在于确保申请材料的真实性和合法性，以及保障权利人的合法权益。在这一阶段，登记机构可能会要求申请人提供补充材料或进行现场核实。

登记备案是不动产登记程序的关键步骤。完成登记审查并确认申请材料合法有效后，登记机构将不动产权益信息登记在不动产登记簿册上，并颁发登记证明书。不动产登记簿册是不动产权益的主要证明文件，详细记录了不动产的基本特征、权属信息，权利的设立、变更、转让等情况。登记证明书是权利人的合法凭证，用于证明其对不动产的权益。

登记信息进行公示和异议处理是最终阶段。登记机构将已登记的权益信息进行公示，公示期限一般较短，公示的目的在于让第三方有机会核查登记信息的真实性，并提出任何可能存在的异议。公示期内，任何人都可以提出异议，异议可能涉及权属、面积、界址等方面的问题。登记机构将认真调查并核实异议的合法性，确保所有权益人的权益得到保障。如果在公示期内没有异议，登记信息将正式生效，登记手续完成。

总的来说，不动产登记程序是一个严谨而复杂的过程，它涉及许多法律、规定和程序。不动产登记的准确性和及时性对于确保不动产权益的真实性和保护权利人的合法权益至关重要。同时，公示和异议处理的环节是确保登记程序公正透明的重要保障，它有助于发现和解决可能存在的问题，为不动产权益的确权提供有力支持。随着社会的不断发展和法律法规的进一步完善，不动产登记程序也将不断优化和完善，以适应日益复杂多变的不动产交易和权利保护需求。

不动产登记是现代社会不动产交易和管理的基础，对于维护社会稳定、保障公平交易和推动经济发展都起着至关重要的作用。

第二节　不动产登记的现状与特点

一、我国不动产登记现状

我国的不动产登记制度在过去相对滞后，存在一系列问题，如登记不完善和信息不透明等。这些问题导致不动产权属难以明确，产权纠纷频发，影响经济社会的稳定和可持续发展。然而，近年来，随着法律法规的逐步完善和政策的持续推进，不动产登记工作取得了显著进展。首先，值得一提的是，《不动产登记暂行条例》和《不动产登记操作规范（试行）》等法规的颁布，为不动产登记提供了法律依据和规范。这些法规明确了不动产登记的范围，包括土地、房屋和其他不动产，为登记提供了明确的对象。同时，法规规定了登记的程序和义务，确保了登记的规范和合法性。

政府部门对不动产登记工作给予高度重视。各级政府相继成立不动产登记机构，加强对登记工作的监督和指导。政府还投入大量资源，改进登记系统和技术手段，提高登记效率和信息的准确性。这些举措为不动产登记工作提供了坚实的基础和支持。

不仅如此，我国在推进不动产登记信息化方面也取得了巨大进展。数字化登记系统的建设和应用，使登记信息得以实时更新和共享，为公众提供了更加便捷的查询服务。同时，数字化系统的运用也大大降低了不动产登记作弊和篡改的可能性，提升了登记的可信度和公信力。此外，为了解决过去信息不透明的问题，我国逐步建立起了全国统一的不动产登记信息公示平台。该平台向公众开放，使得不动产权属和相关信息的查询更加便捷和透明。这有助于消除信息壁垒，减少不动产交易中的不确定性和风险，促进了房地产市场的健康发展。

在不动产登记领域，我国还积极借鉴了国际经验，加强了与其他国家的交流与合作。通过参与国际合作项目，我国不仅扩大了登记信息的国际共享，也学习了其他国家先进的登记管理经验。这有助于推动我国不动产登记制度与国际接轨，提高登记的国际竞争力。然而，尽管不动产登记工作取得了显著进展，但仍然面临一些挑战。首先，人为因素仍然是影响登记准确性的主要原因之一。部分地区对不动产登记的重视程度不够，导致登记数据的质量参差不齐。其次，不动产登记的范围和内容较广，其复杂性也给登记工作的实施带来了困难。政府需要进一步加大培训和人才储备力度，提高登记工作的专业性和精准性。最后，信息安全问题仍然值得关注。随着数字化系统的普及，不动产登记信息的安全面临着日益复杂和严峻的挑战。黑客攻击和数据泄露等问题可能导致不动产权属纠纷，影响社会稳定。因此，政府需要进一步加强信息安全的防范和保护措施，确保登记信息的安全和可靠。此外，不动产登记的推进也面临着法律和制度的衔接问题。不动产涉及多个法律领域，如《中华人民共和国土地管理法》《中华人民共和国城市房地产管理法》等，登记工作需要与这些法律相互配合。然而，目前法律和制度之间的衔接还不够紧密，需要加强协调和整合，以确保登记工作的顺利推进。

我国的不动产登记制度在过去相对滞后，但近年来取得了显著进展。通过法律法规的完善、政府部门的重视、信息化建设的推进以及国际合作的加强，不动产登记工作取得了一系列显著成果。然而，仍然面临人为因素影响、信息安全和法律衔接等挑战。只有进一步加强改革创新，不断完善登记制度，提高登记信息的准确性和可信度，才能更好地服务于经济社会的稳定和可持续发展。政府、企业和公众应共同努力，共建公正透明的不动产登记制度，为国家的发展进步贡献力量。

二、网络化与信息共享

网络化与信息共享在不动产登记领域的应用，极大地促进了行业的发展和管理的提升。首先，全国联网的实现让不动产登记信息得以及时更新，不再受限于地域和时间，从而提高了信息的透明度和准确性。过去，由于不同地区的登记系统存在割裂，信息更新可能存在延迟，导致交易风险增加。但现在不动产登记部门可以实时查询不动产信息，这种信息互通的机制大大简化了不动产交易的流程，为购房者、出租方等提供了更为及时准确的信息，减少了交易纠纷和风险，提高了市场的稳定性。

其次，不动产登记信息与其他相关部门的信息共享，为房地产市场的规范发展提供了坚实基础。税务、土地、建设等部门的信息与不动产登记信息相互关联，使不动产的所有权、产权状况、税务缴纳等方面的信息都能够得到全面核实。这种信息共享机制保障了交易双方的合法权益，防止了偷逃税款和虚假交易的情况发生。同时，政府部门也能通过这些数据，对房地产市场进行更加精准的调控，避免市场波动和投机行为，推动房地产市场健康稳定发展。信息共享还为不动产管理和城市规划带来了极大的便利。通过与城市规划部门的信息共享，不动产登记部门能够更好地了解城市的用地规划，合理安排土地资源的开发和利用，促进城市的可持续发展。此外，与其他监管部门的信息共享，也可以帮助不动产登记部门对房屋的合法性进行审核，避免存在质量问题或违法建设的房屋进入市场。

信息共享也为不动产交易的金融支持提供了更可靠的数据基础。在过去，由于信息不畅，金融机构难以全面了解房产抵押物的价值和风险，因此，不少符合条件的借款人可能因为无法提供足够的抵押品而错失贷款机会。而现在通过与金融机构的信息共享，不动产登记信息能够作为信贷评估的重要依据，让金融机构能够更全面客观地评估房产价值和贷款风险，提高了贷款的成功率，也避免了不良贷款的风险。此外，信息共享还为不动产登记数据的深度应用提供了可能。通过大数据和人工智能技术的运用，不动产登记部门可以更好地分析房地产市场的供需状况、价格趋势等，为政府决策提供参考依据。同时，也可以通过数据挖掘发现潜在的市场问题和风险，提前进行预警和干预，确保房地产市场的稳定运行。

然而，信息共享也面临一些挑战和问题。首先，信息安全问题是一个需要高度重视的方面。不动产登记信息涉及大量的个人隐私和财产权益，如果信息泄露或被滥用，将给个人和社会带来严重的损害。因此，在推进信息共享的过程中，政府需要建立严格的信息保护机制，确保数据的安全性和隐私性。其次，信息共享涉及多个部门的数据交换和整合，需要建立统一的数据标准和共享平台。不同部门可能采用不同的信息系统和数据格式，这会导致数据共享的难度和成本增加。因此，需要建立起完善的信息交换平台，确保数据的准确传递和及时更新。最后，信息共享也需要解决信息孤岛的问题。虽然信息共享可以提高数据的全面性和准确性，但在某些地区或单位，由于技术和管理等方面的限制，仍然可能存在信息孤立的情况。这就需要在全国范围内推动信息化水平的统一，提高各地的信息共享能力。

网络化与信息共享给不动产登记领域带来了巨大的变革。通过全国联网，不动产登记信息得以及时更新，提高了登记信息的透明度和准确性。与其他部门的信息共享，保障了交易双方的权益，促进了房地产市场的规范发展。同时，信息共享还为不动产管理、金融支持和数据应用带来了新的机遇。然而，信息共享也面临一些挑战，需要建立完善的信息保护机制和数据标准，推动信息化水平的统一。只有克服这些问题，信息共享才能发挥最大的价值，为不动产行业的进一步发展和社会的持续进步作出更大的贡献。

三、不动产电子证照

不动产电子证照的推行标志着现代不动产登记系统向数字化、智能化的重要转型。随着科技的不断进步和社会的发展，传统纸质不动产权属证书逐渐暴露出一系列不足之处，包括烦琐的手续、易于丢失、容易被伪造等问题。因此，推行不动产电子证照具有重要的现实意义。

不动产电子证照的推广有助于提高证照的便捷性和安全性。传统纸质证照需要人们亲自前往不动产登记中心或相关机构办理，费时费力。而采用电子证照后，市民可以通过网络或手机 App 等渠道随时查询和获取相关证照信息，无须排队等候，实现了"一次办理、永久使用"的便捷服务。同时，电子证照采用了先进的加密技术，确保了证照信息的安全性，防范了证照被篡改或丢失的风险，有利于保护不动产权益。

推行不动产电子证照有助于减少传统纸质证照的使用。传统纸质证照需要用大量的纸张进行印刷，不仅浪费资源，还增加了环境负担。而电子证照的推广可以有效减少对纸张的需求，有利于节约资源、保护生态环境，符合可持续发展的理念。另外，不动产电子证照的推行也方便了证照的备份和传输。在传统纸质证照时代，证照一旦遗失或损坏，重新办理的手续是非常烦琐的，甚至可能涉及大量的诉讼。而电子证照可以方便地进行备份和恢复，即使不小心丢失了证照，也可以通过系统恢复，极大地降低了证照丢失带来的风险。同时，电子证照的传输也更为便捷，可以通过电子邮件、云存储等方式快速传递，加速了不动产交易的办理流程。

不动产电子证照的推行还有助于降低证照伪造的可能性。传统纸质证照相对容易被伪造或涂改，这给不动产交易带来了潜在的风险。而电子证照采用了先进的数字签名和加密技术，使证照的真实性得到了更好的保障，减少了伪造证照的可能性，从而增强了证照的可信度。此外，不动产电子证照的推广也有利于推动政府部门的信息化建设。在数字化时代，各级政府部门正积极推进"互联网+政务服务"模式，通过信息化手段提高政府服务效率和质量。推行不动产电子证照是这一努力的重要组成部分，它有助于提升政府部门的管理水平和服务水平，为市民提供更加便利高效的不动产登记服务。然而，推行不动产电子证照也面临一些挑战。主要是信息安全问题。不动产电子证照涉及大量个人和企业的隐私信息，如果信息泄露或被黑客攻击，将对当事人的合法权益产生严重影响。因此，必须加强信息安全保护措施，建立健全信息安全管理体系，确保证照信息不被非法获取和利用。

推行不动产电子证照需要加大宣传力度。由于不动产电子证照是一项新的制度改革，很多市民和企业可能对其了解不足，甚至对其存在疑虑。政府需要积极宣传不动产电子证照的优势和便利性，增强公众的认知和接受度，推动不动产电子证照的广泛应用。而且不动产电子证照的推行需要相关法律法规的完善。在推行过程中，可能会涉及不少法律和制度方面的问题，包括电子签名的法律效力、电子证照的法律地位等。因此，需要相关部门及时跟进制定和完善相关法律法规，为不动产电子证照的推行提供有力的法律支持和保障。

不动产电子证照的推行是现代不动产登记的重要一步。政府通过将不动产权属证书电子化，提高了证照的便捷性和安全性，减少了纸质证照的使用，方便证照的备份和传输，降低了证照伪造的可能性，增强了证照的可信度。然而，在推行过程中也需要解决信息安全、宣传推广和法律完善等问题，才能确保不动产电子证照的顺利应用。

四、未来不动产登记的法律效力强化

随着不动产登记制度的不断完善，我国在未来将进一步加强登记的法律效力，以确保登记信息的真实、准确和有效。不动产登记的信息将成为不动产权益的重要证据，从而保障不动产权益的交易和保护的可信度，这对于社会经济的稳定与发展具有重要意义。

不动产登记的法律效力强化是基于对不动产交易的保障和规范考虑。在现实生活中，不动产的交易涉及巨大的财产权益，因此确保不动产登记的信息真实性和准确性对于交易双方来说至关重要。过去由于登记制度的不完善，可能会导致不动产交易出现瑕疵和纠纷，进而影响市场秩序和社会稳定。为了解决这些问题，法律法规将更加明确不动产登记的法律地位，使登记信息成为不动产权益的有力证明，为交易双方提供了强有力的法律保障。

加强不动产登记的法律效力还可以推动不动产市场的健康发展。在现代经济体系中，不动产市场作为重要的组成部分，直接影响着金融、土地资源配置、城市规划和社会稳定等方面。因此，确保不动产登记信息的真实性和准确性，有利于增强市场信心，吸引更多投资者和购房者参与市场交易，从而推动市场的健康有序发展。市场的信心一旦得到提升，不仅可以增加不动产市场的活跃度，也有利于吸引国内外资本的流入，促进房地产行业的持续繁荣。

不动产登记的法律效力强化对于保护消费者权益也具有重要意义。在房地产交易中，消费者往往处于相对弱势的地位，容易受到不诚信商家的欺骗和侵害。加强不动产登记的法律效力可以使消费者在交易过程中能够更加明确地了解房产的所有权情况、抵押情况等重要信息，避免购房时陷入法律纠纷和经济风险。同时，对于不动产的登记信息进行公示和透明，也有助于引导房地产市场朝着更加诚信和规范的方向发展，减少不良竞争和欺诈行为，从而维护广大消费者的合法权益。

不动产登记的法律效力强化还有助于提高政府治理的效率和增强政府的公

信力。在过去，由于不动产登记信息的不完善和分散管理，政府在土地资源配置和规划方面难以作出准确的决策，也容易受到腐败和权力滥用的干扰。通过加强不动产登记的法律效力，政府可以更好地了解土地资源的利用情况和市场需求，从而优化城市规划，提高土地资源配置的效率，增强政府治理的公正性和透明度。与此同时，政府机构的信息共享和协作也将更加顺畅，有利于优化行政管理和增强政府的公信力。

在推进不动产登记法律效力强化的过程中，还需要解决一些实际问题。首先，建立健全不动产登记的信息管理体系是必要的，这包括信息的采集、存储、更新和共享等方面。只有在信息管理上做到精准和高效，才能确保登记信息的真实性和有效性。其次，加强法律法规的制定和完善，明确不动产登记的法律地位和效力，同时规范相关的登记程序和责任。最后，还需要加大对登记机构和人员的培训力度，提高其专业水平和服务质量。政府通过不断完善制度和加强管理，才能确保未来不动产登记的法律效力得到有效实施。

综上所述，未来不动产登记的法律效力强化是我国不动产登记制度改革的重要内容，也是推动经济社会发展和保障公平正义的重要举措。加强登记的法律效力可以保障不动产权益的交易和保护的可信度，推动不动产市场的健康发展，保护消费者权益，提高政府治理的效率和公信力。然而，实现这一目标需要全社会的共同努力，需要政府、企业和公众共同参与，共同推动不动产登记制度的不断完善和发展。只有如此，我们才能建设更加繁荣稳定的社会，构建更加公平正义的法治环境。

五、推动全要素不动产登记

当前我国的不动产登记体系主要涵盖土地和房屋等方面，未来的不动产登记体系发展将朝着更全面、综合的方向推进，即全要素不动产登记。这一推动的目标在于实现土地、建筑物、林权、矿权等所有权利的登记，以更加全面确权不动产权益，并为不动产交易和投资提供更加全面的信息支持。以下我们将在全要素不动产登记的意义、影响以及可能面临的挑战等方面进行详细探讨。

全要素不动产登记的实施对于确权不动产权益具有重要意义。传统的不动产登记仅涉及土地和房屋等核心要素，未对其他权利进行完整登记，导致其他权利的确权难度较大。例如，林权、矿权等权益的确权问题，常常因信息不全面而引发纠纷。全要素不动产登记将有助于解决这一问题，为各种不动产权益提供更加全面、准确的登记信息，实现权益的公平合理确认。

全要素不动产登记对于促进不动产交易和投资活动具有积极影响。在现有的不动产登记体系中，信息不完整可能会造成买卖双方在交易中信息不对称，使交易难以顺利进行。全要素登记将使不动产权益的信息得到更全面的披露，有助于减少信息不对称问题，提高交易效率，降低交易风险，从而促进不动产市场的健康发展。同时，对于投资者而言，全要素不动产登记提供的全面信息支持将有助于降低投资风险，增加投资的透明度和确定性，从而吸引更多资金流向不动产市场。

全要素不动产登记也将有助于推动城市规划和土地资源管理的科学化和精细化。在不动产登记的基础上，政府可以更加准确地掌握土地、建筑物、林地、矿产等资源的利用状况，为城市规划和土地资源管理提供科学依据。例如，政府可以根据全要素登记数据，对土地用途进行精细划分，实现土地的高效利用和合理配置，促进城市的可持续发展。

然而，推动全要素不动产登记也面临一些挑战。首先，全要素登记需要整合多个权益主体的信息，包括不动产权利人、权属单位、登记机构等，信息来源的多样性和不确定性将增加登记工作的复杂度。其次，不同地区、不同类型的不动产在登记过程中可能涉及不同的法律法规和登记标准，需要建立统一的、可操作的登记制度，以确保全要素登记的顺利实施。最后，全要素登记还需充分考虑信息安全和隐私保护等问题，确保登记数据的安全和可靠性。

推动全要素不动产登记是我国不动产登记体系改革的重要方向。全要素登记将有助于确权不动产权益，提供全面的信息支持，促进不动产交易和投资活动，推动城市规划和土地资源管理的科学化和精细化。尽管面临一些挑战，但通过政府、相关部门和社会各方的共同努力，相信全要素不动产登记必将为我国不动产领域的发展带来新的机遇和活力。

第三节　不动产登记档案的概念及特点

一、不动产登记档案的重要性

不动产登记档案的重要性在现代社会变得日益突显。它涉及法律依据与权利保障、维护社会稳定与安全、支持金融和经济发展以及促进城市规划和土地利用等方面，这些方面互相交织、相互促进，共同构成了不动产登记档案的重要性。

不动产登记档案作为法律规定的必要手续，是确保不动产权益合法性和有效性的基石。在不动产交易中，登记档案可以明确不动产的权属关系，保障所有权人和持有人的权利，有助于防止权益被侵害和产生潜在的纠纷。登记档案提供了权利归属的准确证明，使得不动产交易各方能够信任交易的合法性和透明度，进而促进房地产市场的稳定发展。

不动产登记档案的完备和准确有助于维护社会的稳定和安全。在房地产交易中，登记档案能够防止不动产被多次抵押或转让，避免不良行为的发生。例如，通过登记档案可以及时发现房产被多次抵押的情况，防止房产抵押贷款的欺诈行为。此外，登记档案的完善还能够帮助政府监管不动产市场，有效遏制房地产泡沫和投机行为，维护房地产市场的平稳运行。

不动产登记档案也是金融机构和企业进行融资的重要依据之一，对于金融体系的稳健运行具有至关重要的作用。在不动产抵押贷款中，银行通常会查阅不动产登记档案，以确认不动产的所有权和质量状况，从而决定是否为其提供贷款。登记档案的真实性和可信度直接关系到金融机构的风险控制和资金安全，因此，确保不动产登记档案的准确性和完整性对于金融体系的健康发展至关重要。此外，登记档案还为土地资源的开发利用提供了保障，为相关企业的发展提供融资支持，进一步促进了经济的持续增长。

不动产登记档案在促进城市规划和土地利用方面发挥着重要作用。随着城市化进程的不断加快，城市规划和土地管理越发复杂。登记档案提供了关于土地使用权的详细信息，帮助政府了解土地的分布、用途和所有权情况，有助于为城市规划和土地管理决策提供重要的数据支持。这样，政府可以更加科学地规划城市的未来发展方向，合理利用土地资源，推动城市的可持续发展和生态保护。

总体来说，不动产登记档案在维护法律权益、稳定社会秩序、支持金融发展和促进城市规划等方面有着重要的作用。它不仅保障了不动产交易的合法性和安全性，还为经济发展和城市管理提供了重要的支持和保障。因此，政府和社会各方应加强对不动产登记档案的管理和维护，确保其准确性和及时性，进一步推动社会进步和发展。同时，应加强法律宣传，增强公众对不动产登记档案的认识和重视，促进全社会形成共识，共同维护不动产登记档案的完整性和权威性。

二、不动产登记档案的概念

不动产登记档案是对不动产（如房地产、土地等）进行登记并形成的相关档案，其重要性和作用在现代社会中日益凸显。这种档案是通过按照法定程序将不动产的权利状况、归属关系、限制条件等信息进行正式登记备案的行为而形成的一系列文件、记录和资料的集合。

不动产登记档案的概念可以从内容和对象两个方面进行阐述。从内容上看，不动产登记档案记录了不动产的各项信息，涵盖土地、建筑物、房屋、产权权属等，以及与之相关的限制条件、抵押权等权利状况。这些翔实的记录确保了不动产交易的透明度和合法性，有效地防范了不动产交易中的欺诈行为。从对象上看，不动产登记档案所涉及的主体包括不动产权利人、义务人以及其他与不动产相关的个人和单位，共同构成了不动产登记的主体群体。

不动产登记档案的意义与作用十分广泛。首先，它为国家和政府部门提供了权威的不动产信息，有助于加强对不动产资源的管理和调控，推动土地利用的规划和合理开发。其次，不动产登记档案为不动产权利人的权益保护提供了坚实的法律依据，确保他们的权利不受侵害。再次，它也为不动产交易提供了可靠的交易依据，减少交易风险，促进房地产市场的健康稳定发展。最后，不动产登记档案还为司法机关提供了重要的证据来源，有助于加强司法公正和审判效率。

然而，不动产登记档案的建立和维护面临一些挑战。首先，不动产登记涉及大量的信息和数据，如何保障登记信息的安全和隐私是一个亟待解决的问题。其次，不同地区之间的不动产登记标准和流程可能存在差异，如何实现统一和标准化是一个需要解决的难题。最后，由于不动产交易涉及多个环节和多个部门，各个环节之间的信息共享和协调也需要加强。

综上所述，不动产登记档案作为一种对不动产进行登记和档案记录的系统，在现代社会中具有重要的意义和作用。它不仅为国家和政府提供了重要的信息支持，促进了不动产资源的合理利用和管理，也为不动产权利人提供了权益保护和交易依据，推动了房地产市场的健康发展。然而，要实现不动产登记档案的有效建立和运行，需要加强相关法律法规的制定和完善，完善技术手段和管理体系，同时加强不动产登记机构和人员的培训和监督。只有这样，不动产登记档案才能发挥其应有的作用，为社会的发展和稳定作出积极的贡献。

三、不动产登记档案的特点

（一）法定性和强制性

不动产登记档案是一项根据法律规定进行的必要过程，具有法定性和强制性。在许多国家和地区，不动产登记是一项法律规定的义务，它涉及不动产的所有权和权益的确认与记录。这意味着在进行任何不动产的买卖、转让、抵押或其他交易时，都必须依法进行登记。

法定性是不动产登记档案的核心特征之一。通过法定性的规定，不动产登记成为一个不可忽视的法律程序，无论是对个人还是对社会都具有重要意义。法定性确保了不动产交易的合法性和安全性，保护了权利人的合法权益，防止欺诈和不当行为的发生。法定性的实施也有助于维护社会秩序和稳定，提高不动产交易的透明度和可预测性，减少不动产纠纷和争议。

不动产登记的法定性涉及广泛的法律规范和程序。这些规范包括但不限于法定登记的时间要求、登记的主体资格条件、登记所需的证明文件、登记费用和税费等方面。在不同的国家和地区，法定性的具体规定可能会有所不同，但其核心目的都是确保登记的准确性和合法性。不动产登记的法定性还体现在登记所涉及的当事人必须全面遵守相关法律规定。不动产交易的各方必须提供真实、准确、完整的信息和资料，不能隐瞒或虚假陈述与登记相关的事实。登记机构也要严格按照法律规定的程序和标准来办理登记手续，确保登记的有效性和公正性。

法定性的强制性意味着不动产登记是强制性的，不是自愿性的选择。这是为了维护公共利益和社会秩序，确保不动产交易的真实性和合法性。无论是买卖房地产，还是抵押贷款，任何涉及不动产的交易都必须遵守不动产登记的法律规定，否则将被视为无效交易，不会受到法律保护。

法定性和强制性的结合为不动产登记提供了坚实的法律基础和保障。它使不动产登记制度能够在社会经济发展中发挥重要作用，促进房地产市场的健康稳定发展。通过建立完善的不动产登记档案，政府可以更好地进行土地利用规划，保障土地资源的合理配置和开发利用。同时，也为投资者提供了更多的信心，降低了不动产交易的风险，促进了资本流动和投资活动的开展。

尽管不动产登记的法定性和强制性对于社会和经济的发展至关重要，但在实际实施中也面临一些挑战。首先，不同国家和地区的法律体系和制度存在差异，导致登记的程序和标准各异。这可能会增加跨境交易的难度，使得国际投资和合作更加烦琐。其次，由于不动产交易涉及的资金较大，不动产登记中可能出现的违法行为和腐败问题也需要重视，以确保登记的公正性和透明度。最后，不动产登记的信息管理和保护也是一个重要课题，应防止不动产信息被滥用或泄露，保障公民个人信息的安全。

不动产登记档案作为一项具有法定性和强制性的法律程序，在保障不动产交易合法性和权益保护方面发挥着不可替代的作用，为不动产市场的健康发展和社会稳定提供了坚实的法律基础。然而，在实施过程中需要克服一些挑战，不断完善制度，加强国际合作，确保不动产登记档案的顺利运行，实现更加有效和高效的管理和服务。只有这样，不动产登记档案才能更好地发挥其应有的作用，为社会经济的可持续发展作出积极贡献。

（二）永久性

不动产登记档案通常被视为长期保存的重要记录，不会轻易销毁，需要妥善保管并长期保存。这些档案记录了不动产的历史变更和权利状况，对于后续的交易和争议解决具有至关重要的参考价值，因此其长期保存具有不可替代的意义。

不动产登记档案的永久性来源于其历史渊源。在古代社会，土地所有权的记录和交易是社会经济体系的基础，确保土地权益的明确记录是非常重要的。这些古代记录逐渐演变为现代不动产登记系统的前身，为后来的法律体系和土地管理奠定了基础。

不动产登记档案的永久保存对于现代社会具有深远的意义。随着城市化的不断推进和土地交易的频繁发生，不动产交易涉及的资金和法律程序越来越复杂。不动产登记档案成为交易的关键，确保档案的完整和真实性是确保交易有效性和合法性的基础。这种信任机制对于维护社会经济的稳定发展至关重要，同时有助于防止欺诈行为，保护消费者和投资者的权益。

长期保存不动产登记档案对于城市规划和土地管理至关重要。城市化进程中，土地的利用和变更频繁发生，登记档案记录了土地权益的历史变更，为城市规划者和政府提供了宝贵的参考信息，以便了解土地利用的现状和潜在问题。这些信息有助于政府制定合理的城市发展规划，保障公共利益和环境可持续性。

不动产登记档案的长期保存还有助于保护历史遗产和文化传承。许多历史建筑和文化遗址属于不动产范畴，这些宝贵的文化遗产需要得到有效的保护和管理。登记档案记录了这些建筑的所有权和变更，为相关部门提供了必要的信息，以制订保护和修复计划，将这些宝贵的历史遗产传给后代。此外，不动产登记档案的长期保存也为研究和学术探讨提供了重要的资料来源。这些档案见证了社会、经济和历史的演变，对于研究城市发展、土地利用和社会变迁具有重要价值。历史学家、地理学家、社会学家等可以通过分析这些档案来深入了解过去的社会结构和发展轨迹，为未来的规划和政策制定提供参考。

不动产登记档案的永久性对于社会稳定和可持续发展起着至关重要的作用。这些档案记录了不动产的历史变更和权利状况，为后续的交易和争议解决提供重要的参考价值。同时，档案的长期保存确保了交易的公正性和合法性，保护了消费者和投资者的权益。此外，档案对于城市规划、历史遗产保护和学术研究也具有积极的推动作用。我们必须高度重视这些宝贵的档案，持续妥善保管它们，以确保它们在社会发展中持续发挥重要作用，为经济社会的未来发展带来更多的可能性和机遇。

（三）真实性和准确性

不动产登记档案的真实性是确保不动产交易公平和诚信的重要保障。在现代社会，不动产交易频繁发生，涉及房地产、土地等贵重资产。因此，不动产登记档案的真实性尤为重要，它直接关系到不动产权益的合法性和稳定性。

不动产登记是一项重要的公共服务，它涉及个人和企业的财产权益。不动产包括土地、房屋、林地等，对于每个国家而言都是重要的财产资源。通过登记，政府可以对不动产的权属和使用权进行明确的界定，为不动产权益的交易、转让、抵押等提供依据。登记的真实性是保障这些权益合法性的基础，如果登记信息虚假或不准确，就会导致权益的混乱和纠纷。

登记机构作为不动产登记的管理机构，承担着核实和验证提交资料的重要职责。在不动产交易中，买卖双方需要向登记机构提交相关的证明材料和交易信息。这些资料涉及权属证明、身份证明、土地规划等方面，必须经过严格的审核。登记机构不仅要核实资料的真实性，还要确保其完整性和合法性，防止伪造、篡改等行为。只有经过严格的核实和验证，登记档案才具有可信度。

不动产登记档案的真实性和准确性是相互关联的。准确性是指登记档案所反映的信息必须是真实的，不能有错误或遗漏。例如，登记的不动产面积、边界、权属人等信息必须与实际情况一致。真实性是指登记档案所记录的事实必须是确实发生的，不能虚构或伪造。例如，不动产的所有权转移、抵押等交易行为必须是真实发生的，而不是虚假的交易行为。

保证登记档案的真实性和准确性需要多方面的措施和手段。首先，登记机构应建立严格的信息采集和核实流程，确保提交的资料真实可信。其次，登记机构可以利用现代科技手段，如地理信息系统、卫星遥感等技术来辅助核实土地边界、地貌特征等信息，提高登记档案的准确性。此外，还要加强登记机构的内部管理和监督，建立健全登记人员的考核制度，激励员工维护登记档案的真实性和准确性。

社会各方也应共同努力，推动不动产登记档案的真实性和准确性。公众应自觉遵守法律法规，如实提供相关资料，不得伪造、隐瞒重要信息。媒体和社会组织可以加强对不动产交易的监督和舆论监督，揭示虚假交易和不当登记行为，推动登记机构更加严格地核实和验证资料。同时，政府也应加大对不动产登记工作的投入和支持，提供先进技术和专业培训，提高登记机构的管理水平和服务质量。

总之，不动产登记档案的真实性和准确性是保障不动产交易公平和诚信的基石。登记机构作为核实和验证的主体，应采取多方面的措施来确保登记档案的真实性和准确性。同时，社会各方也应共同参与，推动不动产登记工作朝着更加规范和高效的方向发展。只有真实可信的登记档案，才能为不动产权益的确权保驾护航，促进社会的稳定和发展。

（四）公开性和保密性

公开性和保密性是不动产登记档案管理中的两个核心方面，其在不动产登记制度中扮演着重要的角色。

公开性是指不动产登记档案在一定程度上对公众开放的性质。这种公开性对于社会的公正和透明至关重要。对于权益人来说，不动产登记档案的公开性使他们可以轻松地查询和核实不动产的权利状况。例如，一位买家在考虑购买一处房产时，可以通过查阅不动产登记档案来确认该房产的合法所有权和是否存在抵押或担保权益等情况。同样，银行在考虑给予房产所有者贷款时，也可以通过查阅不动产登记档案来评估其资产价值和债务状况。

公开性有助于保护利害关系人的权益。例如，土地规划部门需要查阅不动产登记档案来了解土地的权属情况，从而进行合理的城市规划和土地利用规划。政府部门和相关利益团体可以通过访问这些信息，更好地进行资源整合和决策制定，以促进社会的良性发展。

然而，虽然公开性具有诸多优势，但也必须注意保护个人隐私和商业机密等重要信息。例如，不动产登记档案中可能包含涉及个人身份证件、家庭状况以及联系方式等敏感信息，这些信息如果被不当地泄露或滥用，将可能导致个人隐私权的侵害，产生不良后果。不动产登记档案中还可能包含商业机密，比如企业的资产情况、商业计划和经营战略等。这些商业机密如果被竞争对手或恶意第三方获取，将可能导致企业的经济损失和竞争劣势。

为了保障公开性与保密性的平衡，登记机构需要采取一系列的措施。首先，建立完善的权限管理制度，确保只有经过授权的人员才能访问不动产登记档案中的敏感信息。其次，加强信息安全技术手段，防止黑客入侵和信息泄露。采用加密技术和访问日志监控等方法，可以有效提高登记档案的安全性。最后，可以制定相关的法律法规，明确对于违规泄露和滥用信息的处罚措施，以起到威慑作用。

不动产登记档案管理中的公开性与保密性是一个复杂的问题，需要综合考虑社会公众的知情权与隐私权，以及企业的合法利益。在实际操作中，登记机构需要充分权衡各方利益，合理划定信息的公开范围，并确保敏感信息的保密性。同时，加强信息安全管理，提高信息的安全性和可靠性，也是保障公开性与保密性平衡的重要措施。

总而言之，公开性与保密性在不动产登记档案管理中都有其重要作用。公开性有助于促进社会的公正和透明，方便权益人和利害关系人查询不动产的权利状况。而保密性则是保护个人隐私和商业机密的需要。平衡二者，既需要建立健全的信息安全体系，又需要制定合理的法律法规，确保信息的安全和合法使用，为社会的可持续发展提供有力保障。

（五）可追溯性

在现代社会中，不动产登记是一个至关重要的环节，它对于确保不动产权益的合法性、维护社会秩序以及保障公平交易起着关键性的作用。而在这一过程中，可追溯性作为一个不可忽视的要素，发挥着举足轻重的作用。可追溯性指的是能够追踪不动产的历史变更和交易记录，这意味着一旦发生问题，公众可以通过查阅登记档案找到相关的历史记录，从而准确地解决纠纷和争议。

可追溯性在不动产登记中有助于确保产权的合法性和稳定性。在不动产交易中，所有权的转让是一项严肃而重要的法律行为。购买方需要确保所购买的不动产的所有权是合法的、稳定的，并且没有任何争议。通过建立良好的可追溯性，购买方可以查阅过去的登记档案，确认该不动产的历史变更情况，进而确定产权的真实性和合法性。

可追溯性对于解决不动产争议具有决定性意义。不动产纠纷在现实生活中时有发生，涉及的问题可能包括产权归属、土地界线、建筑权益等。当发生纠纷时，各方往往需要通过法律途径寻求解决。这时，不动产登记档案中的可追溯性就能发挥作用，提供不动产过去的相关交易和变更记录，从而帮助解决纠纷。可追溯性对于调查和查明不动产权利归属也具有重要意义。在某些情况下，不动产的所有权归属可能变得模糊不清，比如历史悠久的土地或未经过合法继承的房产。这时，登记档案中的可追溯性成了查明权利归属的重要依据，为相关当事人提供法律保障。

此外，不动产作为重要的经济资源，其价值巨大。而在市场经济下，不动产交易频繁，房地产市场日益繁荣，为了维护市场的稳定和健康发展，可追溯性对于确保交易的诚信和公平性也具有积极的意义。在交易中，各方可以依靠登记档案来核实不动产的历史信息，确保交易的真实可靠。不动产的所有权和权益涉及多方利益，包括国家、个人和企业等。良好的可追溯性有助于监督和管理不动产权益，确保国家利益不受侵害，并使个人和企业的合法权益得到保护。要实现良好的可追溯性，并不是一件容易的事情。在不动产登记的过程中，需要确保信息的准确记录和及时更新。同时，保护个人隐私和商业机密也是一个挑战。为了解决这些问题，需要建立完善的信息管理系统，采用先进的技术手段保障信息的安全性和可靠性。

不动产登记档案的可追溯性是一个不可或缺的要素，它对于确保不动产权益的合法性、解决争议和纠纷、查明权利归属以及维护市场稳定和公平交易具有决定性意义。建立良好的可追溯性可以为不动产交易和管理提供可靠的法律保障，为社会的稳定和发展作出积极的贡献。

第三章

不动产登记档案的数字化设计开发

本章我们将深入探索不动产档案管理的数字化转型，这是一个涉及技术应用、流程优化、信息资源整合以及系统设计等多个方面的全面议题。

我们将先对不动产档案管理数字化技术的应用进行概述。在这个部分，我们将详细解析当前的技术应用情况，包括使用的主要技术、技术的优点和局限性，以及未来可能的发展趋势。我们将探讨如何利用最新的技术，如人工智能、大数据和云计算等，来提升不动产档案管理的效率和效果。

接下来，我们将深入探讨档案数字化管理的效能和流程。我们将从档案的收集、分类、存储、检索等各个环节，分析当前的流程设计，以及如何通过数字化技术来优化这些流程，以提高档案管理的效能。我们将探讨如何通过数字化技术，实现档案管理的自动化、智能化，以期提高档案管理的效率和效果。

在信息资源整合方面，我们将探讨不动产登记档案信息资源的整合方法。我们将分析如何通过信息技术，实现不动产登记档案信息的集中管理，提高信息的利用效率。以及如何通过信息整合，实现信息的共享和协同，提高信息的价值。同时，我们也将以不动产"一网通办"服务平台建设为例，详细介绍不动产登记档案数字化平台的框架设计。我们将分析这个平台的设计理念、功能模块、技术架构等方面，以期为数字化平台设计提供参考。

在系统流程设计方面，我们将深入探讨不动产登记档案数字化系统的流程设计。我们将分析如何通过流程设计，实现系统的高效运行，以提高用户的使用体验。还将以不动产"一码"全链式设计和不动产登记管理基础平台建设为例，详细介绍这一流程设计的实践应用。

最后，我们将对不动产登记档案信息资源整合的实践进行探究。分析实践中遇到的问题，提出解决方案，以期从实践中获取宝贵的经验和教训。本章将提供一个全面的视角，以帮助大家理解和应对不动产登记档案的数字化设计开发的挑战和机遇。

第一节　不动产档案管理数字化技术应用概述

一、数字化档案存储与管理

数字化档案存储与管理，是现代信息技术的一个重要应用领域，即借助数字化技术将传统的纸质档案转化为电子格式，从而实现档案的高效存储、管理和共享。这项技术的广泛应用在各个领域都具有重要意义，下面我们将深入探讨数字化档案存储与管理的方方面面。

传统的纸质档案管理模式耗费大量人力物力，占用大量实体空间，难以高效共享和检索。而数字化档案存储与管理的优势显而易见。数字化技术可以将纸质档案转换为电子文档。通过高精度的扫描设备，纸质档案可以快速而准确地转换为可编辑、可搜索的电子文档，不仅大大减少了文件占用的实体空间，而且避免了文件易损坏、遗失的问题发生。

数字化档案管理系统能够对电子文档进行索引和建立标签，实现档案的自动分类和整理。传统的纸质档案分类需要耗费大量的时间和人力，容易出现错放或重复存档。而数字化档案管理系统通过添加元数据和关键词，实现对档案内容的精确描述和归类，使检索和浏览变得便捷高效，从而大大节省了人力成本和时间。

数字化档案存储与管理为档案的共享带来了革命性的变化。在过去，档案共享通常需要通过复制、邮寄等方式进行，不仅浪费资源，而且容易引起档案泄露和损坏。而现在，数字化档案可以通过网络共享，实现实时传递和即时访问。无论是企业间的合作、政府机构的信息共享，还是教育和研究领域的知识传递，数字化档案的共享都显得更加高效和便捷。

数字化档案存储与管理还具有其他许多优点。例如，数字档案的远程访问功能，可以让用户在任何地点和任何时间查阅档案，大大提高了档案使用的灵活性和便利性。同时，数字化档案的备份和恢复功能，确保了档案的安全性和可靠性，防止因灾害或损坏造成的信息丢失。此外，数字化档案还可以进行数据分析，通过对档案中的信息进行挖掘和分析，帮助组织作出更明智的决策。

然而，数字化档案存储与管理也面临一些挑战和问题。首先是数字化过程中可能存在的信息损失或错误。扫描纸质文件时，可能会出现扫描错误或丢失部分信息的情况。因此，在数字化过程中，需要采用高质量的扫描设备和配备专业的操作人员，确保转换的准确性和完整性。其次，数字档案的长期保存也需要考虑技术的更新和兼容性问题。随着科技的不断发展，旧的数字档案格式可能逐渐被淘汰，造成档案内容的不可访问。因此，为了确保档案长期保存，需要对数字档案进行定期的数据迁移和更新，以保持其与新技术的兼容性。最后，数字化档案的安全性和隐私保护也是一个重要的问题。在数字档案的存储和传输过程中，需要采取有效的加密和权限控制措施，防止未经授权的访问和数据泄露。特别是在涉及个人隐私和机密信息的档案管理中，更需要加强保护措施，以确保档案的机密性和完整性。

为了更好地推动数字化档案存储与管理的发展，上述问题需要解决并采取适当的措施。首先，要加强对数字化档案转换过程的质量管理，确保扫描和转换的准确性和完整性。其次，需要建立健全的数字档案管理体系，包括合理的分类标准、索引系统和权限控制机制，以确保档案的有效管理和使用。此外，还需要加强对数字档案的安全保护，采取加密、备份和权限控制等措施，确保档案的机密性和完整性。

数字化档案存储与管理是现代信息化发展的重要组成部分，它通过数字技术的应用，实现了档案存储和管理的高效化、便捷化和共享化。然而，要更好地发挥数字档案的作用，需要解决一些问题，并加强对数字档案的保护和管理。只有这样，数字化档案存储与管理才能在更广泛的领域发挥更大的作用，促进社会的发展和进步。

二、数据采集与信息录入

数据采集与信息录入在现代不动产交易和管理中扮演着至关重要的角色。不动产交易是一项复杂而庞大的过程，涉及大量的信息和数据，其中包括房屋信息、产权信息、交易记录等。这些信息对于购房者、卖家、房地产中介、政府部门等各方都至关重要。在过去，数据采集和信息录入通常依赖于手工操作，耗时费力且容易出错。然而，随着数字化技术的发展，我们迎来了数据采集与信息录入领域的巨大变革。

数据采集是整个不动产交易过程的基础。过去，购房者和卖家往往需要亲自到房屋现场进行勘察，并填写房屋信息表。这样的过程不仅效率低下，还容易出现数据错误。然而，现在可以通过数字化手段实现远程数据采集。例如，房地产中介可以使用无人机对房屋外观进行拍摄，并通过高清照片和视频展示房屋的各个方面，包括房型、面积、周边环境等。购房者可以在网上查看这些信息，无须亲自前往现场，极大地方便了交易过程。

数字化技术为数据的录入带来了便捷和准确性。在过去，手工录入数据时经常出现错字、漏填、重复录入等问题，给后续工作带来了很多麻烦。而现在，可以通过在线表单、移动应用程序等方式实现数据的自动录入。购房者可以在网上填写购房意向，系统会自动将这些信息存储到数据库中。同时，数字化系统可以设置数据校验规则，确保录入的数据准确无误。例如，当面积超出合理范围或格式不正确时，系统会进行提示或自动纠正，有效地降低了数据错误发生的概率。

在数字化的数据采集和信息录入过程中，一个关键的优势在于实现了数据的实时更新和共享。过去，数据采集完成后需要手动整理和核实，然后才能被其他相关部门使用。这样就会导致数据具有滞后性，影响了决策的时效性。而现在，数据一旦被录入系统，其他相关人员可以立即查看和使用这些数据。例如，政府部门可以在实时更新的房产信息数据库中查看不动产交易记录，以更好地了解市场动态、监管市场秩序。同时，购房者和卖家也可以随时查看交易进展，了解最新情况，提高了交易的透明度和信任度。

数字化的数据采集和信息录入还为数据的整合和分析提供了便利。过去，不同部门或机构可能各自拥有一些相关数据，但这些数据很难进行整合和共享。而现在，数字化系统可以将不同来源、不同类型的数据进行集成。数据分析师可以通过数据挖掘和趋势分析，从海量数据中发现有价值的信息。例如，通过大数据分析，相关人员可以预测未来房价走势，帮助购房者和投资者作出更明智的决策。

数据采集与信息录入是现代不动产交易和管理中至关重要的一环。数字化技术的引入为这一过程带来了革命性的变化，从数据采集的便捷性、信息录入的准确性、数据的实时更新和共享，以及数据整合与分析的高效性等方面，都极大地提升了不动产行业的运作效率和服务质量。随着科技的不断进步，数字化的数据采集和信息录入过程还将继续完善，为不动产行业带来更多的机遇和挑战。

三、档案检索与共享

档案检索与共享在数字化档案管理系统中扮演着至关重要的角色，它们为组织和个人提供了快速、高效、准确的信息获取和共享机制。这些功能的实现为信息管理和知识传递带来了巨大的便利，推动了社会和经济的发展。

数字化档案管理系统的快速、准确的检索功能是其最重要的特点之一。传统的纸质档案管理系统往往需要人工翻阅大量的文件和资料，费时费力。而数字化档案管理系统通过先进的数据索引和搜索技术，使用户可以通过关键词、日期、地点等多种方式进行检索。这种检索功能不仅提高了档案查询的效率，而且保证了信息的准确性。无论是企业内部的员工还是外部的合作伙伴，都可以迅速地获取到需要的信息，从而节省了宝贵的时间和精力。

数字化档案的检索功能还具备灵活性和个性化的特点。用户可以根据自己的需求，自定义检索条件，实现更加精准的查询。例如，用户可以根据特定的关键词或标签来检索相关档案，也可以根据日期范围来查找特定时期的信息，甚至可以根据不同地点来查询与特定地区相关的档案。这种个性化的查询方式使用户可以更好地适应不同的工作场景和信息需求，提升了整体的使用体验。

数字化档案的多样化共享方式是另一个重要的优势。传统的纸质档案只能在特定地点或特定部门进行查阅，使信息共享受到较大限制。而数字化档案可以通过云存储或网络共享，实现跨地域、跨部门的协作共享。这为企业内部各部门之间的沟通合作带来了巨大的便利。不同部门的员工可以轻松地共享信息，进行实时的交流和协作。例如，在一个跨国企业中，位于不同国家的员工可以通过数字化档案共享信息，促进项目的合作和进展。

数字化档案的共享功能还拓展了与合作伙伴和客户之间的信息交流。在数字化档案的共享系统中，企业可以控制不同用户的权限，确保信息的安全性。合作伙伴和客户可以获得所需的信息，加强与企业的合作关系，提高合作的效率和质量。例如，在科研领域，科学家可以通过数字化档案共享自己的研究成果，与其他科研团队进行交流和合作，推动科学知识的传播和共享。

数字化档案的共享还促进了信息的流通和共享。在传统的纸质档案系统中，信息的传递受到物理距离的限制，不同部门之间的信息共享受阻。而数字化档案可以通过网络传输，实现实时的信息传递。信息的流通和共享加速了组织内部信息的传递和处理，有助于更快地作出决策和应对变化。

除了在企业和组织中的应用，档案检索与共享对教育和科研领域也有着重要的影响。在教育领域，教师可以通过数字化档案系统共享教学资料和教学经验，为其他教师提供宝贵的教学资源和参考。学生可以通过数字化档案系统获取学习资料，提高学习效率。在科研领域，科学家可以通过数字化档案共享科研成果和数据，加速科研进展，避免重复研究。然而，数字化档案管理系统也面临着一些挑战。首先，随着信息量的不断增加，如何有效地进行信息过滤和分类成为一个挑战。大量的信息可能会导致信息冗余和重复，降低检索的效率。因此，数字化档案系统需要不断优化算法和技术，以提高检索的准确性和效率。

其次，数字化档案涉及隐私和安全问题。数字化档案中可能包含敏感信息和个人隐私，需要采取严密的数据保护措施，以防止信息泄露和滥用。数字化档案管理系统需要采用加密技术和权限控制机制，确保只有授权人员可以访问和修改相关信息。另外，数字化档案管理系统也需要解决兼容性问题。不同组织可能使用不同的档案管理系统，或者使用不同的文件格式，如何实现不同系统和平台之间的互操作性是一个需要解决的难题。

数字化档案管理系统的档案检索与共享功能为社会和企业带来了巨大的便利。通过快速、准确的检索功能，用户可以迅速找到所需信息，提高工作效率。数字化档案的共享机制促进了信息的流通和协作，为企业内部部门和合作伙伴之间的沟通带来了便利。这种趋势在科研、教育等领域也有积极的影响。虽然数字化档案管理系统面临一些挑战，但随着技术的不断进步，相信这些问题将逐渐得到解决，数字化档案的未来将更加光明和广阔。

四、数据安全与权限管理

数据安全与权限管理在数字化档案管理系统中扮演着至关重要的角色。随着数字化时代的到来，越来越多的机构和组织将其档案纳入电子系统进行管理。然而，数字化档案也面临着诸多安全挑战，如数据泄露、篡改、病毒攻击等。因此，采取有效的数据安全措施和合理的权限管理是确保档案信息安全的关键。

数字化档案管理系统通过使用现代加密技术，可以将档案信息进行加密存储和传输。加密技术是一种将原始数据转换为难以理解的密文的过程，只有拥有正确密钥的被授权用户才能将其解密为可读的明文。这种方法可以防止未经授权的人员获取敏感信息。加密可以应用于多个层面，包括数据库、文件传输和通信。例如，档案数据库可以采用对称加密或非对称加密技术，确保数据在存储和传输过程中不易被窃取或篡改。

访问权限控制也是确保数据安全的重要手段。在数字化档案管理系统中，管理员可以对每个用户设置特定的访问权限，根据其职责和需要进行细分。权限控制可以分为读取权限和写入权限，即允许用户查看档案信息或允许用户对档案信息进行修改。通过细分权限，系统确保只有特定人员能够访问与其职责相关的档案信息，避免了敏感信息被滥用或泄露。

数字化档案管理系统中的身份认证也是确保数据安全的关键环节。在用户登录系统之前，必须通过身份认证验证其身份。这可以采用多种方式，如传统的用户名和密码登录，或更高级的生物特征识别技术，如指纹识别或虹膜扫描。身份认证可以防止未经授权的人员获取合法用户的登录信息，从而增强了系统的安全性。

除了对档案信息的数据安全保护，权限管理在数字化档案管理系统中也起着至关重要的作用。权限管理不仅可以限制用户对档案信息的访问和修改，还可以帮助实现更精细的数据管理。在数字化档案管理系统中，通常设有不同层级的权限角色，如管理员、普通员工和访客。管理员拥有最高权限，可以查看和管理所有档案信息，同时也可以为其他用户分配权限。普通员工通常被授予只读权限，这意味着他们只能查看档案信息，而不能对其进行修改。访客可能只能访问特定的公开信息，而无权访问敏感数据。

权限管理还可以帮助识别和追踪数据访问的来源。每次用户访问档案信息时，系统会自动记录访问事件，包括时间、用户身份等信息。这种功能可以帮助管理员及时发现异常操作，追踪数据的使用历史，并及时采取措施防止潜在的安全漏洞。

随着数字化档案管理系统的不断发展和完善，数据安全与权限管理的重要性将越发凸显。各种安全漏洞和风险都可能存在，因此持续的更新和改进是必要的。例如，随着技术的发展，新的加密算法和身份认证技术不断涌现，系统可以根据需要及时更新，以应对新的安全挑战。

数据安全与权限管理是数字化档案管理系统中不可或缺的组成部分。通过采用加密技术、访问权限控制和身份认证等手段，可以保护档案信息不被未经授权的人员访问和泄露。同时，权限管理可以限制用户对档案信息的访问和修改，保障档案数据的完整性和安全性。这些措施使得数字化档案管理系统成为一个高效、安全、可靠的信息管理平台，适用于各种机构和组织，有助于提高工作效率和信息保密性。在数字化时代，我们需要不断加强对数据安全与权限管理的重视，并将其作为数字化档案管理系统建设的基石。

五、数据备份与恢复

数据备份与恢复在数字化档案管理系统中的重要性不可低估。随着信息技术的飞速发展，数字化档案系统已经成为组织和个人管理大量档案信息的标配工具。数据备份与恢复是数字化档案管理系统的核心功能之一，其目标是确保档案数据的安全性、完整性和可靠性，以应对意外事件和硬件故障可能带来的数据丢失风险。

在数字化档案管理系统中，数据备份是指将档案数据在特定时间点进行复制和存储到另一个位置或介质的过程。备份的频率和策略的制定是备份过程的关键。重要的档案数据可能需要每天备份，而一些不太重要的数据可以选择更长时间间隔备份一次。备份存储的选择也很重要，可以使用本地备份和云备份相结合，确保备份数据的多重备份，以防备份存储本身出现问题。

常见的数据备份方式包括完全备份、增量备份和差异备份。完全备份是将整个数据集复制到备份存储中，这提供了最全面的数据恢复保障。增量备份只备份自上次备份以来发生变化的数据，节省了存储空间和备份时间。差异备份类似于增量备份，但备份的是自上次完全备份以来的差异数据。备份策略的选择取决于档案数据的重要性、备份存储的容量和备份过程对系统性能的影响。

除了数据备份，数据恢复也是数字化档案管理系统中不可或缺的功能。数据恢复是指在档案数据出现意外丢失、损坏或错误的情况下，通过使用备份数据来还原档案信息的过程。数据恢复的目标是尽可能地减少数据丢失并确保数据的完整性和一致性。备份数据的准确性和及时性对数据恢复过程至关重要。定期测试数据备份和恢复过程可以发现备份数据的问题，并及时进行修复和调整。

数据恢复的过程可能并不总是简单的，特别是在数据损坏较为严重的情况下。因此，数字化档案管理系统通常采用多重技术手段来增强数据恢复能力。例如，冗余数据存储允许将数据存储在多个不同的位置，当某个位置的数据损坏时，可以通过其他位置的数据进行恢复。纠错码是一种通过添加冗余数据来检测和纠正数据错误的方法，它能够提高数据恢复的可靠性。数据镜像将数据同时保存在多个存储设备上，一旦某个设备出现故障，其他设备可以提供即时的备份数据。RAID 技术结合了多个硬盘驱动器，以提供更高的数据冗余和更好的性能。然而，数据备份与恢复并非万无一失。数据备份需要消耗存储资源，备份过程可能会对系统性能产生影响。此外，数据备份的频率和备份策略也需要根据不同的档案数据和系统需求进行灵活调整。同时，数据恢复也可能遇到一些问题，例如备份数据本身的损坏或不完整，数据恢复过程需要一定的时间。

为了确保数据备份与恢复的有效执行和管理，组织和个人应制定合理的备份策略，并选择合适的备份存储方式。定期测试数据备份和恢复过程，以发现和解决潜在问题。此外，制订紧急数据恢复计划和建立相应流程也是必要的，以便在数据丢失事件发生时能够迅速采取行动，最大限度地减少数据损失。

数据备份与恢复是数字化档案管理系统中至关重要的功能。通过合理的备份策略和备份存储选择，以及有效的数据恢复技术，可以最大程度地确保档案数据的安全性和可靠性，保护档案信息不会因为意外事件或硬件故障而丢失。同时，定期测试和优化备份与恢复过程，建立紧急数据恢复计划，有助于提高数据备份与恢复的有效性和应急响应能力，为数字化档案管理系统的顺利运行和档案数据的长期保存提供有力支持。

第二节 档案数字化管理的效能、流程概述

一、空间利用率提升

在信息化时代，数字化档案的推广和应用已经成了企业和机构信息管理的重要发展方向。数字化档案是指将纸质档案转换成数字形式并通过电子设备进行存储、管理和传输的过程。它不仅可以提高空间利用率，节省存储成本，还能带来更高效的档案管理和信息共享，以及对数据的深度分析和决策支持。

数字化档案的最大优势之一是提升空间利用率和节省存储成本。传统的纸质档案需要大量的实体空间进行存储，企业和机构不得不花费大量金钱来购置档案室、文件柜等设施，并支付高昂的租金或物业费用。此外，随着时间的推移，档案数量不断增加，存储需求也不断膨胀，导致存储成本持续增加。而数字化档案的存储方式完全摆脱了传统的实体空间限制。数字化数据可以通过服务器、云存储等方式进行管理，取代了传统的纸质档案存储方式，大幅提高了空间利用率。企业和机构只需投入一定的费用来购买服务器或云存储空间，就能存储大量的档案数据。与传统纸质档案相比，数字化档案的存储成本更加经济实惠，并且存储方式更加灵活，为企业节省了大量的经费，释放了宝贵的办公空间，同时也有利于企业的财务管理和资金运用。

数字化档案的便捷管理是其另一个显著优势。在传统的纸质档案管理过程中，整理、分类、查找文件需要耗费大量的时间和人力。特别是对于大型企业或机构而言，档案的管理工作非常烦琐，容易出现档案遗漏、错放或丢失的情况，严重影响了工作效率。而数字化档案通过电子文档管理系统，可以实现自动化的档案分类和检索功能。一旦文件被数字化并被输入系统，系统就可以根据关键词、日期、类型等信息快速找到所需文件，大大提高了查阅效率。即使是跨部门或跨地域的文件共享和查询，也可以通过网络实现在线访问，极大地

简化了文件的传递和共享流程。这种便捷的管理方式有助于加快业务流程，提高团队协作效率，推动企业的快速发展。

数字化档案为企业带来了数据可视化和智能化分析的机会。在传统的纸质档案时代，档案信息多以文字、图片等形式呈现，难以进行全面的数据分析。而数字化档案以电子数据形式存在，企业可以通过各种数据分析工具进行深入挖掘和分析，从中发现隐藏的商业价值。

通过对数字化档案进行数据分析，企业可以了解档案中蕴含的商业信息和趋势。例如，对客户档案进行分析可以洞察客户的消费习惯和需求，帮助企业更精准地进行市场推广和产品定位。对供应链档案进行分析可以优化供应链管理，降低采购成本，提高供应链效率。对人员档案进行分析可以了解员工绩效和培训需求，优化人力资源管理策略。这些数据的深度分析和挖掘为企业提供了决策支持和战略指导，提高了企业的竞争力。

数字化档案促进了信息共享和协作。在传统的纸质档案时代，文件的共享和传递通常需要通过复印、传真或邮寄等方式，耗费时间且不够便捷。而数字化档案可以通过网络分享功能实现多人同时访问和编辑文件，实现了实时协作和信息共享。

通过数字化档案，团队成员可以在不同地点、不同时间对同一份档案进行协作，极大地提高了团队的工作效率和沟通效果。特别是在远程办公成为主流的背景下，数字化档案的共享和协作功能更加重要。各个部门之间可以实时分享信息，共同协作解决问题，促进了团队的协同创新和合作效能。

数字化档案有助于环境保护和可持续发展。传统的纸质档案需要耗费大量的木材和能源，同时废纸的回收和处理也面临一定的挑战。数字化档案的推广可以减少对自然资源的消耗，降低碳排放量，有利于实现绿色办公和环保目标。此外，数字化档案的应用也为文件的长期保存和防灾备份提供了更好的解决方案。数字化档案可以进行多重备份和冗余存储，即使出现服务器故障或数据丢失的情况，也可以通过备份数据进行恢复，确保档案数据的安全和稳定性。而传统纸质档案在遭遇自然灾害、火灾或其他意外情况时，很容易造成损毁，甚至无法恢复，对企业的运营和历史资料的保护构成潜在威胁。

尽管数字化档案有着诸多优势，但在推广和应用过程中也面临一些挑战。首先，数字化档案的建设需要一定的投入和技术支持，包括硬件设备的采购、软件系统的开发和培训等，这对于一些小型企业和机构可能存在一定的门槛限制。其次，数字化档案的数据安全问题也需要引起重视，特别是涉及敏感信息和隐私数据时，必须采取有效的安全措施来保护数据不被非法获取或篡改。此外，数字化档案的长期保存和数据迁移也需要考虑，确保数据不会因为技术更新或设备故障而丢失。

数字化档案的推广和应用是一个不可逆转的趋势。它可以大幅提升空间利用率，节省存储成本，提高档案管理的效率和准确性。同时，数字化档案还为企业带来了更便捷的信息管理方式，支持数据的可视化分析和业务决策，促进信息共享和团队协作。然而，在推广数字化档案的过程中，需要克服一些挑战，确保数据的安全性和长期保存，同时注重环境保护和可持续发展。总体而言，数字化档案的优势明显，有望在未来进一步改变和提升企业、机构的信息管理方式。

二、检索效率提高

数字化档案的检索效率提升是数字化时代信息管理的一大进步。随着科技的不断进步，传统的纸质档案逐渐被数字化档案取代，为机构、企业和个人带来了许多便利。在数字化档案中，采用关键词搜索、索引、标签等方式进行快速检索，相较于传统的手工查找方式，数字化档案的检索效率有了显著提高。以下我们将详细探讨数字化档案检索效率提高的几个方面，并分析其优势与应用。

关键词搜索是数字化档案中最常用的检索方式之一。关键词搜索是指通过输入相关关键词或短语，系统会自动匹配并呈现包含这些关键词的档案。这种方式使得用户可以轻松快速地找到所需信息。例如，在一个大型企业的数字化档案系统中，某位员工需要查询最近一年的销售数据，他只需输入"销售数据""2023"等关键词，系统就会在数据库中迅速筛选出相关档案。这种检索方式大大节省了查找信息的时间，使员工能够更加专注于工作。

索引在数字化档案中也发挥着重要的作用。索引是对档案内容进行关键词标记和分类的过程。在数字化档案中，索引可以根据内容的不同特征进行设置，例如主题、日期、文件类型等。这样，当用户需要查询某个特定主题的档案时，只需点击相应的索引，便可迅速找到目标文件。索引的优势在于能够实现档案的智能化组织和管理，使得档案检索更加高效和便捷。

标签是数字化档案中另一种常用的检索方式。标签是对档案进行关键词或分类标记，以便用户更快速地检索到相关档案。与索引不同的是，标签更加灵活，可以根据具体的需求自由添加。例如，一家图书馆的数字化档案系统中，图书管理员可以为每本图书添加不同的标签，如"小说""历史""科学"等，这样读者在查询图书时，可以根据自己的兴趣和需要找到所需图书。标签的优势在于它能够实现对档案的精细分类，使用户能够更准确地定位到所需信息。

另外，数字化档案还支持全文检索，这是一种高级的检索技术。全文检索允许用户搜索整个文件内容中包含特定关键词的文档。这意味着用户不仅可以通过文件名或标签来检索档案，还可以通过文件内容的关键词进行检索。全文检索技术的引入进一步拓展了数字化档案的检索能力，使其更加强大和灵活。例如，一个大型新闻机构的数字化档案系统中，记者可以通过输入特定事件或人物的关键词，快速找到过去的新闻报道，这对于新闻写作和采编有着非常实际的意义。

除了以上几种检索方式，数字化档案还可以实现自动分类和智能推荐。通过先进的机器学习和人工智能算法，系统可以对档案内容进行自动分类，将相关的文档进行归纳整理。当用户进行检索时，系统也可以根据用户的历史操作和兴趣，推荐其可能感兴趣的文件，提高了检索效率和准确性。例如，一个电商平台的数字化档案系统可以根据用户的购物历史和浏览行为，推荐相关产品的销售数据和用户评价，帮助商家更好地了解市场需求和用户反馈。

　　数字化档案检索效率的提高带来了诸多好处。首先，大大缩短了查找所需信息的时间，提高了工作效率。在传统的手工查找档案的过程中，人们常常需要花费大量时间去翻阅文件和记录，而数字化档案的快速检索使这一切变得更加便捷。对于许多需要频繁查阅档案的机构和企业来说，查找时间被大大节省了，对于提高整体生产力和服务质量有着积极的影响。其次，数字化档案的高效检索还减少了人力资源的消耗。传统的手工查找档案通常需要大量的人力投入，不仅浪费了人力资源，也容易导致人为的错误和遗漏。而数字化档案的检索过程基本上是由计算机自动完成的，只需要输入相应的关键词，系统就可以帮助用户找到所需档案，从而将人力资源用于更有价值的工作。最后，数字化档案还能够减少文件损失和损坏的风险。纸质档案容易遭受自然破坏、意外丢失或被人为损坏，一旦发生，可能会造成严重的后果。而数字化档案保存在计算机系统中，具有备份和多重保护措施，可以有效地防止文件丢失或损坏的情况发生。这为档案的长期保存和保护提供了更可靠的保证。

　　然而，要实现高效的数字化档案检索，也需要面对一些挑战。如数据质量的问题。数字化档案的质量直接影响到检索的准确性和可靠性。如果档案数字化的过程中出现错误，比如错漏标签、索引错误等，将导致检索的准确性下降。因此，在数字化档案的过程中，需要严格把关数据的质量，保证信息的准确性和完整性。

　　随着档案量的增加，如何高效地组织和管理庞大的数字档案库也是一个挑战。随着时间的推移，数字化档案的数量将不断增长，如何合理地组织和管理这些档案将成为一个重要的问题。为此，需要采用合理的存储结构和智能化的管理系统，以便更快地找到所需档案。

　　数字化档案的检索效率提高主要通过关键词搜索、索引、标签、全文检索等多种方法来实现。这些方法相较于传统的手工查找具有明显的优势，如节约时间和人力、提高准确性和灵活性等。然而，数字化档案检索仍面临着数据质量、管理复杂性等挑战。只有克服这些困难，充分发挥数字化档案的优势，才能真正提高档案管理和信息服务的效率，为社会进步和发展作出更大贡献。数字化档案的持续完善和发展将为人们的工作和生活带来更多便利。

三、信息共享与传递

信息共享与传递在现代社会中扮演着至关重要的角色。随着科技的迅猛发展，数字化档案的应用越来越广泛，通过网络共享这一手段，信息可以在多地点进行远程访问，实现了跨地区、跨部门的高效协作与交流。以下我们将深入探讨数字化档案信息共享与传递的重要性，以及其在不同领域的应用与影响。

数字化档案的信息共享与传递提升了信息传递的效率与速度。过去，纸质档案的传递需要耗费大量的时间与人力，而且容易出现丢失、损坏等问题。而数字化档案的共享通过互联网，不受地域限制，信息可以实时传递到任何需要的地方，节约了大量的时间和资源，提高了工作效率。

数字化档案的共享使得信息可以更广泛地传递给需要的人群。在过去，一些重要的信息可能只能在局限的范围内传递，而通过网络共享，信息可以跨越地域、跨越部门，让更多的人能够获得所需的信息。这对于决策制定、文化传承等方面都有着积极的影响。信息共享与传递在政府与企业之间的合作与协调中扮演着重要的角色。政府部门之间常常需要协同合作来解决一些复杂的问题，而这些问题通常涉及大量的数据与信息。通过数字化档案的共享，不同部门之间可以更加高效地共享信息，加强合作与协调，从而更好地为民众服务。

在企业领域，信息共享与传递也发挥着至关重要的作用。企业内部的各个部门需要共享大量的信息，以便更好地进行决策与规划。数字化档案的共享使企业内部的信息传递更加高效，促进了各部门之间的协作与沟通，从而提高了企业的整体竞争力。同时，数字化档案的共享也对教育领域产生了深远的影响。学校可以将教学资源进行数字化处理，并通过网络共享给其他学校或学生，使得教育资源得到更好的利用。教师可以共享教学经验与方法，学生可以获得更加丰富的学习资料，这有助于提高教学质量与学习效率。

在医疗领域，数字化档案的共享对医疗资源的合理配置与患者医疗体验产生了积极影响。不同医院之间可以共享患者的医疗信息，使得患者在不同医院就诊时，医生可以及时了解其病史与诊疗情况，提高诊疗效率。同时，医学研究人员也可以通过共享大量的医疗数据，进行更深入的研究与分析，推动医学科技的发展。

在社会管理与公共服务方面，数字化档案的共享也发挥着巨大的作用。政府可以通过共享信息，更好地了解民众的需求与反馈情况，更加精准地制定公共政策与服务。此外，数字化档案的共享也促进了公共服务资源的整合与优化，提高了公共服务的质量与效率。然而，信息共享与传递也面临着一些挑战与问题。其中最为突出的是信息安全与隐私问题。随着信息的共享，信息泄露与数据被滥用的风险也增加了。因此，建立严格的信息保护与隐私政策，确保信息的安全性与合法性是十分重要的。此外，信息共享也可能带来信息过载问题。信息共享的便利性使得大量信息可以轻易地传递到用户手中，但用户可能无法有效地处理这些信息。因此，信息的筛选与整理也变得至关重要，以确保用户能够获取到真正有价值的信息。

信息共享与传递是数字化档案的重要应用之一，它在政府、企业、教育、医疗等多个领域都发挥着至关重要的作用。通过数字化档案的共享，信息传递的效率与速度得到提升，信息可以更广泛地传递给需要的人群，加强了不同领域的合作与协调，同时也对教育、医疗、公共服务等领域带来了积极影响。然而，也需要注意信息安全与隐私保护等问题，以确保信息共享与传递的可持续发展。在未来，随着科技的不断发展，信息共享与传递将继续发挥更为重要的作用，推动社会的进步与发展。

四、不动产档案准备

不动产档案准备是一个旨在确保档案管理效率和安全性的关键步骤。在数字化时代，纸质档案转换为电子格式是一种必要的趋势，因为数字化管理可以提高不动产档案的可访问性、利用率和便捷性。

对纸质不动产档案进行筛选和整理是数字化管理的基础。筛选和整理过程需要工作人员对档案材料进行全面的查阅和评估。这包括确定档案的价值、内容、用途和合规性。工作人员需要了解不同档案的历史背景、产生背景和重要性，以便判断其是否有保留的必要。在筛选过程中，可以采用不同标准和方法，如按时间、按主题、按部门等进行分类和排序。通过逐一检视和核对，可以确保筛选出有价值且必要的档案，避免冗余和无用的信息。

确定哪些不动产档案需要进行数字化管理是一个关键性的决策过程。数字化管理需要耗费一定的时间和资源，因此需要对档案进行优先级排序。通常情况下，一些重要的历史档案、重要业务资料和涉及个人隐私的档案是首先考虑数字化的对象。此外，还要考虑档案的使用频率和重要性，以及数字化后对工作流程和业务运作的提升程度。这样可以确保数字化的投入得到最大的回报，并且更好地服务于整个组织的需求。

不动产档案的组织结构和目录设置是数字化管理的基础。组织结构的设计需要根据档案的性质和组织的实际情况进行合理规划。可以按照部门、功能、时间等多种方式进行分类和划分。例如，对于企业来说，可以按照财务档案、人力资源档案、项目档案等进行分类。同时，还要建立起清晰的目录系统，确保每份档案都有明确的标识和定位。这样做使档案的存储和检索更加高效和方便，提高了工作效率。

数字化管理档案需要选择合适的技术手段和设备。数字化的核心是将纸质档案转换为电子文件，这需要利用扫描仪、文档相机等设备。在使用这些设备时，需要确保扫描的质量和准确性，避免信息的丢失或错误。同时，还需要对数字化文件进行格式转换和标准化，以便在不同的平台和系统上进行使用。对于大量的档案数字化，可以考虑引入自动化的数字化技术，提高数字化效率和准确性。

建立数字不动产档案管理系统是数字化管理的最后一步，也是一个关键的环节。数字档案管理系统可以根据实际需求进行定制化设计，包括文件存储、检索、备份、权限管理等功能。数字不动产档案管理系统可以实现多用户的同时访问和协作，提高了档案的利用效率。此外，还可以对档案进行权限管理，保护档案的安全性，确保只有授权人员可以访问敏感信息。

不动产档案数字化管理的好处不仅体现在提高了档案管理的效率和便捷性，同时还有助于节约资源和保护环境。数字化管理减少了纸张的使用和存储空间的占用，有利于环境保护和可持续发展。此外，数字化档案可以进行多重备份和灾难恢复，保障了档案的安全性和可靠性。数字化管理还可以实现数据的共享和传递，促进了信息的交流和共享，有助于组织内部的合作和协作。

然而，不动产档案数字化管理也面临一些挑战。首先，信息安全是一个重要的问题。数字档案需要采取有效的措施来防止信息泄露和篡改，确保档案的完整性和保密性。其次，数字化需要投入大量的时间和人力物力，特别是对于大规模和复杂的不动产档案，数字化过程可能会比较漫长和烦琐。此外，数字档案的格式和存储系统需要不断更新和维护，以适应科技的发展和档案管理的需求。

综上所述，档案准备是档案数字化管理的基础和关键环节，其涵盖了对纸质档案的筛选和整理，确定哪些档案需要进行数字化管理，以及档案的组织结构和目录设置。数字化管理可以提高档案的存取效率和管理水平，减少资源浪费，方便快捷地进行检索和查询，保护档案的安全性。然而，数字化管理也面临信息安全、时间和成本等方面的挑战，需要科学合理地进行规划和实施。只有在充分考虑各种因素的基础上，档案数字化管理才能取得长期和稳定的效果，为组织的发展和进步提供有力的支持。

五、数字化转换

数字化转换作为信息管理领域的一项重要举措，已经成为现代社会中广泛采用的技术手段。在信息爆炸的时代，纸质档案的管理和检索效率明显低于数字化档案。因此，数字化转换不仅提高了信息管理的效率和便捷性，还带来了众多其他优势和益处。

数字化转换的实施过程需要使用专业的扫描仪或拍摄设备，将纸质档案转换为电子文件。这种数字化过程非常准确和精细，确保了档案的可读性和可保存性。在数字化的过程中，可以采用高分辨率的扫描技术，使文档中的细节和图像得以保留，且不受传统纸质档案褪色、变形等问题的困扰。

数字化转换可以将大量的纸质档案以电子文件的形式进行存储，从而节省了大量的物理空间。纸质档案通常需要大量的文件柜和存储架，占据大量的办公空间。而数字化档案则可以存储在计算机硬盘、服务器或云存储中，无须占用大量实体空间，为企业和组织提供了更多的办公空间和利用空间的可能性。

数字化转换为信息的共享和传播提供了更便捷的途径。在纸质时代，企业和组织需要通过邮寄或传真等方式共享档案，费时费力。而数字化档案可以通过电子邮件、云存储、文件共享平台等方式快速传递给需要的人。这种高效的信息传播方式加速了工作流程，提高了协作效率，有利于项目的推进和信息的传递。同时，数字化转换还有助于改善信息的安全性和保密性。在纸质档案时代，档案的安全难以确保，容易遭受盗窃、丢失或损坏。而数字化档案可以采用加密技术和权限控制，只有授权人员才能访问敏感信息，有效保护了档案的机密性和完整性。此外，数字化转换对于信息的长期保存和备份也具有重要意义。纸质档案容易受到环境和时间的影响，出现褪色、虫蛀等问题，而数字化档案可以在多个存储设备上进行备份，并且可以通过云存储等方式实现异地备份，大大提高了信息保存的可靠性。即使纸质档案遭受自然灾害或意外事故的破坏，数字化档案的备份仍能确保信息不会永久丢失。

数字化转换还可以实现信息的智能化管理。数字化档案可以将大量的信息进行数据化处理，建立数据库和信息系统，实现对信息的自动化分类、整理和检索。这样，用户可以通过关键词、日期、标签等元数据快速定位所需信息，极大地提高了信息检索的效率和准确性。

值得一提的是，数字化转换并不是一次性的任务，而是一个长期的过程。随着时间的推移，新的档案不断产生，老旧档案也需要不断更新和维护。因此，建立健全的数字化档案管理体系和长期维护机制显得尤为重要。这需要组织或企业建立专门的档案管理团队，负责日常的更新、备份、安全保护等工作，以确保数字化档案的持续性和可靠性。

总而言之，数字化转换作为信息管理的重要手段，为组织、企业和公共机构带来了诸多优势。通过数字化转换，纸质档案可以高效地转换为电子文件，实现信息的快速检索、共享和传播。数字化档案的安全性、长期保存和备份优势，也使得信息得到更好的保护和管理。然而，数字化转换是一个长期的过程，需要建立完善的管理体系和维护机制，只有这样，数字化转换才能真正发挥其巨大的价值和意义。在信息科技不断进步的背景下，数字化转换将继续在信息管理领域发挥重要作用，为各个领域带来更多便利和机遇。

六、数字化存储

数字化存储是一种将纸质档案、文档或信息转换为数字格式，并保存在服务器、数据库或云存储中的技术手段。随着科技的不断发展，数字化存储已经成为现代社会中不可或缺的重要部分。它不仅提供了高效的数据管理和查找方式，同时也确保了档案的安全性和可靠性。以下，我们将详细探讨数字化存储的意义、应用、技术及其优势。

数字化存储使大量的数据、信息和档案能够以数字形式进行保存。纸质档案需要大量的物理空间进行存储，而数字化存储则消除了这个问题。服务器、数据库和云存储可以承载庞大的数据量，极大地提高了信息存储的容量和灵活性。这种存储方式可以存储各种类型的数据，包括文本、图片、音频、视频等，同时也支持多种格式，使不同种类的档案都可以得到有效的保存。

数字化存储为数据的安全性提供了一系列的解决方案。传统的纸质档案容易丢失、被盗或受到自然灾害的破坏，而数字化档案则具有较高的抗灾能力。通过设置数据备份和冗余存储，即使出现硬件故障或数据损坏，也能保证数据的完整性。此外，数字化存储还能配合加密技术，确保敏感信息不会被未经授权的用户访问，从而提高了档案的机密性。

另外，数字化存储还为档案的管理和检索提供了极大的便利性。传统的纸质档案需要人工分类、整理和归档，而数字化存储则能够通过搜索引擎或索引功能，快速定位所需的信息。这不仅大大提高了查找的效率，也减少了人工管理的成本和工作量。数字化存储还能通过版本控制，记录档案的修改历史，方便追溯信息的来源和变更，增加了档案的可信度和可靠性。

同时，数字化存储也为协作和共享提供了更多的可能性。传统的纸质档案在共享过程中需要邮寄、传真或复印，而数字化档案可以通过电子邮件、即时通信工具或在线平台进行快速地共享。这样不仅提高了协作的效率，也减少了物理交付的时间和成本。同时，数字化存储还能设置权限控制，限制不同用户对档案的访问权限，保护敏感信息不被未授权人员获取。

数字化存储技术的发展也为数据的长期保存提供了解决方案。传统的纸质档案会随着时间的推移而老化、变质，但数字化档案可以通过定期备份和数据迁移，确保数据的长期保存和可访问性。此外，数字化存储还能兼容不同的平台和设备，保证档案可以在未来的技术环境中继续使用，从而避免了技术进步对数据保存造成的影响。

除了上述的优势，数字化存储还有一些其他的应用领域。在教育领域，数字化存储为学校和图书馆提供了更好的信息管理方式。学生和教职员工可以通过网络访问到各种教育资源和学术资料。在医疗领域，数字化存储使患者的电子病历可以在医院内部快速传递和共享，提高了医疗服务的效率和质量。在商业领域，数字化存储为企业提供了更好的数据管理和客户服务，促进了商业信息的流通和交流。在政府机构和行政管理中，数字化存储也为公共档案和政府数据的管理提供了有效的手段。

尽管数字化存储在许多方面都表现出了巨大的优势，但同时也面临一些挑战。首先，数字化存储需要较高的技术投入和设备支持。对于一些资源匮乏的地区或组织来说，采用数字化存储可能存在一定的困难。其次，数字化存储也会面临数据安全和隐私保护的问题。虽然可以通过加密和权限控制来增强数据的安全性，但仍需要高度重视数据泄露和黑客攻击等风险。最后，数字化存储也涉及法律法规和政策的问题，如数据保护、信息安全等，需要遵循相关的法律规定，保证数据的合法性和合规性。

数字化存储作为一种现代化的信息管理方式，在信息化时代发挥着不可替代的作用。它通过将档案数字化保存在服务器、数据库或云存储中，确保了档案的安全性和可靠性。数字化存储不仅提高了数据存储的容量和灵活性，还保证了数据的安全性，提高了档案的管理效率和检索便利性。同时，数字化存储也为协作共享、长期保存以及在教育、医疗、商业等领域的广泛应用提供了良好的解决方案。虽然数字化存储还面临一些挑战，但随着技术的不断进步和完善，相信数字化存储将在未来发挥更加重要的作用，为社会发展和信息管理带来更多的便利和优势。

七、不动产档案检索和利用

不动产档案检索和利用是一个涉及广泛、复杂多变的管理领域。随着城市化进程的加速和不动产交易的增多，不动产档案的数量和重要性日益凸显。有效的不动产档案管理对于保障不动产交易的合法性、优化城市规划、提升土地利用效率等方面都具有重要意义。在这一背景下，建立合理的档案索引和分类体系是必要且迫切的。

第一，不动产档案的重要性和现状。不动产档案记录了土地和房地产的权属信息、历史交易记录、拓扑图、规划用途等多种信息。这些档案信息是不动产管理的基础和核心，直接关系到不动产的合法性、权益保障和市场运作。然而，目前不动产档案管理存在一系列问题，例如信息不完整、混乱无序、存储不规范等，导致档案的利用率较低，不动产市场缺乏一个高效透明的信息交流平台。

第二，建立合理的档案索引和分类体系的必要性。合理的档案索引和分类体系是提高档案检索效率和信息利用率的基础。通过对不动产档案进行细致分类，可以将不动产档案按照地理位置、用途性质、交易类型等多个维度进行归档，使档案信息有序排列，方便查找和查询。同时，合理的分类体系有利于不同部门和机构之间的信息共享与协作，促进不动产管理工作的高效运转。

第三，构建数字化档案管理平台。数字化档案管理平台利用现代信息技术手段，将传统纸质档案转换成电子档案，实现了档案信息的高效存储和管理。数字化平台具有数据存储量大、检索速度快、信息更新及时等优点。通过在数字化平台上设置全文检索功能和高级查询功能，可以实现对档案信息的精准定位和快速查询，大大提高了档案检索效率。此外，数字化平台还可以实现档案信息的在线共享和交流，为不动产管理部门和相关利益方提供了便利。

第四，档案检索技术的应用。随着人工智能和大数据技术的发展，档案检索技术也得到了不断地创新和完善。文本识别技术可以将纸质档案转化成可检索的电子文本，从而方便信息的提取和查询。图像识别技术可以对不动产的拓扑图和图纸进行自动识别，实现对不动产信息的自动化处理。数据挖掘和机器学习技术可以对大量档案数据进行深度分析，挖掘出其中的关联性和规律性，为决策提供更加科学的依据。

第五，档案利用的多样性。不动产档案的利用不仅仅局限于不动产交易领域。分析不动产档案中的土地利用信息和规划用途，可以为城市规划和土地开发提供重要的参考意见。同时，研究历史交易记录和市场趋势，可以发现土地市场的价格走势和热点区域，从而为投资者提供决策依据。此外，不动产档案还可以用于环境保护、历史文化保护等领域，为社会发展提供有益支持。

第六，隐私保护与信息共享的平衡。在数字化档案管理和利用过程中，涉及大量的个人和企业隐私信息。确保档案信息的安全性和隐私保护显得尤为重要。建立健全的信息安全保障机制，加强数据加密和权限管理，确保档案信息不被非法获取和泄露。同时，也需要在保护隐私的前提下，推动档案信息的共享和交流，促进相关领域的协同发展。合理的隐私保护与信息共享的平衡可以实现不动产档案管理的高效运行与社会公共利益的统一。

第七，政策支持和法规建设。不动产档案管理和利用涉及多个部门和利益相关方的合作，需要建立完善的政策和法规体系来加强管理。政府可以出台相关政策，鼓励和支持不动产档案的数字化转型和平台建设，推动不动产档案信息的共享和利用。同时，还应加强对不动产档案管理和利用的监管，确保相关工作按照法规要求进行，维护市场秩序和公平竞争。

综上所述，建立合理的档案索引和分类体系，构建数字化档案管理平台，应用先进的档案检索技术，实现不动产档案的多样化利用，平衡隐私保护与信息共享，以及政策支持和法规建设，这些措施共同构成了提高不动产档案检索和利用效率的关键要素。政府只有不断完善不动产档案管理体系，优化利用方式，才能更好地服务于城市发展和不动产市场的健康运行。

第三节 不动产登记档案信息资源整合方法概述

不动产登记是指对土地、房屋及其他不动产权利的设立、变更、转让等行为进行合法登记，以确保权利的真实性、合法性和稳定性。随着城市化和房地产市场的快速发展，不动产登记档案信息量庞大，其中涉及的信息资源包括土地权属、房屋所有权、抵押权等多个方面的数据。

为了更好地管理和利用这些不动产登记档案信息资源，政府需要进行信息整合，将分散的数据资源整合为一个统一的数据库或信息系统，使不同部门和用户能够方便地获取、查询和使用这些信息。

一、数据清洗与整理

数据清洗与整理在现代数据处理和分析中扮演着至关重要的角色。在不动产登记档案信息的处理中，数据的准确性、完整性和一致性直接影响着后续的数据分析和决策结果。因此，我们需要深入探讨数据清洗与整理的各个方面以及其重要性。

数据清洗是数据处理的基础步骤之一。数据来源复杂多样，可能包含大量重复、缺失、错误或不一致的数据。重复数据可能会导致在统计和分析时产生偏差，影响数据结果的准确性。缺失数据则会使部分记录无法进行有效分析，从而降低数据的完整性和可用性。而错误的数据则可能对分析结果产生误导性影响，影响决策的科学性。

数据清洗包括去重、填充缺失值、纠正错误等操作，以确保数据的准确性和完整性。去重操作通过识别并删除重复的数据记录，确保每条记录在数据集中只出现一次。填充缺失值可以使用插值、平均值或者其他统计方法来恢复缺失的数据，保证数据的完整性。纠正错误的过程可能涉及数据的验证和比对，需要通过对比多个来源的数据，找出错误并进行修正。

数据整理是数据清洗后的一个重要步骤。不动产登记档案信息可能分散在不同的数据库或系统中，数据结构和格式也可能各不相同。数据整理的目标是将这些分散的信息进行归类和汇总，建立统一的数据结构和标准。通过数据整理，数据冗余可以消除，数据存储和处理的成本减少。同时，统一的数据结构也有利于后续数据的查询和分析。

数据整理涉及数据的匹配、关联、映射和转换。数据匹配和关联是将来自不同数据库的数据进行对应和关联，建立数据之间的关系。数据映射和转换是处理不同数据源之间的数据字段差异，使它们能够在同一平台上进行对比和分析。这些操作需要仔细地设计和实施，确保数据整理的准确性和有效性。

数据整理还包括对数据进行分类和编码。对数据进行分类，可以将数据按照特定的属性进行划分，便于后续的查询和分析。而数据编码则是将数据用特定的编码方式表示，方便在计算机系统中进行存储和处理。

数据的质量评估与优化也是数据清洗与整理过程中不可忽视的一部分。数据质量评估涉及对数据准确性、一致性、完整性和可靠性等方面进行评估，找出数据存在的问题和不足。数据质量优化则是针对数据存在的问题，采取相应的措施进行优化和改进，确保数据的质量达到预期的要求。

在数据清洗与整理的过程中，数据的安全性和隐私保护也是一个重要的考虑因素。不动产登记档案信息涉及个人隐私和财产信息，必须采取措施来保护数据的安全，防止数据泄露和非法使用。

数据清洗与整理的结果为后续的数据分析和决策提供了可靠的基础。数据分析是从数据中挖掘出有用的信息和知识的过程。我们通过对清洗整理后的数据进行统计分析、机器学习和数据挖掘等，可以发现数据背后的规律和关联。例如，可以进行数据可视化，以直观地展现数据的特征和趋势，或者进行数据挖掘建模，预测未来的不动产市场走势等。

数据清洗与整理还可以与其他数据进行集成，构建更复杂的数据模型和系统。数据的集成是将不同数据源的数据进行融合，形成更全面的数据库。例如，将不动产登记档案数据与土地利用数据、人口数据等进行关联，形成更全面的城市信息数据库，为城市规划和发展提供支持。

数据清洗与整理是现代数据处理和分析中不可或缺的步骤。通过去除无效数据、填充缺失值、纠正错误、整理数据结构和格式，保证数据的准确性、完整性和一致性，为后续的数据分析和决策提供可靠的基础。数据的安全性和隐私保护也是数据处理中不可忽视的方面。我们通过数据分析和集成，可以从数据中挖掘出有用的信息和知识，为各个领域的决策和发展提供有力支持。

二、数据标准化

数据标准化在数据整合过程中扮演着至关重要的角色。在当今数字化时代，各个组织和部门积累了大量数据，这些数据通常以不同的标准和格式存储。每个组织或部门根据自身的需求和业务流程制定数据标准，这就导致了数据的多样性和不兼容性。因此，当需要将这些数据整合用于更深入的分析和决策时，必须进行数据标准化。

数据标准化是指将数据统一成一致的格式、标准和规范，使得它们可以互相对接和交换。这需要遵循一系列步骤和原则，以确保数据的一致性、可靠性和可重复性。首先，数据标准化计划是关键的一步。在制订计划时，需要明确整合的数据范围、目标、来源以及相关的业务需求。同时，需要明确数据标准化的具体步骤和时间计划。

其次，对数据进行规范化处理。这意味着统一数据的命名规范、单位标识和时间格式等。数据的命名规范是确保不同数据字段名称的一致性，避免不同术语造成的混淆。单位标识是确保数据的计量单位统一，以避免单位转换错误。时间格式的统一是为了确保所有数据按照相同的时间标准进行记录和处理。

再次，数据的缺失值处理也是数据标准化的重要步骤。在整合的过程中，可能会遇到缺失数据的情况，这可能影响数据的准确性和可靠性。因此，需要采取一致的方法来处理缺失数据，例如填充默认值、进行插值处理或舍弃无效数据。

最后，数据精度的统一也是数据标准化的一部分。在不同数据来源中，数据的精度可能存在差异。通过确定统一的数据精度，可以确保数据在整合和分析过程中保持一致性。

对于类别型数据，数据编码是必要的。类别信息可能以不同的形式存在，例如文字描述、数字或符号等。通过统一的编码规则，类别信息可以转换为统一的表示形式，便于计算机处理和分析。此外，对于非结构化或半结构化数据，需要进行格式转换，将其转换为结构化数据，以方便进行统一处理和整合。

数据标准化需要全员参与。各个环节的人员，包括数据采集人员、处理人员和决策者，都应严格按照数据标准化计划执行工作，确保数据整合的质量和准确性。建立数据质量监控体系也是非常重要的，应通过数据质量指标、数据质量报告等手段监测数据标准化的效果，并及时进行调整和改进。

数据标准化的好处不仅体现在数据整合阶段，还会对整个组织的数据管理和业务决策产生积极的影响。首先，数据标准化提高了数据质量，消除了数据中的冗余、错误和不一致性，从而提高了数据的准确性和可靠性。其次，标准化后的数据更易于对接和交换，可以加快数据整合的速度，降低整合的成本。再次，数据标准化确保了数据的可比性，提高了数据分析的精确度和效率。对于决策者来说，标准化的数据可以为他们提供一致、准确的信息支持，帮助他们作出更明智的决策。最后，数据标准化促进了不同部门之间的信息共享，促进信息的流通和共享，从而增强了组织的协同效应。

然而，数据标准化并非一劳永逸的过程。随着业务的变化和发展，数据标准也需要不断进行优化和更新。因此，建立一个长期有效的数据管理机制是至关重要的，包括制订数据标准维护计划、定期检查数据质量、持续改进数据标准等。

数据标准化是确保数据整合一致性、可靠性和可交换性的关键步骤。通过统一数据的命名、格式、单位等方面，可以确保数据质量和决策效果的提高。在数据驱动的时代，高质量、一致性的数据将成为组织成功的重要基石，数据标准化的重要性将越发凸显。因此，各个组织和企业应高度重视数据标准化工作，将其纳入数据管理的重要策略，为未来的发展打下坚实的数据基础。

三、建立集中式数据库或数据仓库

在数字化时代背景下，不动产登记档案管理与开发利用的实践研究中，建立集中式数据库或数据仓库是一个至关重要的环节。这一环节不仅涉及数据的集中存储和高效管理，还关系到信息的快速检索、分析处理以及安全保障。

不动产登记档案包括了大量的土地、房屋所有权以及其他相关交易的信息。这些信息的传统管理方式多采用纸质档案的形式，不仅占用大量的物理空间，而且在检索和利用上效率极低。随着信息技术的发展，数字化管理已成为提高效率、确保信息安全的必然选择。因此，建立一个集中式的数据库或数据仓库，对于实现不动产登记档案的数字化管理具有重大意义。在建立集中式数据库或数据仓库的过程中，首先要解决的是数据的数字化和标准化问题。这意味着需要将所有纸质档案转换为电子格式，并确保数据格式的统一，以便于在数据库中进行存储和检索。这一过程不仅是劳动密集型的，还需要考虑到数据转换的准确性和完整性。因此，通常需要借助专业的扫描设备和 OCR（光学字符识别）技术，以及专业人员的参与。

数据标准化是另一个关键问题。不同地区或不同时期的不动产登记档案可能采用了不同的数据格式和标准。因此，在建立数据库时，需要制定一套统一的数据标准，以确保数据的一致性和可比性。这不仅涉及数据格式的统一，还包括了数据的命名规则、分类方法以及元数据的定义等。而在数据的集中存储方面，选择合适的数据库管理系统（DBMS）和数据仓库技术至关重要。这些系统不仅要能够处理大量的数据，还要提供高效的数据检索和分析工具。此外，考虑到不动产登记信息的敏感性和重要性，数据安全和备份也是不可忽视的方面。这包括了数据的加密存储、访问控制，以及定期的数据备份和灾难恢复计划。

随着数据库或数据仓库的建立，数据的开发利用也将变得更加高效和便捷。例如，政府部门可以更快地处理不动产登记相关的业务，提高公共服务的效率；研究人员可以利用这些数据进行市场分析和预测，为政策制定提供支持；普通公众也可以更容易地获取自己所需的不动产信息。然而，在实践过程中，也会遇到一些挑战。例如，数据隐私和安全问题是最为人们关注的。不动产登记信息涉及个人和企业的财产信息，如何在确保数据开放性和透明性的同时，保护个人隐私，是一个需要认真考虑的问题。此外，技术更新迭代快，如何保持数据库系统的先进性和适应性，也是一个挑战。

在数字化背景下，建立集中式数据库或数据仓库对于不动产登记档案管理与开发利用具有重要意义。通过数字化和标准化处理，我们不仅可以提高管理效率，还可以促进数据的共享和利用。同时，也需要注意数据安全、隐私保护以及技术更新等问题，以确保数据库系统的长期有效运行。

四、引入信息化技术

引入信息化技术对于不动产登记档案信息整合来说是不可或缺的一环。随着科技的不断发展，信息化技术在各个领域的应用越来越广泛，不动产登记也不例外。信息化技术在不动产登记档案信息整合中起到了关键的作用，它能够极大地提高工作效率、加强数据管理、优化决策和服务，为不动产市场的规范发展和社会的稳定作出贡献。

数据库管理系统（DBMS）是信息化技术中的基础设施。在不动产登记档案信息整合中，大量的房产信息、土地信息、权属信息等需要得到整合和管理。采用数据库管理系统可以实现数据的集中存储和管理。数据库可以根据不同的需求建立不同的表，将数据按照一定的规范进行组织，确保数据的一致性和完整性。通过数据库的索引和查询功能，工作人员可以快速准确地查找和更新信息，大大提高了工作效率。此外，数据库还可以进行备份和恢复，确保数据的安全性和可靠性。

数据集成工具在信息化技术中发挥了重要的作用。不动产登记档案信息有多个不同的来源，涉及多个不同的部门和系统。这些数据可能存在着格式、结构和标准上的差异，如何将这些异构数据进行整合是一个挑战。数据集成工具能够通过映射、转换和加载等方式，将来自不同数据源的数据进行融合，形成统一的数据视图。这样，不动产登记部门可以在一个平台上查看和管理来自不同部门的数据，避免了数据冗余和信息孤岛的问题。

数据挖掘和分析技术是信息化技术的重要组成部分，也是不动产登记档案信息整合的核心内容。在信息化的支持下，不动产登记部门可以利用大数据分析和数据挖掘技术，深入挖掘数据背后的潜在规律和有用信息。例如，可以通过数据挖掘技术对不动产市场进行趋势分析，了解不同区域的房价走势和市场热点，为政府决策和市场参与者提供科学的依据。数据分析技术可以从海量的数据中提取出有价值的信息，例如，可以对不动产交易进行风险评估，预测市场需求变化，为市场主体提供精准的服务和决策支持。

信息化技术还可以推动不动产登记档案信息的在线化和数字化。建立在线平台可以让市民随时随地查询和更新不动产登记信息，从而提供便捷的服务。数字化的不动产登记档案也更易于存储、管理和保护，减少了纸质档案的占用空间和损坏风险。同时，数字化的档案可以更好地利用信息化技术进行数据处理和分析，提供更多样化的服务和功能。

另外，信息化技术还可以促进不动产登记档案信息的智能化处理。引入人工智能技术，例如自然语言处理和图像识别技术，可以自动识别、提取和整理不动产登记相关的信息。这将大大减轻工作人员的负担，提高工作效率，并避免人为因素导致的错误。同时，人工智能技术还可以通过学习算法不断优化和改进，提高信息处理的智能化水平，为不动产登记部门提供更智能的支持和服务。

引入信息化技术对于不动产登记档案信息整合是必不可少的。数据库管理系统、数据集成工具、数据挖掘和分析技术等信息化工具为不动产登记部门提供了强有力的支持，实现了不动产登记档案信息的高效管理、智能处理和在线共享。随着科技的不断发展，信息化技术将继续创新，不断提升不动产登记工作的水平和质量，为不动产市场的发展和社会的进步作出更大的贡献。

五、建立数据共享和权限控制机制

在当今信息时代，数据共享和权限控制机制在各个组织和企业中扮演着重要的角色。随着信息系统的发展，越来越多的部门和用户需要访问和共享各种类型的数据。然而，这也带来了一系列数据安全和保密性的挑战。因此，建立完善的数据共享和权限控制机制成为保障数据安全、提高工作效率的必要手段。

数据共享是指将信息系统中的数据资源向组织内的各个部门和用户开放，让他们能够根据需要获取相关数据。这种机制可以带来许多好处。首先，不同部门之间的信息共享能够促进沟通和协作，避免信息孤岛的出现。例如，销售部门可以及时了解生产部门的产能，生产部门可以了解销售的需求，从而更好地协调生产计划。其次，数据共享可以帮助各部门作出更准确的决策。管理层可以获得更全面的数据信息，从而作出更有利于企业发展的战略决策。同时，数据共享还能避免重复采集数据的工作，节省时间和资源。然而，数据共享也带来了数据安全和保密性的风险。不同部门和用户对于数据的访问权限各异，如果不采取合理的权限控制，可能会导致敏感信息的泄露。此外，对于一些重要的商业数据，可能需要限制特定用户的访问权限，以保护公司的商业机密。

因此，建立完善的数据权限控制机制是非常必要的。

权限控制是指通过合理的措施，限制不同用户对数据的访问权限。在建立数据权限控制机制时，首先需要对数据进行分类和等级划分。将数据分为不同的级别，例如公开数据、内部数据和机密数据，根据不同级别的数据设置不同的访问权限。对于机密数据，只有特定高权限用户才能访问，而对于公开数据，所有用户都可以访问。

建立用户身份认证系统是数据权限控制的关键。用户身份认证可以通过用户名和密码、指纹识别、智能卡等多种方式进行。对于高权限用户，还可以采用多因素认证，如手机验证码、动态口令等，以增强安全性。用户登录后，系统会根据其身份自动识别其权限级别，并限制其访问敏感数据的能力。

一种常见的权限控制方法是基于角色的访问控制（Role–Based Access Control，RBAC）。通过 RBAC，用户可以被划分为不同的角色，每个角色拥有不同的数据访问权限。例如，销售部门的员工可能属于"销售角色"，而生产部门的员工则属于"生产角色"。每个角色被赋予相应的数据访问权限，当用户的职责发生变化时，只需更改其角色，而不必修改每个用户的权限设置。同时，数据共享和权限控制机制也需要考虑数据的时效性。有些数据可能只适用于特定时间段，过了有效期后应及时撤销相应权限，避免信息泄露。此外，对于涉及第三方合作伙伴的数据共享，还需签订保密协议和合同，明确数据使用的目的和范围，以确保合法合规。

在实施数据共享和权限控制机制时，还需要进行全面的培训和教育。向所有员工普及数据安全意识，让他们理解数据共享的重要性以及权限控制的必要性。同时，应培训员工如何正确使用数据，避免数据滥用和泄露。

总而言之，建立完善的数据共享和权限控制机制对于现代企业来说至关重要。通过合理的数据共享，各部门能够更好地协作工作，优化资源分配，提高工作效率。而数据权限控制则是保障数据安全的有效手段，避免敏感信息的泄露和滥用。在实施这些机制时，需要进行全面的评估和规划，建立用户身份认证系统，制定合理的数据访问控制策略，并进行培训和教育。只有这样，数据共享和权限控制机制才能真正发挥其价值，为组织的发展和运营提供有力支持。

六、提供便捷的查询与服务

在信息化飞速发展的时代背景下，不动产登记档案信息系统的便捷查询与服务功能成为推动社会治理和服务优化的关键因素。这样的系统不仅可以提高办事效率，节省时间和资源，还能为人民群众提供更便利的服务体验。

在整合后的不动产登记档案信息系统中，用户将拥有智能化和个性化的查询功能。无论是购房者、产权持有者还是房地产从业者，都可以通过简单的查询条件快速获取所需的房产信息。用户只需要输入相关信息，如房产地址、土地使用权人等，系统便能智能匹配数据库中的信息，快速呈现结果。此外，该系统还支持模糊查询，用户不必精确填写信息，也能找到相关资料。系统还将根据用户的查询历史和兴趣，提供个性化的推送，如房产市场信息、交易趋势等，以满足用户对多样化信息的需求。

同时，不动产登记档案信息系统将实现在线申请办理相关手续的便捷功能，以减少不必要的纸质流程。在过去，房地产交易和产权变更等操作需要花费大量时间排队等待，还需烦琐的材料准备。但现在，用户只需在系统上完成相应的操作，诸如不动产登记、过户、抵押等手续，即可避免冗长的办事过程。系统的在线缴费功能也让用户能够方便地支付相关费用，不必亲自前往办公地点，大大提高了办事的便利性。

为了提供更优质的服务，不动产登记档案信息系统引入了智能助手，为用户提供全天候在线咨询服务。智能助手采用先进的语音识别和自然语言处理技术，可以解答用户的各类问题，提供准确的信息和指导。这一创新使用户在任何时间和地点都能获取所需帮助，不再受到时间和地域的限制。为保障信息的安全性和可靠性，不动产登记档案信息系统采用了健全的权限管理体系。根据用户的身份和职能，不同级别的用户拥有不同的操作权限，以保障系统数据的安全和完整性。此外，系统还会定期进行数据备份和维护，以防止数据丢失或遭受恶意攻击，确保用户信息得到妥善保护。而且为了提高系统的用户体验，不动产登记档案信息系统在界面设计和交互体验上下足功夫。操作流程简洁明了，功能按钮布局合理，符合用户的使用习惯。用户可以轻松上手，无须接受复杂培训，大大提高了系统的易用性和用户满意度。

不动产登记档案信息系统还采用了先进的技术和架构，如云计算、大数据和人工智能等，以确保系统的稳定性和性能。这些技术的应用使得系统能够快速响应用户请求，处理高并发访问，满足用户大规模使用的需求。同时，系统还具备良好的扩展性，可以根据需求灵活扩展硬件资源，以适应未来信息化发展的需求。为了更好地服务用户，不动产登记档案信息系统建立了用户反馈机制。用户可以随时向系统提供意见和建议，系统将及时收集这些反馈，并进行改进和优化。用户的反馈是改进系统的重要依据，通过不断地优化和升级，不动产登记档案信息系统可以不断提升服务质量和用户满意度，为社会治理和人民群众的美好生活贡献力量。

不动产登记档案信息系统提供便捷的查询与服务功能是现代社会信息化发展的必然趋势。通过智能化查询、在线申请办理手续、智能助手、权限管理、优质用户体验和先进技术等手段，这一系统将为社会治理和人民群众的幸福生活带来积极而深远的影响。其持续创新和优化将是未来发展的重要方向，以期为社会进步和发展贡献更多价值。

七、定期更新和维护

定期更新和维护是不动产登记档案信息整合的关键步骤。这个过程是一个持续的、不断迭代的过程，其目的在于确保不动产登记档案信息的准确性和完整性。通过定期更新和维护，可以及时反映不动产交易和权属变更的情况，保持数据的及时性。在这个过程中，信息系统扮演着重要的角色。信息系统是整合不动产登记档案信息的核心平台，它需要具备强大的计算能力和数据处理能力。同时，信息系统还应该具备高度的稳定性和安全性，以保护不动产登记档案信息不被恶意篡改和泄露。

定期更新和维护的流程需要高度的专业性和规范性。首先，需要建立一个有效的数据采集机制，确保从各个来源收集到的信息能够及时传输到信息系统中。其次，数据的加工和处理过程也要经过精细的设计和验证，以确保数据的准确性和一致性。此外，数据的存储和备份也是至关重要的，它们需要在安全可靠的环境下进行，以应对可能发生的数据丢失或损坏情况。

不动产登记档案信息整合的定期更新和维护还需要密切地与各相关部门合作。不动产交易和权属变更的信息通常涉及多个部门和机构，如房地产交易中心、土地管理部门等。在数据的更新和维护过程中，需要与这些部门建立紧密的数据交换和共享机制，以确保信息的全面和及时。此外，还需要建立有效的数据质量管理体系。数据质量管理是确保不动产登记档案信息准确性的重要保障措施。在整合的过程中，可能会面临数据质量不高的情况，如数据重复、错误、不完整等。因此，需要制定严格的数据质量标准和评估方法，及时发现并纠正数据质量问题，以保持信息的可靠性。

定期更新和维护不仅仅是为了满足行政管理的需求，更重要的是为了更好地服务公众和社会。不动产登记档案信息的及时性和准确性对于城市规划和房地产市场监管具有重要意义。在城市规划中，政府可以利用整合的不动产登记档案信息来进行土地利用分析和资源配置，以支持城市的可持续发展。而在房地产市场监管中，相关部门可以利用整合的信息来查验房地产交易是否符合法规和合规标准，避免房地产市场出现不正当交易和欺诈行为。另外，不动产登记档案信息的整合还可以为公共服务提升带来巨大的价值。整合不动产登记档案信息，可以为公众提供更便捷的服务，如房屋查询、产权验证等。这些服务的提升可以极大地方便公众生活，提高政府机构的服务质量和效率。

定期更新和维护是不动产登记档案信息整合工作中不可或缺的环节。这个过程需要高度的专业性和规范性，并依托于强大的信息系统和数据质量管理体系。通过定期更新和维护，不动产登记档案信息的及时性和准确性得到保障，为城市规划、房地产市场监管和公共服务的提升奠定坚实的基础。同时，整合的不动产登记档案信息还可以为城市的可持续发展和社会的进步带来积极的影响。因此，这个工作是复杂而重要的，需要通过合理的方法和科技手段，不断完善和发展，以更好地管理和利用这些宝贵的信息资源。

第四节　不动产登记档案数字化平台框架建设

一、平台概述与功能

不动产"一网通办"服务平台是现代社会数字化服务的重要组成部分。随着信息技术的快速发展，不动产登记领域也在逐步实现数字化转型，旨在提高不动产登记和交易的效率，降低交易成本，增加透明度和可信度。不动产"一网通办"服务平台正是在这样的背景下应运而生，为公众、企业和政府提供了一个集成化、高效便捷的服务平台。

首先是平台的整体架构。该平台的前端用户界面采用现代化的设计，用户可以通过 PC 端或移动端设备访问。界面简洁明了，采用直观的图表和操作流程，让用户能够迅速上手并进行相关操作。用户可以通过身份验证登录，并在登录后获得更多个性化的服务和功能。

平台的后台数据库是整个系统的核心支撑。该数据库集成了来自各级政府部门、不动产交易中介机构和金融机构等的大量不动产相关数据。这些数据包括土地的使用权、房屋的所有权、不动产的抵押情况以及不动产的交易记录等。数据库的设计遵循高度安全性和隐私保护的原则，确保用户的个人信息和交易数据得到有效保护。为了满足不同用户的需求，平台还充分利用了现代化的服务器设施。通过服务器集群的构建和负载均衡的优化，平台能够应对高并发的用户请求，实现快速响应和处理。这种高性能的服务器架构保证了平台的稳定性和可靠性，用户不会因为系统崩溃或运行缓慢而受到影响。

其次是平台的功能模块。第一个是"不动产登记信息查询"模块。用户可以在平台上输入特定的不动产信息，比如房屋地址、不动产权证号或房屋所有人的姓名，以获取相关的登记信息。这项功能为购房者、房产经纪人、投资者和律师等各类用户提供了便捷的服务，用户无须前往不动产登记中心排队等待，只需通过平台即可获取所需信息，极大地节省了时间和精力。

第二个是"不动产权属登记申请"模块。用户可以在线上提交不动产权属登记申请，填写相应的申请表格和提交相关证明文件。平台会对申请材料进行审核和核实，并将结果及时反馈给用户。通过这一功能，不动产交易过程变得高效便捷，避免了传统纸质申请所带来的烦琐和耗时的问题。

第三个功能模块是"不动产抵押登记申请"。对于需要向金融机构贷款的用户，这个功能至关重要。用户可以在线上提交不动产抵押登记申请，提供相关的借款合同、担保文件等资料，平台会对申请进行审核和核实，最终完成抵押登记手续。这项功能为金融机构提供了更快捷、更便利的不动产抵押服务，也为用户提供了更多样化的贷款选择。

第四个是"不动产交易备案"模块。这个功能主要用于记录不动产交易的信息，包括买卖合同、交易价格、权属变更等内容。交易参与方可以将交易信息在平台上备案，确保交易过程的透明和合法性。这对于房地产市场的稳健发展和防范不动产领域的违法行为都具有重要意义。

除了以上功能，不动产"一网通办"服务平台还可以与其他相关平台进行对接，实现数据共享和交互。例如，可以与自然资源部门（2018 年 3 月，组建自然资源部，不再保留国土资源部）的土地信息平台对接，实现土地使用权和不动产登记信息的联动查询。还可以与银行等金融机构对接，实现在线贷款和抵押登记的一体化服务。这种多平台融合的模式使得不动产交易更加智能化和便利化。

总的来说，不动产"一网通办"服务平台是一项创新性的数字化服务举措，它的整体架构包括前端用户界面、后台数据库和服务器，为不动产登记和交易提供了高效便捷的解决方案。平台的功能模块涵盖了不动产登记信息查询、不动产权属登记申请、不动产抵押登记申请、不动产交易备案等多个服务，为公民和企业提供了便利的服务渠道，推动了不动产交易和登记的现代化和规范化。通过"一网通办"，不动产登记和交易将更加透明、高效，为社会经济的稳定和可持续发展贡献力量。随着技术的不断创新和完善，不动产"一网通办"服务平台将持续发挥其重要作用，为广大用户带来更多便利。

二、数据采集与整合

数据采集与整合在建设不动产登记平台中是一个复杂而关键的过程。该过程涉及多个层面和环节，旨在收集、提取、转换和整合不动产登记相关的各类信息和数据，包括房屋权属信息、土地权属信息、抵押信息、交易信息等。这些数据来源可能分散在不同的部门和系统中，因此需要建立数据接口或进行数据转换，以确保数据的准确性和一致性。

数据采集是整个过程的起点。不动产登记领域涉及的信息非常广泛和复杂，如房屋的基本信息、建筑结构、使用权属、土地的权属和用途等等，这些信息可能分散在不同的政府部门和系统中，例如房产管理局、自然资源和规划局、银行抵押信息系统、房地产交易中心等。为了获取这些信息，不动产登记平台需要与相关部门和系统建立数据接口，确保及时获取最新的数据。政府机构之间的数据共享和协作是必不可少的，需要明确数据提供方的责任和义务，保证数据的及时更新和共享。

数据整合是数据采集的重要环节。由于不同部门和系统可能使用不同的数据格式、字段命名和数据编码，所收集到的数据可能存在格式不一致、数据字段不同、数据质量参差不齐等问题。因此，需要进行数据整合，将这些异构数据转换成一致的格式，以便后续的数据分析和处理。数据整合可能涉及数据清洗、数据转换和数据匹配等技术手段。数据清洗可以处理数据中的错误、缺失和重复信息；数据转换可以将数据转换成标准化的格式和单位；数据匹配可以建立不同数据之间的关联，确保数据的准确性和一致性。这一步骤对于数据的准确性和后续业务的开展至关重要。

　　数据质量管理是数据采集与整合过程中的关键环节。数据质量直接影响到后续业务的开展和数据分析的结果。为了确保数据质量，需要建立完善的数据质量管理体系，包括数据的收集、存储、处理、传输等环节，对数据进行全面的监控和管理。在数据采集的过程中，要设置数据质量检测点，及时发现数据质量问题，并及时纠正。同时，要建立数据质量评估和反馈机制，对数据质量进行定期评估，及时反馈问题，确保数据质量的稳定和持续改进。只有数据质量得到有效保障，不动产登记平台才能提供可靠的数据支持，满足政府决策和社会服务的需求。

　　数据安全是数据采集与整合过程中不可忽视的重要方面。不动产登记涉及大量的敏感信息，包括个人身份信息、不动产的价值信息等，这些信息的泄露可能对个人和社会造成严重影响。因此，在数据采集和整合的过程中，要严格遵守相关的数据安全法律法规，采取必要的技术和管理措施，确保数据的安全性和机密性。在数据传输过程中，要使用加密技术，防止数据被非法窃取和篡改。在数据存储过程中，要采取访问控制、权限管理等措施，防止未经授权的人员访问敏感数据。数据安全是不动产登记平台运行的基础保障，只有确保数据安全，公众才会对数据使用和隐私保护放心。

　　数据标准化是数据采集与整合过程中的关键环节。不动产登记涉及多个不同的数据来源和数据类型，这些数据往往存在着不同的标准和格式。为了确保数据的一致性和可比性，需要对数据进行标准化处理。数据标准化包括数据字段的统一、数据格式的规范化、数据编码的标准化等。通过数据标准化，不同部门和系统之间的数据可以进行有效的对接和交换，从而实现数据的共享和互通。数据标准化也是提高数据质量的有效手段，有助于减少数据转换和整合过程中的错误和问题。

　　数据采集与整合是建设不动产登记平台的关键步骤。科学合理地采集和整合数据可以为不动产登记平台的后续业务提供可靠的数据支持，为政府决策和社会服务提供有力的数据支撑，进一步推动数字化、信息化和智能化的发展进程。同时，数据采集与整合也是一个复杂的过程，需要政府、企业和社会各方共同参与，形成合力，确保数据的准确性、安全性和可用性，从而为建设现代化的不动产登记体系作出积极的贡献。在不断发展的信息化时代，数据采集与整合的工作仍然面临着挑战和机遇，需要不断创新和完善，以满足社会发展的需要。

三、数字化登记流程

数字化登记流程是在现代信息技术的推动下，对传统不动产登记业务进行全面数字化改造的过程。该数字化平台的目标是提高不动产登记业务的办理效率，降低办理成本，减少纸质材料的使用，实现资源的共享和信息的便捷传递。

在数字化登记流程中，申请人要先通过数字化平台在线提交所需的登记材料和相关资料。这些材料可以是电子化的文档、照片、视频或其他数字化文件形式。申请人只需在电脑、手机或其他设备上上传相应的资料，避免了传统方式中需要亲自前往登记部门提交大量纸质文件的麻烦和耗时问题。数字化登记平台设置了在线审核功能。传统的登记审核需要多个人员进行查验和传递，而在数字化平台上，相关部门可以直接在线查看申请材料，减少了纸质材料传递所需的时间，缩短了审核周期。此外，数字化审核还可以借助智能算法和人工智能技术进行辅助判断，加快审核速度，同时也提高了审核的准确性和一致性。

数字化登记流程引入了电子签章技术。在数字化平台上，涉及的文件可以得到有效的认证和签署，采用电子签章可以提高文件的安全性和可信度，避免了传统手写签名可能存在的伪造问题，也消除了快递或邮寄等环节的耗时问题。数字化登记流程还实现了不同部门之间的数据共享。传统登记流程中，不同部门可能需要相同的资料，而通过数字化平台，这些资料可以在不同部门之间实现共享。这样一来，不仅避免了重复提交材料，减少了申请人的工作量，也提高了信息的准确性。例如，土地管理部门、规划部门、税务部门等可以在同一平台上查看和核对相关信息，使登记数据更加完整和准确。

在数字化登记流程中，还应该考虑到用户体验的优化。通过引入便捷的查询功能，申请人可以随时查询个人申请的进度和结果。传统的登记流程中，申请人常常需要前往不同部门或通过电话咨询来了解办理状态，而在数字化平台上，他们可以随时登录账户，查看相关信息，方便快捷。数字化登记流程可以与其他相关平台或系统进行集成，实现信息的互通互联。与金融机构、房地产中介等平台的数据交互，可以实现房屋贷款信息、房屋交易信息等的实时更新和共享。这样一来，不仅提高了业务办理的便捷性，也为金融机构和中介提供了更全面、准确的信息，从而优化整个房地产行业的运作。

数字化登记流程还可以通过数据分析和挖掘技术，对登记业务的运行进行优化和改进。通过对大量的登记数据进行分析，可以发现潜在的问题，进而采取相应的优化措施，提高登记业务的整体效率和质量。例如，根据历史数据分析，可以预测办理高峰期，提前制订计划，避免拥堵和延误。数据分析还可以帮助相关部门更好地了解市场动态，优化政策和规划，推动不动产登记业务的持续发展。

数字化登记流程的实施，使传统的不动产登记业务得以全面升级和优化。通过数字化平台，申请人可以更便捷地提交材料，相关部门可以更高效地进行审核和办理，同时数据共享和信息集成也为各部门提供了更全面、准确的信息基础。数字化登记流程的推行不仅提升了办理效率，降低了登记成本，更为房地产行业的数字化转型和发展奠定了坚实的基础。

四、用户界面设计

在现代科技和互联网飞速发展的时代，用户界面设计的重要性变得越发明显。它是软件平台、网站和应用程序的门面，直接影响用户对产品的第一印象和使用体验。一个成功的用户界面设计应该注重用户体验和易用性，并以用户为中心，提供便捷、直观的操作方式，帮助用户轻松实现他们的目标。

用户界面设计应该强调用户体验。用户体验是指用户在使用产品过程中的感受和情感反应。一个好的用户界面设计能够让用户感到愉悦、舒适和满意。要实现良好的用户体验，设计师需要深入了解目标用户群体的需求、喜好和行为习惯。设计师通过用户调研和使用场景分析，了解用户的真实需求，并将这些需求融入设计中。此外，对于重要功能和关键操作，设计师应该尽可能减少操作步骤，简化流程，提高用户完成任务的效率。

用户界面应该具备直观性和友好性。直观性是指用户能够在第一眼就明白如何使用界面，无须额外的指引。友好性则是指用户在使用过程中感到舒适和愉悦，不会感到困扰和不适。为了实现直观性，设计师应该采用符合用户认知习惯的布局和操作方式，保持界面简洁明了，避免过多的复杂图标和文字。实现友好性则可以通过选择适宜的颜色和图形元素来增强用户的视觉感受，使用户对界面产生好感。

用户界面设计应该注重一致性和可预测性。一致性是指在不同的界面和功能模块中保持相同的设计风格和操作方式，使用户无须重新学习就能够熟练使用。可预测性则是指用户能够准确地预测到某种操作的结果，不会因为界面设计的混乱而产生错误操作。为了实现一致性和可预测性，设计师应该遵循常见的设计规范和布局，保持界面元素的统一性，例如按钮的位置和样式，菜单的布局和呈现方式等。

用户界面设计也应该适配不同终端设备。随着移动设备的普及，用户越来越倾向于在手机和平板等移动设备上访问平台。因此，用户界面应该能够在不同的设备上呈现出良好的效果。这就需要采用响应式设计，根据设备的屏幕大小和分辨率来自动调整界面的布局和尺寸。这样，无论用户是在 PC 端还是在手机上访问平台，都能够获得优质的用户体验。而且用户界面设计也应该考虑到辅助功能的实现。有些用户可能有视觉障碍或听力障碍，为了让他们也能够正常使用平台，用户界面设计应该提供相应的辅助功能支持。比如，为视觉障碍用户提供屏幕阅读器的支持，为听力障碍用户提供字幕和音频描述等。这样的设计不仅增加了平台的包容性，还能够吸引更多的用户群体。

用户界面设计应该是一个不断迭代和优化的过程。随着用户需求的变化和技术的发展，界面设计也需要不断跟进和改进。设计师应该定期收集用户的反馈意见，了解用户的需求和痛点，然后有针对性地进行优化和改进。同时，要关注行业的最新设计趋势和技术创新，不断引入新的设计理念和技术手段，以提升用户界面的体验和功能。

用户界面设计在现代软件平台和应用程序中具有极其重要的地位。它不仅关乎用户体验和易用性，还直接影响用户对产品的认知和满意度。一个成功的用户界面设计应该注重用户体验，具备直观性和友好性，注重一致性和可预测性，适配不同终端设备，并实现辅助功能的支持。同时，界面设计应该持续改进和优化，以满足用户不断变化的需求和期望。只有如此，才能打造出一个优秀的平台用户界面，吸引更多的用户。

五、云计算与大数据技术

云计算与大数据技术在不动产登记领域的应用是现代信息技术的重要发展方向之一。不动产登记是一项关系到国家经济发展和社会稳定的重要事务，涉及大量的数据处理和存储。采用云计算和大数据技术，可以提高不动产登记平台的弹性、可扩展性、智能化水平和数据支持能力。

云计算是一种基于网络的计算方式，将计算资源进行集中和动态管理，实现资源的共享和利用。在传统的计算方式中，不动产登记平台需要投入大量资金来购买大型服务器和数据存储设备，但这种投入是固定的，无法根据实际需求灵活调整。而云计算可以根据实时的需求，为登记系统分配计算资源，提高平台的性能和响应速度。例如，当不动产交易量激增时，云计算可以自动增加计算能力，确保系统的稳定和高效运行；而在交易相对较少的时间段，可以减少计算资源，节省成本。这种按需分配的方式使得不动产登记平台更加灵活和高效。

大数据技术在不动产登记中的应用同样具有重要意义。不动产登记涉及大量的数据，包括房地产信息、权属信息、交易记录等。传统的数据处理方式往往是手工操作或者使用简单的数据库管理系统，但这种方式已经无法满足日益增长的数据规模和复杂性。而大数据技术可以对这些海量数据进行采集、存储、处理和分析。通过大数据的挖掘和分析，可以从海量数据中发现潜在的关联和规律，为政府决策提供数据支持。例如，分析不同地区的房地产交易价格趋势，可以帮助政府更好地制定相应的房地产政策，促进房地产市场的健康发展。此外，大数据技术还可以应用于风险评估和预警，通过分析不动产交易数据，识别潜在的风险和漏洞，提醒相关部门采取措施，防范不动产领域的风险。

不仅如此，云计算与大数据技术的结合还可以带来更多便利。首先，云计算的弹性和可扩展性为不动产登记平台带来了更高的自动化水平。不动产登记机构可以将更多的工作交给云计算平台自动处理，减轻人力负担，提高工作效率。例如，数据采集、存储和备份等操作都可以由云计算平台自动完成，不再需要人工干预。其次，大数据技术的运用可以为不动产登记平台带来更智能化的功能。通过数据分析和挖掘，平台可以为用户提供个性化的服务。例如，根据用户的需求和喜好，推荐符合其偏好的不动产信息。这种个性化服务能够提升用户体验，吸引更多用户使用登记平台，促进不动产交易的增加。

然而，要实现云计算与大数据技术在不动产登记领域的完美结合，也面临着一些挑战和问题。首先是数据隐私和安全问题。大量的不动产信息涉及用户的个人隐私和财产信息，必须确保在数据传输、存储和处理过程中的安全性。平台必须采取有效的加密和权限管理措施，保障数据不被泄露或滥用。其次是技术的复杂性和人才的需求。云计算和大数据技术需要较高的技术水平和专业知识来运维和维护，因此登记机构需要投入大量资源培养和吸引相关人才。最后是数据质量和准确性。在不动产登记中，数据的准确性至关重要，一旦数据出现错误，可能会导致烦琐的纠错和争议处理过程。

为了克服这些挑战，不动产登记机构需要加强对云计算与大数据技术的理解和应用。同时，加强数据管理和质量控制，确保数据的准确性和完整性。与此同时，政府和行业组织也应加强对云计算与大数据技术的引导和支持，为不动产登记机构提供培训和技术支持，推动云计算与大数据技术在不动产登记领域的广泛应用。

云计算与大数据技术在不动产登记领域的应用具有重要的意义。它们可以提高登记平台的弹性和可扩展性，为政府决策提供数据支持，实现更智能化和个性化的服务。然而，要充分发挥其优势，还需要解决数据隐私与安全、技术复杂性和数据质量等挑战。通过不断完善和优化，云计算与大数据技术必将为不动产登记领域带来更大的发展和进步。随着技术的不断进步和创新，云计算与大数据技术将持续为不动产登记提供更加强大和全面的支持，助力不动产行业实现更好更快的发展。

六、与其他系统的集成

不动产登记数字化平台作为现代不动产登记管理的重要组成部分，其成功运作和管理需要与其他相关系统进行紧密的集成。这种集成是为了实现数据的共享和交换，从而提高不动产登记管理的整体效率和准确性。与其他系统的集成对于优化政府服务、提高数据质量以及推动数字化转型都具有重要的意义。以下，我们将详细探讨不动产登记数字化平台与地税系统、房地信息系统等其他系统的集成的意义、挑战以及解决方案。

首先，不动产登记数字化平台与地税系统的集成对于税收征收和房产交易具有重要的意义。地税系统是负责征收房地产税和其他相关税费的核心系统。在房地产交易过程中，涉及房地产交易税、印花税等税费的计算和征收，这些都需要依赖地税系统提供的数据。通过与地税系统的集成，不动产登记平台可以实时获取房产的相关税费信息，从而确保登记信息的准确性。这种实时数据的共享和交换可以避免因信息不一致而导致的税费缴纳错误，提高税收征收的效率，减少纳税人和房产交易方的负担。同时，政府税务部门也可以更加高效地监管房地产市场，确保税收的合规征收。

其次，不动产登记数字化平台与房地信息系统的集成对于确保登记信息的准确性和完整性至关重要。房地信息系统是记录房地产基本信息和交易信息的数据库。在不动产登记过程中，需要核实房产的基本信息、权属情况以及历史交易记录等。通过与房地信息系统的集成，不动产登记平台可以获取房地产的最新信息，避免重复登记和信息不一致的情况。这样一来，不动产登记管理部门可以节省大量的时间和人力成本，提高工作效率。同时，公民和企业也可以更加便捷地查询和核实房地产信息，提高办事效率。

然而，实现不动产登记数字化平台与其他系统的集成并不是一件轻松的任务，其中可能会面临一些挑战。首先，不同系统往往采用不同的数据格式和标准，导致数据在传递和解析过程中可能会出现错误。为了解决这个问题，需要建立统一的数据交换标准，确保数据可以按照统一的格式进行传递和解析。其次，数据安全性是集成过程中必须考虑的一个重要问题。涉及房地产交易和税收等敏感信息，必须确保数据在传递和存储过程中得到充分的保护，防止数据泄露和篡改。因此，在集成过程中，必须采取一系列安全措施，如数据加密、访问控制等，确保数据的机密性和完整性。最后，系统兼容性也是一个需要解决的难题。不同系统的技术架构和平台可能存在差异，导致数据传递和交换过程中出现不兼容的情况。为了解决这个问题，需要对系统进行充分的调研和评估，确保不同系统之间的无缝集成。

为了克服这些挑战，可以采取一系列解决方案。首先，建立统一的数据交换标准是非常重要的。可以通过制定数据格式和接口规范，确保不同系统之间的数据可以按照统一的标准进行传递和解析。其次，加强数据安全措施是保障集成过程顺利进行的关键。可以采用数据加密技术，确保数据在传递和存储过程中得到充分的保护。同时，建立完善的访问控制机制，限制数据的访问权限，确保只有授权人员可以获取敏感数据。最后，进行系统兼容性的测试和评估是非常必要的。可以通过模拟数据交换和系统对接的过程，发现和解决潜在的兼容性问题，从而确保系统之间实现无缝集成。

综上所述，不动产登记数字化平台与其他系统的集成对于优化不动产登记管理、提高税收征收效率、确保登记信息的准确性等方面具有重要的意义。尽管集成过程中可能会面临一些挑战，但通过建立统一的数据交换标准、加强数据安全措施和进行系统兼容性的测试和评估，可以克服这些问题，实现不同系统之间的顺利集成。这将有助于提高政府工作效率，为公民和企业提供更加便捷和高效的不动产登记服务，推动数字化转型和智慧城市建设。只有通过不动产登记数字化平台与其他系统的紧密集成，才能够充分发挥各个系统的优势，实现互利共赢。

第五节　不动产登记档案数字化系统流程设计

一、信息收集与录入

信息收集与录入在现代社会中扮演着至关重要的角色，特别是在不动产登记领域。不动产登记作为确保不动产权益真实、准确和完整记录的重要保障，为公平交易和法律秩序的维护提供了坚实的基础。

信息收集是不动产登记的第一步，其关键目标是搜集不动产相关信息，确保其翔实全面。这些信息包括土地所有权状况、房屋权属情况、权利人身份信息以及不动产的具体描述等。其中，土地所有权的准确登记是不动产交易和权属变更的前提和基础。因此，在信息收集阶段，相关机构必须与自然资源部门紧密合作，获取土地权属数据，并确保其准确性和真实性。

不动产登记是一项涉及多方合作的复杂工作，涉及权利人、房地产开发商、房产中介等各方。在不动产交易或权属变更时，这些相关方都需要向登记机构提供相关信息。权利人应提供身份证明、权属证明以及财产估值等数据。房地产开发商和房产中介则需要提供相关交易文件和权属证明等。在信息收集过程中，相关机构必须确保各方提供的数据真实有效，以免造成权益纠纷和法律风险。

随着信息技术的快速发展，数字化系统在信息收集与录入中发挥着越来越重要的作用。登记机构将收集到的信息录入数字化系统，以确保数据的高效管理和长期保存。数字化系统的优势在于可以快速、准确地处理大量数据，降低纸质记录的成本和错误风险。信息录入过程要求相关人员高度细致和专业，以确保信息的准确性和一致性。同时，数字化系统的设置必须符合相关的数据保护法律法规，以确保数据的安全性和隐私保护。

在信息收集与录入的过程中，数据的准确性和真实性是至关重要的。为了保证数据的可靠性，登记机构还需要进行信息核实和比对工作。这涉及与其他相关部门或数据库进行数据交换和核实，以验证收集到的信息是否与其他权威数据一致。例如，可以通过与自然资源部门核对土地所有权信息，与税务部门核对财产估值信息等，以确保数据的真实性和一致性。

信息收集与录入是一个复杂而系统性的过程，要求相关人员具备丰富的专业知识和经验。登记机构的工作人员必须了解不动产登记的法律法规和程序，熟悉数字化系统的操作，同时要有高度的责任心和敬业精神。只有通过严格的信息收集与录入，才能建立起可靠的不动产登记档案，为社会经济发展提供有力支撑。

总而言之，信息收集与录入在不动产登记中具有不可替代的重要性。它涉及多方合作，需要高度的细心和专业性，同时要保障数据的安全性和隐私保护。通过确保数据的准确性和真实性，不动产登记系统可以为公平交易和法律秩序的维护提供坚实的基础，为社会经济的健康发展发挥积极的作用。

二、数据核实与审查

数据核实与审查在现代信息管理中扮演着至关重要的角色。在信息录入完成后，数字化系统通过自动化的流程对数据进行核实和审查，以确保数据的合法性、准确性和一致性。这一过程不仅在不动产登记和房地产领域具有重要意义，而且在许多其他行业也扮演着关键的作用。

数据核实是指验证数据的真实性和准确性。在信息录入阶段，可能会因为人为疏忽、系统错误或其他原因导致数据出现错误或不一致。为了确保数据的质量，数字化系统可以通过与其他相关数据库进行数据对比的方式来进行数据核实。例如，在房地产领域，系统可以与自然资源部门的相关数据库进行对比，确认土地使用权的真实性。这种对比验证有助于发现可能存在的数据不一致或错误，并及时予以纠正，从而提高数据的质量和可信度。

数据审查是确保数据符合法规和法律要求的过程。随着信息化的发展，许多国家和地区都建立了相关的法律法规来规范数据管理和信息交换。数字化系统会进行合法性审查，核对相关的法律规定和要求，以确保不动产登记过程合法合规。这种审查过程有助于防止虚假信息的录入和不当操作，保障公平交易和市场秩序。例如，系统会检查房产登记是否符合当地土地使用规划和法律条文，确保房地产交易的合法性。

数据核实与审查还有助于防范欺诈行为。随着数字化技术的发展，欺诈行为变得更加隐蔽和智能化。然而，数字化系统的智能对比和识别功能可以帮助快速发现异常数据和不合规行为。例如，在不动产交易中，如果有人试图通过伪造土地使用权证明来进行欺诈，系统可以及时发现不动产信息与自然资源部门记录不符的情况，从而阻止欺诈行为的发生。此外，数据核实与审查也对数据隐私和安全具有重要意义。随着数字化时代的到来，大量的个人信息被存储在数据库中，因此数据隐私和安全问题越来越受到关注。数字化系统在进行核实和审查时，必须确保敏感信息的保密性和安全性。系统应该采取有效的加密措施，限制数据访问权限，避免数据泄露和滥用，保护个人隐私权利。在实际应用中，数据核实与审查的过程应该高度自动化和智能化。利用人工智能和机器学习技术，数字化系统可以自动识别数据异常和不合规情况，并生成相应的警示和报告。这样的自动化处理不仅提高了数据处理的效率，还减少了人为错误的发生。

数据核实与审查不仅适用于不动产登记和房地产领域，还广泛应用于其他行业。在金融领域，银行和金融机构需要对客户提供的信息进行核实和审查，以确保客户的身份和信用。在医疗保健领域，数字化系统可以对病人的医疗记录进行核实和审查，以确保病历的准确性和完整性。在供应链管理中，企业需要对供应商提供的数据进行核实和审查，以确保产品的质量和合规性。

总而言之，数据核实与审查是确保数据质量、合法性和安全性的关键环节。通过数字化系统的自动化和智能化处理，可以提高数据核实与审查的效率和准确性，为信息管理和商业交易提供坚实的基础。保障数据的真实性和合法性，维护市场秩序，防范欺诈行为，同时也要重视数据隐私和安全，确保个人信息得到充分保护。数据核实与审查是信息时代建设中不可或缺的重要环节，其在各个领域都发挥着关键作用。

三、档案存储与管理

数字化档案管理系统在现代社会中发挥着越来越重要的作用，它不仅可以提高档案管理的效率和质量，还可以为各行各业的发展提供重要支撑。在数字化档案管理系统中，数据核实与审查是确保数字化档案准确性和可信度的关键步骤。只有经过仔细核实和审查的档案数据才能被认为是可信和有效的。

数据核实与审查的过程需要充分考虑数据来源和数据完整性。在数字化档案管理系统中，档案数据可能来自不同部门、机构或个人，因此必须对这些数据进行严格的核实和验证。核实数据的来源是否合法和可靠，避免因虚假信息或不当数据而影响后续的档案管理和利用。同时，还要确保数据的完整性，避免数据缺失或错误导致信息的不完整。在核实和审查过程中，可以借助先进的数据分析和数据清洗技术，发现和纠正数据中的问题，提高数据质量。数据核实与审查还需要考虑数据的一致性和规范性。在数字化档案管理系统中，可能涉及大量的数据和信息，这些数据需要保持一致的格式和规范。例如，日期格式、单位标识、字段命名等都应该统一，以便于后续的查询和分析。此外，还需要确保档案数据与现实情况的一致性，避免因为数据的不准确或过时而影响后续的决策和管理。

在完成数据核实与审查后，数字化档案管理系统将生成电子档案。这些电子档案包括不动产权证书、登记簿册、权属证明等重要文档。与传统的纸质档案相比，电子档案具有明显的优势。首先，电子档案不占用实体空间，节约了大量的物理存储需求，降低了存储成本。其次，数字化档案便于复制和备份，可以在不同地点和设备之间进行快速传输，方便了信息共享和交流。而且，电子档案可以进行加密和权限管理，保障敏感信息的安全性，防止档案内容被未授权的人员访问。这些优势有助于提高档案管理的效率和质量，推动信息化进程。

为了保障电子档案的长期保存，系统将这些档案存储在安全可靠的数据库中。数据库的选择和构建是数字化档案管理系统设计中的重要环节。数据库需要具备高度的可靠性和稳定性，以保障档案数据的安全和完整性。同时，还要考虑数据的容量和性能需求，以及后续的扩展性，确保系统能够适应未来的发展。在数据库的管理过程中，还应当注重数据的灾备方案。定期的数据备份可以保证档案数据在意外情况下的安全和可恢复性，灾备方案可以确保档案数据在灾害事件发生时的有效保护和恢复。这样的措施可以提高档案数据的安全性和可用性。

除了长期保存，快速检索也是数字化档案管理系统的重要功能之一。为了实现快速检索，系统将建立相应的索引和分类标签。索引是对档案内容的关键词标注和摘要，方便用户根据关键词进行查找。通过合理设置索引，可以大大提高档案检索的效率和准确性。分类标签是对档案进行归类，使得相似内容的档案能够被合理组织和聚集在一起。这样的系统设计可以方便用户按照特定条件进行档案查询，快速找到所需信息。例如，用户可以根据地点、时间、产权类型等条件进行查询，以便于获取相关的档案信息。这种便捷的检索方式有助于提高工作效率，节省时间和精力。

除了以上提到的关键功能，数字化档案管理系统应该具备良好的用户界面和用户体验。优秀的界面设计可以降低用户的学习成本，使得用户能够快速上手和运用系统。用户体验的改善也是系统设计的重要方面。系统应该注重人性化的功能设置，允许用户自定义查询条件和结果展示方式，提高用户满意度和使用体验。此外，还应该提供详细的帮助文档和在线支持措施，帮助用户解决在使用过程中遇到的问题，提高用户对系统的信赖度和满意度。

总之，档案存储与管理的数字化是信息化时代的必然选择。数字化档案管理系统通过数据核实与审查确保档案的准确性和可信度，生成电子档案，并将其存储在安全可靠的数据库中，实现长期保存和快速检索。通过索引和分类标签的设计，用户可以方便地查询和检索档案信息。优秀的用户界面和用户体验提高了系统的易用性和用户满意度。数字化档案管理系统的建设和运行对于促进信息化进程，提高档案管理效率和质量，推动社会的发展和进步具有重要意义。

四、审批与签发

审批与签发在不动产登记和权属变更过程中扮演着至关重要的角色。这一环节的有效进行，直接影响着不动产交易的合法性和权益保障。随着数字化技术的飞速发展，传统的手工审批方式已经无法满足日益增长的申请需求和数据处理要求。因此，数字化系统的引入成了不动产管理领域的一大革新。

当有新的不动产登记或权属变更申请时，申请人通过在线平台提交相关申请材料。这些申请材料包括但不限于不动产的基本信息、产权人的身份证明、房产证、房屋交易合同等。数字化系统在收到申请后，自动将其转化为数字化格式，并进行初步验证。在这一步骤中，系统会检查申请表格的完整性和准确性，确保申请人提供的信息齐全且真实可信。

接下来，数字化系统会将相关信息推送给审批人员，由他们进行进一步核实和审批。在数字化审批系统中，审批人员登录系统后，可以看到待审批的申请列表。系统会根据审批人员的权限和专业领域，智能地分配申请任务。审批人员根据系统提供的指引，仔细核对申请材料。首先，他们会核对申请人的身份信息和不动产的相关信息，确保申请人与不动产的信息一致，以防止不动产被冒领或虚假登记。其次，审批人员会查验申请人提供的资料是否齐全，并与系统中的相关数据进行比对。通过数字化系统的大数据功能，审批人员可以快速获取不动产的历史交易记录、抵押情况、查封信息等，从而确保审批的准确性和全面性。

数字化审批系统还配备了风险评估功能，帮助审批人员及时发现潜在的风险。例如，如果不动产存在尚未解决的纠纷或有涉诉情况，系统会自动发出风险警示，提醒审批人员谨慎处理。这一功能大大降低了不动产交易中的风险，保护了交易双方的利益。

在数字化审批与签发的最后阶段，当审批通过后，系统将自动生成电子证书和权属证明，并签发给申请人。电子证书和权属证明是数字化系统的又一重要亮点。通过数字签名技术，这些电子证书和权属证明的真实性和完整性得到了保障。同时，电子证书和权属证明具有与传统纸质证书同等的法律效力，可以被用于房屋交易、抵押贷款等各类不动产交易活动。值得一提的是，数字化系统还为申请人提供了便捷的证书查询功能。申请人可以通过在线平台随时查询并下载他们的不动产电子证书和权属证明。这使得申请人不再需要亲自前往不动产登记中心，节省了大量时间和精力。

数字化审批与签发的应用给不动产管理带来了巨大的改变。首先，它显著提高了审批效率。传统的人工审批方式往往需要耗费大量时间和人力资源，而数字化系统的应用，可以实现申请材料的快速处理和智能分配，极大地加快了审批速度。其次，数字化审批保障了数据的准确性和安全性。申请材料经过数字化处理，不再容易出现手误或数据错误，同时数字签名技术确保了电子证书和权属证明的真实可信。最重要的是，数字化审批为不动产交易的透明性和可信度提供了有力保障。公开透明的审批流程，使得交易双方和其他利益相关者可以随时查询和核实不动产的权属情况，降低了交易风险，促进了不动产市场的健康发展。

综上所述，数字化审批与签发的应用在不动产登记和权属变更领域起到了至关重要的作用。通过数字化系统的引入，审批工作变得更加高效、准确，保障了不动产交易的合法性和有关各方的权益。电子证书和权属证明的生成，为不动产交易提供了更便捷、安全的交易凭证。数字化审批与签发的推广，为不动产管理的数字化和智能化发展奠定了坚实基础，将在未来持续发挥积极的推动作用。

五、公开与查询

在数字化背景下，不动产登记档案管理与开发利用的实践研究中，公开与查询环节扮演着至关重要的角色。这一部分不仅关系到信息的透明度和公众的知情权，也是提升行政效率和促进市场健康发展的关键。

随着信息技术的飞速发展，数字化已成为推动各行各业革新的重要力量。在不动产登记领域，数字化转型不仅意味着传统纸质档案的电子化，更重要的是通过技术手段实现信息的高效管理和广泛利用。在这一过程中，公开与查询机制的建立和完善是核心环节。

首先，公开的重要性不言而喻。透明的不动产登记信息有助于提高政府工作的透明度，增强公众对政府工作的信任。在数字化背景下，这种透明度的提升更为显著。通过在线平台，公众可以实时获取不动产登记信息，包括基础不动产信息、交易记录、权属变更等。这种信息的公开，不仅有利于提升市场的透明度，还能有效遏制不法行为，如欺诈和腐败。然而，在公开信息时，也必须考虑到个人隐私和商业机密的保护。因此，如何在保障公众知情权和保护个人隐私之间找到平衡点，是数字化不动产登记系统设计时的一个重要考虑因素。

其次，构建一个高效、易用的数字化查询系统是实现信息公开的关键。这样的系统应该具备友好的用户界面，使得不同背景的用户都能轻松地进行查询。例如，购房者可能关心房产的历史交易记录和当前权属状况，而开发商则可能更关注土地的使用权限制和规划信息。因此，系统需要提供多样化的查询入口和丰富的搜索条件，如地区、时间、物业类型等。此外，为了确保查询结果的准确性和及时性，系统中的数据必须实时更新，以反映市场和法律法规的最新变化。

数据安全和隐私保护是数字化查询系统中另一个不可忽视的方面。随着大数据时代的到来，如何保护个人信息和防止数据泄露成为全球性的挑战。在不动产登记系统中，必须实施严格的访问控制机制，确保只有授权的用户才能访问敏感信息。同时，应用先进的加密技术来保护存储和传输中的数据，防止非法访问和篡改。此外，系统的设计和运营还需遵守相关的数据保护法律和规定，尊重和保护个人隐私。

公众参与和反馈机制在提升数字化不动产登记系统的质量和服务水平方面发挥着至关重要的作用。这一机制的核心在于建立有效的沟通渠道，让用户能够直接参与系统的改进和优化过程中。通过设立用户反馈渠道，如在线调查、意见箱、社交媒体互动等，系统可以方便地收集来自不同用户群体的意见和建议。这些反馈不仅涵盖了系统功能的实用性和易用性，还包括用户在使用过程中的整体体验。例如，用户可能会提出关于界面设计的建议，或者对搜索功能的改进意见。通过分析这些反馈，开发团队可以更准确地了解用户需求，从而有针对性地调整和优化系统设计。此外，公众参与和反馈机制还包括让用户参与不动产登记信息的监督过程中。这不仅是一种信息公开的体现，也是提高系统可信度的有效途径。用户可以通过系统检查不动产登记的准确性，如核对物业的登记信息是否与实际情况相符。

在实践中，可以通过分析国内外的成功案例来提取有价值的经验和教训。例如，一些国家和地区已经建立了成熟的数字化不动产登记和查询系统，这些系统的设计理念、技术实现、管理模式都值得我们学习。此外，随着人工智能、大数据等新技术的发展，我们还可以探索如何利用这些技术来进一步优化查询系统，提高其智能化水平和服务效率。

随着技术的不断进步和用户需求的变化，不动产登记公开与查询系统也需要不断地进行优化和升级。同时，随着数字化进程的加深，相关的法律法规也需要相应完善，以保障信息公开与查询的合法性和有效性。通过这些努力，我们可以期待一个更加透明、高效、安全的不动产市场，为经济的健康发展提供有力支撑。

六、更新与维护

更新与维护在现代社会的重要性不言而喻。尤其在不动产信息管理方面，它直接涉及土地和房屋等重要资源，关乎每一个人的生活和财产权益。随着科技的进步，数字化系统在不动产信息管理中的应用不断加深，通过信息化手段实现数据的实时更新和维护已成为必然趋势。

不动产信息具有动态性。不动产信息包括土地使用权、房屋所有权、抵押权等各种权利信息。在现实生活中，这些权利信息随时可能发生变化。例如，一块土地可能由农用地转变为建设用地，一个房屋可能被卖出或进行权属转移。如果不动产信息不能及时更新，将导致信息与实际情况不符，带来很多问题。比如，某块土地已经用于建设，但信息系统上仍显示为农用地，这将导致土地规划和使用混乱，影响城市规划和发展。

数字化系统必须具备实时更新和维护数据的功能。这就要求系统具备高效的数据收集和处理能力。信息的来源可能来自权利人、相关机构、政府部门等多个渠道，而系统需要能够自动、快速地将这些信息整合起来，及时更新到数据库中。同时，为了确保数据的准确性，还需要建立健全的数据核实和审核机制，防止虚假信息进入系统。

为了更好地满足用户的需求，数字化系统还应该提供相应的功能，允许权利人或相关机构提交变更申请。这样的功能应该简便易行，方便用户操作。例如，权利人可以通过在网上填写相关信息，上传必要的证明材料，提交房屋所有权的变更申请。系统收到申请后，应该及时通知相关审核机构进行审批，确保变更申请能够及时得到处理。

数字化系统还应该具备数据维护的功能。数据的维护包括数据的定期检查、校准和清理。在大规模的数据管理中，难免会出现一些错误或冗余数据，这就需要系统定期进行数据清理和优化，确保数据的准确性和完整性。同时，为了保障数据的安全，系统应该具备数据备份和恢复功能，以应对数据意外丢失或损坏的情况。

　　数据同步也是非常重要的一环。不动产信息管理涉及多个部门和机构，它们之间的信息需要实现同步和共享。这就要求数字化系统与其他相关系统实现数据互联互通，确保数据的一致性和完整性。只有这样，不动产信息才能得到更好的管理和利用。然而，更新与维护工作中面临一些挑战。首先是数据质量问题。随着数据量的增加，数据质量的保障成为一个难题。不同部门、机构提供的数据可能存在不一致性，甚至有错误数据。数字化系统需要采取有效措施，确保数据的准确性和可靠性。其次是数据安全问题。不动产信息涉及大量个人隐私和重要权益，系统必须具备高强度的安全措施，防止数据泄露、篡改等问题。因此，建立完善的数据安全管理机制是必要的。在推动更新与维护工作的过程中，政府和相关部门发挥着至关重要的作用。他们可以制定相应的政策法规，明确不动产信息管理的要求和标准，统一管理标准和数据格式，提高数据的规范化和标准化程度。政府还可以鼓励和支持数字化系统的建设和应用，提供技术和经费支持，推动数字化系统在不动产信息管理中的广泛应用。

　　总而言之，更新与维护是不动产信息管理中不可或缺的重要环节。数字化系统需要实时更新和维护数据，确保不动产信息的准确性、时效性和可靠性。允许权利人或相关机构提交变更申请，并建立健全的审核机制，以确保数据的及时更新。同时，还需要建立完善的数据维护机制，保障数据的安全和完整。政府和相关部门也应加强监管，制定相关政策法规，推动更新与维护工作的顺利进行，从而为社会提供更高效、更便捷的不动产信息管理服务。只有确保信息的准确性和时效性，才能更好地促进社会的发展和稳定。随着科技的不断发展，我们有理由相信，在数字化系统的支持下，不动产信息管理将迎来更加美好的未来。

　　通过数字化系统的流程设计，不动产登记管理可以实现信息的高效、准确处理，提高登记效率，减少纸质档案的使用和管理成本，同时提供便利的查询服务，为公众和相关机构带来更好的体验。但在实施过程中，需要考虑数据安全、隐私保护和系统稳定性等方面的问题，确保数字化系统的顺利运行和可持续发展。

第六节　不动产登记档案信息资源整合实践探究

不动产登记是指对土地、房屋等不动产权属进行登记和管理的制度，是国家法定的土地管理和产权保护制度。不动产登记档案信息资源整合实践是指将不动产登记相关的信息资源进行整合和统一管理，以提高不动产登记信息的准确性、可靠性和有效性，促进不动产交易的顺利进行，保障不动产权属的合法权益。

一、不动产登记档案信息资源的内容

不动产登记档案信息资源是指关于土地和房屋等不动产的一系列基本信息和权属信息的集合。这些信息对于国家管理、社会交易以及公民个人权益的保障具有重要意义。主要内容包括土地不动产和房屋不动产的基本信息以及权属信息。

土地不动产的基本信息是指记录土地地块的位置、面积、用途等重要数据。其中，地块的位置是指土地所在的地理位置，可以通过坐标、行政区划等方式来进行描述，以确保土地的准确定位。土地面积是指土地所占地表的实际面积，这对于土地的规划、开发以及合法使用都具有重要参考价值。土地用途是指土地的具体功能和用途，例如农用地、建设用地、工业用地等，不同用途的土地在法律法规上有着不同的规定和限制。

土地不动产的权属信息是指土地权利人的姓名、权利种类以及登记时间等重要信息。土地权利人是指对土地享有所有权、使用权、承包经营权等合法权益的个人或组织。其姓名和身份信息的登记是确保土地权益的合法性和可追溯性的重要步骤。权利种类是指土地权利人所享有的具体权益类型，例如所有权、

使用权、抵押权等，不同的权利种类涉及不同的权益范围和使用条件。登记时间则记录了土地权益的确立时间，用于确定权利优先顺序和保护权益的时间先后次序。

房屋不动产的基本信息包括房屋的地址、建筑面积、结构类型等关键信息。房屋地址是指房屋所在的详细位置，可以通过门牌号、街道名称等方式来进行标识，确保房屋的准确定位。建筑面积是指房屋在地面上的实际占地面积，这对于房屋的估值、租赁和开发都具有重要意义。房屋结构类型是指房屋的建筑形式和结构特点，例如平房、楼房、别墅等，不同结构类型的房屋在使用和维护上有着不同的要求。

房屋不动产的权属信息是指房屋产权人的姓名、产权种类以及登记时间等关键信息。房屋产权人是指对房屋享有所有权或其他合法权益的个人或组织。记录产权人的姓名和身份信息有助于确保房屋权益的合法性和真实性。产权种类是指房屋产权人所拥有的具体权益类型，例如产权所有权、租赁权等，不同的产权种类对房屋的使用和交易都有着不同的规定和限制。登记时间记录了房屋权益的确立时间，用于界定权益的优先顺序和确立权属关系的时间先后次序。

除了土地和房屋不动产的基本信息和权属信息，不动产登记档案信息资源还包括相关的不动产交易信息和历史变更信息。不动产交易信息是指不动产的买卖、转让、抵押等交易活动的记录，这对于市场监管、交易纠纷处理以及房地产市场的健康发展具有重要作用。历史变更信息是指不动产权属、用途、结构等方面的历史变更记录，这些信息有助于了解不动产的演变历程，追溯权属变更的原因和合法性。

不动产登记档案信息资源包括土地和房屋等不动产的基本信息和权属信息，其中土地基本信息包括地块位置、面积、用途等，土地权属信息包括权利人姓名、权利种类、登记时间等；房屋基本信息包括房屋地址、建筑面积、结构类型等，房屋权属信息包括产权人姓名、产权种类、登记时间等。此外，还包括不动产交易信息和历史变更信息等。这些信息的记录和管理对于确保不动产权益的合法性、保障交易的安全性以及促进房地产市场的稳健发展具有重要意义。

二、整合实践的意义与目的

不动产登记档案信息资源整合实践在现代社会中具有深远的意义，其影响涵盖多个方面，从提高不动产登记信息的一致性和可信度到优化政府管理和公共服务，都对社会发展和民众福祉产生积极影响。

整合实践的意义在于提高不动产登记信息的一致性和可信度。当前，不动产登记通常由不同的部门和机构负责，每个部门或机构可能保存着不同的不动产信息，这导致信息存在冗余、不一致的问题。而通过整合不动产登记相关的信息资源，可以消除信息孤岛，将所有相关信息汇聚到一个统一的数据库中，实现信息的互联互通。这样的整合可以避免信息的分散和不一致性，提高信息的可信度。公众和企业在进行不动产交易或权利确认时，能够更加信任登记信息的准确性，减少因信息错误而引发的矛盾和纠纷，维护社会的稳定和秩序。

在过去，不动产交易往往需要购房者和权利人跑多个部门或机构去查询和核实信息，办理手续烦琐，耗费时间和精力。而整合实践可以将不动产登记信息集中管理，实现一站式查询和办理，大大节省了办事时间，提高了交易效率。购房者和权利人能够更加便捷地获取不动产信息，从而作出更明智的决策。同时，整合实践也有助于优化不动产交易的流程和规范，减少不必要的中介环节，降低交易成本，促进房地产市场的健康发展。

整合实践的目的在于建立统一的不动产登记信息数据库，确保不动产登记信息的一致性和完整性。该数据库可以由相关部门或机构共同维护和更新，实现信息共享和互通。通过建立这样的数据库，不同部门和机构之间可以实现信息的互联互通，避免信息孤岛现象，使得信息更加全面和准确。同时，通过信息技术手段的支持，可以实现不动产登记信息的电子化和数字化管理，提高信息的存储和检索效率。电子化管理还可以实现信息的远程查询和更新，进一步提高办事效率。此外，整合实践还有助于优化政府管理和公共服务。通过整合不动产登记信息，政府可以更好地了解不动产市场的状况和动态，制定更科学和有效的政策措施。政府部门可以更加高效地处理不动产登记相关的事务，提高管理的精细化和便捷性。对于不动产交易和权利确认等公共服务，整合实践可以提供更便捷和高效的服务，减少人力和物力的浪费，提升政府的服务水平和形象。

综上所述，不动产登记档案信息资源整合实践的意义与目的不仅在于提高不动产登记信息的一致性和可信度，还体现在优化不动产交易效率、建立统一的登记信息数据库、优化政府管理和公共服务等方面。通过整合实践，社会能够更好地实现资源整合和共享，推动不动产登记工作向更高效、便捷、准确的方向发展，为社会的稳定发展和人民群众的幸福生活提供有力支撑。

三、实践探究的关键问题与挑战

在实践探究不动产登记档案信息资源整合过程中，面临的关键问题与挑战是多样而复杂的。其中，最主要的问题之一是数据来源的多样性。不动产登记涉及多个部门和单位，这些部门包括土地管理部门、房产管理部门、不动产交易中心等，每个部门负责不同的信息记录和管理。数据来源的多样性导致不同数据源之间可能存在差异，信息的格式、内容和标准可能不统一，这使整合不同数据源的信息变得复杂而困难。此外，数据质量的保障也是一个重要的问题。在数据整合过程中，需要确保不同数据源之间的信息一致性和准确性。不动产登记信息是涉及财产权益的重要信息，其准确性至关重要。然而，由于不同数据源的管理方式和数据录入方式的不同，数据质量可能存在问题，如数据的重复、错误、遗漏等。因此，如何对数据进行清洗和校验以确保数据质量，是一个必须解决的问题。

要确保登记信息的真实性和完整性，是一个具有挑战性的任务。虚假信息的录入和传播是一个不容忽视的问题。由于不动产涉及的财产权益较大，有人可能会为了牟取私利而故意提供虚假信息或篡改登记档案。因此，如何建立严格的信息审核机制和监管体系，防止虚假信息的输入和传播，是实践探究中必须面对的问题。

除了数据的多样性、质量保障和信息真实性外，数据的保密与安全也是一个挑战。不动产登记信息涉及个人隐私和财产权益，因此需要采取相应的措施保护信息的安全，防止未经授权的访问和泄露。随着信息技术的不断发展，网络安全威胁也日益增加，黑客入侵、数据泄露等风险日益严重。如何建立健全的信息安全体系，确保数据在传输、存储和处理过程中不被非法获取和篡改，是一个需要高度重视的问题。

政策法规和制度方面的问题也是实践探究中需要克服的挑战之一。不同地区和国家对不动产登记的管理方式和标准可能不同，甚至可能存在法律法规上的差异。在整合不动产登记档案信息资源的过程中，需要考虑到不同政策法规的适用性，确保整合过程的合法合规性。同时，不动产登记涉及多个部门和单位，需要建立协调合作的机制，打破信息孤岛，促进信息资源的共享和利用。此外，技术方面的问题也需要解决。不动产登记涉及大量的信息数据，想高效地进行数据处理、存储和传输，需要借助先进的信息技术手段，如大数据、云计算、区块链等。同时，由于不动产登记信息的规模较大，如何建立高效的信息管理系统，确保信息的及时更新和查询，也是一个需要解决的技术难题。

总而言之，实践探究不动产登记档案信息资源整合过程中面临的关键问题与挑战包括数据来源的多样性和数据质量的保障、登记信息的真实性和完整性、数据的保密与安全、政策法规和制度方面的问题以及技术方面的挑战。这些问题的解决需要政府、企业和社会各方的共同努力，需要制定相关政策法规和管理制度，建立健全信息安全体系，加强信息技术的研发和应用，同时也需要提高信息管理和技术人员的专业水平，以推动不动产登记档案信息资源整合工作取得实质性进展。通过克服这些问题和挑战，不动产登记档案信息资源的整合和共享将为社会经济发展带来积极的推动作用。

四、实践探究的应用前景

不动产登记档案信息资源整合实践在不动产领域的管理和发展方面具有广阔的应用前景。这项实践不仅为不动产交易提供了更加便捷和高效的服务，同时也为城市规划和土地资源的合理利用提供了重要参考。

首先，不动产登记档案信息资源的整合实践使得不动产交易更加高效和便捷。过去，不动产交易的流程往往需要涉及多个部门和环节，包括不动产权属的查询、认证、过户等，这些步骤烦琐且耗时。然而，通过信息资源整合，各类不动产权利的登记状态和权属信息可以实时查询和核实，用户无须多次前往不同的机构办理手续，大大减少了信息查询和认证的时间成本。购买方和出售方在进行交易时，能够更迅速地了解房产的权属情况，降低交易的风险和成本。房地产经纪机构也能更快速地为客户提供服务，提高了服务质量和效率，推动了房地产市场的健康发展。其次，不动产登记档案信息资源的整合实践能够加快不动产权属的确权和登记流程。在传统的不动产登记流程中，由于信息不完整、流程烦琐等，登记效率较低，容易导致权属纠纷和登记延误。而通过信息整合，相关部门可以快速查证不动产权属信息，避免了重复办理手续和信息不一致的问题，提高了登记的准确性。这将有助于解决不动产登记中的瓶颈问题，减少权属纠纷，保障权利人的合法权益。同时，登记流程的加快还有助于提高不动产市场的流动性，推动市场的发展。

不动产登记档案信息资源的整合实践对于促进不动产市场的稳定和健康发展至关重要。房地产市场的稳定与否直接影响到整个经济的稳定和社会的和谐。通过信息整合，监管部门能够更好地监测和掌握市场的供求状况，预测市场的发展趋势，及时采取调控措施，如限购政策、调整房贷利率等，以防止房地产市场出现大幅波动和泡沫，从而维护市场的稳定性和可持续性，保护购房者和投资者的利益，稳定社会信心，促进经济的健康发展。

不动产登记档案信息资源的整合实践为城市规划和土地资源的合理利用提

供重要参考。城市规划是城市发展的基础，而土地资源是城市发展的有限资源。通过对不动产信息的集成和分析，政府可以更好地了解城市的土地使用情况和发展趋势，了解哪些区域的土地被充分利用，哪些区域存在空置或闲置土地，哪些区域的发展潜力较大等信息，将为城市规划和土地资源的优化配置提供科学依据。城市规划部门可以根据这些信息科学决策，合理规划城市的发展方向和用地布局，提高土地资源的利用效率和城市的可持续发展水平。

不动产登记档案信息资源的整合实践为政府治理和决策提供了有力支持。政府部门可以通过信息整合获得更全面、准确的不动产数据，从而更好地了解城市的经济状况、人口分布和社会需求等信息。这将有助于制定更科学、精准的政策和措施，优化资源配置，提高政府决策的效率和精准度。例如，政府可以根据不动产信息资源的整合分析，确定哪些区域适合发展商业用地，哪些区域适合发展住宅用地，从而更好地满足市民的需求，提升城市的综合竞争力。不动产登记档案信息资源的整合实践推动了城市数字化转型和智慧城市建设的进程。信息整合需要建立先进的信息技术和数据管理系统，这将促进城市数据资源的共享和集成，推动城市信息化水平的提升。随着智慧城市建设的推进，城市治理和公共服务将更加智能化和高效化。例如，通过数据整合和分析，智慧城市可以实现智能交通管理、智慧环境监测、智慧能源利用等，提升城市的管理水平和居民的生活质量。

不动产登记档案信息资源整合实践对不动产领域的管理和发展具有多方面的重要意义。它不仅为不动产交易提供了更便捷和高效的服务，提高了不动产权属的确权和登记效率，还支持城市规划和土地资源的合理利用，促进不动产市场的稳定和健康发展，支持政府治理和决策，同时也推动了数字化转型和智慧城市建设。这些应用前景将对城市和社会的发展产生深远的影响。随着技术的不断创新和推进，不动产登记档案信息资源整合实践的前景将变得更加广阔和可持续。

总之，不动产登记档案信息资源整合实践是一个值得深入探索和推进的方向，它有望为不动产管理和交易带来积极的影响，推动城市发展和经济繁荣。

然而，要实现整合的目标，需要各个相关部门的合作和协调，同时注重信息的安全和隐私保护，确保整合实践的顺利进行，以及未来的可持续发展。

第四章

不动产登记档案管理与开发利用的政策法规

在我们的日常生活中，不动产登记档案无处不在，它们是社会和经济活动的重要组成部分。这些档案记录了我们的历史，反映了我们的社会现状，并为我们的未来提供了指导。然而，管理和利用这些档案的政策法规是什么？它们如何影响我们的生活和工作？在接下来的章节中，我们将一起探索这些问题的答案。

我们将首先探讨不动产登记档案管理的相关政策法规。这些法规是如何规定我们维护和管理这些重要档案的方法和流程的？它们如何影响我们对档案的使用和保护？这将帮助我们理解在保护历史记录的同时，也确保对档案的有效利用。接着，我们将研究不动产登记档案开发利用的相关政策法规。这些法规对我们充分利用这些档案来推动社会经济的发展是如何规定的？它们如何影响我们对档案的开发和利用？这将揭示我们如何在保护档案的同时，也能让其充分发挥价值。

随着数字化技术的发展，其在不动产登记档案管理与开发利用中的作用是什么？又如何影响相关的法规？这些都是我们将要探讨的问题。我们将深入研究数字化技术如何改变了我们对档案管理和利用的理解，以及其对法规制定的影响。然后，我们将分析政策法规对不动产登记档案管理与开发利用的影响。这些法规是如何指导我们的实践的？它们如何影响我们对档案的管理和利用？这将帮助我们理解政策法规对我们实践的影响，并为我们提供改进的方向。

最后，我们将展望未来，探讨政策法规在不动产登记档案管理与开发利用方面的前景。这将为我们提供一个关于未来可能的发展方向的视角。我们将探讨新的法规如何影响我们的实践，以及我们如何适应这些变化。让我们一起踏上这个旅程，探索不动产登记档案管理与开发利用的政策法规的世界，理解它们的重要性，掌握它们的影响，以便我们可以更好地管理和利用我们的不动产登记档案。

第一节　不动产登记档案管理的相关政策法规

一、《不动产登记法（征求意见稿）》

2022 年 10 月 30 日，自然资源部公布《不动产登记法（征求意见稿）》，标志着我国不动产登记制度的重大改革和完善。在全面建设社会主义法治国家的进程中，《不动产登记法（征求意见稿）》的公布对于维护社会稳定、保障公民权益、促进经济发展具有重要意义。

第一，明确了不动产登记的基本原则。这些原则为不动产登记提供了坚实的法律基础和指导方针。真实性原则要求登记信息必须真实准确，不得提供虚假信息或隐瞒真相，以确保不动产登记信息的真实性和权威性。准确性原则强调登记信息应当准确无误，对不动产的地理位置、权利状况、用途等重要信息进行准确登记，以保障公民权益和社会稳定。完整性原则要求登记信息应当完整，包括不动产的所有权人、权利种类、权利限制等必要信息，防止遗漏关键信息导致权益纠纷。安全性原则强调登记信息的保密和安全，避免信息泄露和滥用，保障公民的合法权益和个人隐私。

第二，规定了不动产登记的内容，包括不动产的基本情况、权利状况和限制情况等。不动产的基本情况包括地理位置、面积、用途等，这些信息对于界定不动产的范围和归属具有重要意义。权利状况包括不动产权属人、权利种类、权利取得方式等，这些信息反映了不动产的权益归属和性质。限制情况包括抵押、查封、异议等对不动产权益的限制情况，这些信息将影响不动产的交易和流通。登记内容的明确规定有助于确权和确保权益的有效行使，为不动产交易提供权威依据。

第三，明确了登记主体，主要包括权利人、义务人和登记机构。权利人是指不动产的所有权人或者享有其他不动产权益的人，他们具有申请登记的权利。义务人是指对不动产权益享有限制或义务的人，他们同样享有登记的权利。登记机构是负责不动产登记的行政机构，依法负责受理、审核和登记申请，管理登记信息和资料。明确登记主体有助于规范登记流程和程序，确保登记的公正性和合法性。

第四，规定了不动产登记的程序。登记程序包括申请、受理、审核和登记等环节。申请人应向登记机构提交书面申请，并提供相关证明材料和信息。登记机构负责受理申请，对申请资料进行审核，并核实不动产情况。经审核无误后，登记机构将进行登记并颁发不动产登记证书，确认不动产权益的产生或变更。登记程序的规范化和标准化有助于提高登记的效率和公正性，确保登记结果的可靠性和权威性。

第五，明确了不动产登记机构的职责。登记机构作为执行机构，负责确保登记信息的真实、准确、完整和安全。登记机构应建立不动产登记档案，保管登记材料和登记信息，确保登记信息的完整性和可查询性。登记机构还应向社会公开不动产登记信息，提供登记查询服务，保障公民的知情权和合法权益。不动产登记机构的规范运作将有助于加强对不动产交易市场的监督和管理，保障公民合法权益，维护社会秩序和稳定。

作为我国不动产登记制度的基本法律依据，《不动产登记法（征求意见稿）》确立了不动产登记的基本原则、内容、主体和程序，为不动产权益的确权和交易的安全提供了有力的法律保障。登记机构的职责明确，有助于提高登记的效率和服务水平。未来，随着我国社会的发展和经济的进步，不动产登记制度还将不断完善和提升，以适应新时代的需要和挑战，进一步推动我国不动产登记制度向更加现代化、信息化和便捷化的方向发展。

二、《不动产登记暂行条例》

《不动产登记暂行条例》2014 年 11 月 24 日国务院公布，2015 年 3 月 1 日起实施，其颁布实施对我国不动产登记体系的建立与完善具有重要的历史意义。在详细展开该条例的内容时，我们可以从不动产登记的背景与必要性、登记管理机构、登记内容、登记义务与权利保护、不动产登记档案管理、与房地产市场的关系，以及制度问题与展望等方面进行阐述。

在中国经济快速发展的背景下，房地产市场持续火热，不动产交易日益频繁。然而，在过去，由于历史原因和管理体制不完善，不动产登记制度较为薄弱，导致产权不清、权益不明、纠纷频发。因此，为了保障公民的合法权益，推动房地产市场的健康有序发展，确立不动产交易的安全、稳定和可靠的基础，制定《不动产登记暂行条例》成为迫切需要。

登记管理机构的规定明确了不动产登记的管理机构为市、县（区）人民政府设立的不动产登记机构。这些登记机构负责辖区内的不动产登记工作，必须遵守法律法规，确保登记工作的公正、高效进行。登记机构的设立为不动产登记提供了有力的组织保障，使登记工作得以规范推进。

登记内容的规定是不动产登记的核心要素之一。《不动产登记暂行条例》明确了登记内容的范围，包括不动产的基本信息，权利人的身份信息，以及不动产权利的种类和内容等。登记内容的准确、完整是不动产登记工作的基础，也是确保不动产权利的有效保障。通过明确登记内容，可以为不动产权利的认定和维护提供明确依据，有助于促进产权交易和土地利用的透明度和效率。

登记义务与权利保护是不动产登记的重要规范。该条例规定，不动产权利人或其代理人有义务向登记机构申请不动产登记，并提供真实、准确的不动产权利信息。这一义务规定可以保障登记工作的及时性和准确性。同时，该条例还强调了不动产权利的保护措施和限制。登记机构对不动产权利的登记认定，具有法律效力，可以对第三人产生不动产权利的知晓和认定。这为不动产权利的保护提供了法律依据。同时，该条例也对不动产权利的限制进行了规定，例如不动产财产权的转让受到一定限制，必须符合法律规定的条件和程序。这些限制规定可以防止不动产权力的滥用，维护公共利益和社会秩序。

不动产登记档案管理是不动产登记工作的重要环节。该条例明确了登记档案的建立、保存和查询等方面的规定，要求登记机构建立完善的登记档案管理制度，确保登记档案的安全、可靠、便捷管理，为社会提供及时、准确的不动产权利信息。这一规定保障了不动产登记数据的完整性和可追溯性，有助于加强对不动产权利的监管和管理，维护公共权益。

不动产登记制度与房地产市场的关系密不可分。不动产登记是房地产交易的基础和前提，健全不动产登记制度可以有效遏制房地产市场的不规范行为，保障购房者和权利人的合法权益，促进房地产市场的健康有序发展。不动产登记的完善和推进对于房地产市场的发展和稳定具有重要意义。

然而，《不动产登记暂行条例》在实践中也暴露出一些问题，例如登记信息不完整、登记时限较长、登记机构效率不高等。因此，未来需要进一步完善不动产登记制度，加强登记机构的能力建设，提高登记工作的效率和质量，为全面推进《不动产登记法》的立法奠定坚实的基础。同时，随着经济社会的发展和技术的进步，不动产登记体系还需要不断完善和优化，以适应新时代的需求。未来的发展方向是进一步加强不动产登记制度的改革，确保不动产登记工作的科学高效运行，为我国经济社会的持续发展提供坚实支撑。

三、《不动产登记暂行条例实施细则》

《不动产登记暂行条例实施细则》是中国法律体系中重要的部分，对不动产登记的具体执行提供了细致的规定。该法规的出台是为了弥补当前法规中的一些不足，为不动产登记的实际操作提供更加明确的指引和操作规程。

首先，《不动产登记暂行条例实施细则》在立法初衷上明确了其目标与意义。不动产登记作为一项关键性的制度安排，是为了保护公民和法人的不动产权益，维护社会稳定和公平正义。在市场经济发展的背景下，不动产交易频繁，登记法的实施办法成为必要的追加措施。该法规通过细化程序、强化信息核实和加强登记档案管理等方面，全面提升不动产登记的透明度和效率，有效地减少不动产权属纠纷，增强市场信心，促进经济发展。

其次，《不动产登记暂行条例实施细则》具体规定了登记申请的条件和程序。申请人在进行不动产权利转移、变更或抵押等相关事项时，必须进行登记。登记机构要求申请人准备必要的证明材料，包括权属证书、权利凭证、协议书等。同时，登记申请书也是必不可少的文件，申请人应按照规定的表格填写完整的信息。登记机构的受理程序也在该办法中明确规定，使登记申请得到及时审理和处理。而且《不动产登记暂行条例实施细则》对于登记材料的提交要求也进行了详尽的规定。申请人必须提供完整、真实和合法的相关证明材料，确保所提交的文件能够反映事实情况和真实权益。登记机构在收到申请后，会对材料进行认真审核，并对不符合要求的申请予以退回，以保证登记的准确性和可靠性。

《不动产登记暂行条例实施细则》中还强调了信息核实的重要性。登记机构在受理登记申请后，会与其他相关部门和机构进行信息核实，确保登记信息的一致性和真实性。这种信息核实的机制可以有效地防止虚假登记和不当登记的情况发生，维护登记制度的公信力。该法规还规定了登记结果的公示和告知程序。一旦登记申请通过核实并获得批准，登记机构会对登记结果进行公示，并向权利人发放登记证书或相关通知。这样，权利人可以及时了解自己的权益状况，确保自己的权益得到充分保障。

《不动产登记暂行条例实施细则》中，还重点强调了登记档案管理的重要性。登记机构应建立完善的不动产登记档案管理制度，确保登记资料的安全性和可追溯性。定期审查和更新登记档案，保持登记信息的及时性和准确性，是登记机构的一项重要职责。

《不动产登记暂行条例实施细则》是一项重要的法规，为不动产登记的具体操作提供了清晰的指引和规范。通过规定登记申请的条件和程序、详细要求登记材料的提交、加强信息核实、公示登记结果和健全登记档案管理等措施，该办法在实际执行中有效地维护了不动产权利人的合法权益，促进了不动产市场的有序发展。在未来，随着社会经济的发展和不动产市场的进一步完善，有关不动产登记的相关法律法规也将不断进行完善和更新，以适应新形势下的需要。

四、有关不动产登记档案管理的办法

不动产登记档案管理办法主要用于规范不动产登记档案的建设、管理和使用，以确保不动产登记档案的完整性、真实性和可用性。目前，不动产登记档案利用服务工作主要参考《不动产登记资料查询暂行办法》，但这一政策法规未涵盖不动产登记档案的相关内容，因此有关不动产登记档案管理的办法亟待出台。

不动产登记档案的建立是办法的基础。不动产登记是指将不动产权利和权属情况等相关信息登记备案，确保不动产权益的确权和保护。在不动产交易或转让过程中，需要进行登记手续，相关信息将被整理归集，形成登记档案。办法应要求不动产登记主管部门建立科学的档案管理系统，将所有登记档案纳入其中。同时，要确保登记档案的及时生成和更新，使其能够真实地反映不动产权益的现状和变更情况。办法应对不动产登记档案的整理提出了详细要求。不动产登记档案涉及大量的权属证明、权利证书、权利状况等信息，要求对这些信息进行科学的分类、归档和整理。只有保持档案的有序性，才能提高档案利用效率，并便于日后的查询与提供服务。整理工作需要进行详细的资料核对和归档，确保档案信息的准确性和完整性。

另外，不动产登记档案的保存也要有具体的规定。办法应强调档案的长期保存和合理利用。不动产登记档案是重要的证明资料，必须妥善保存，以备查阅和利用。档案管理办法应要求不动产登记主管部门建立完善的档案保管制度，制定档案保管期限和处理办法，以确保档案材料的安全和完整。尤其是对于历史悠久、有重要历史价值的不动产登记档案，要采取特殊措施加以保护，例如加强环境控制、采用防火防潮措施等，以确保其历史价值得以传承和保存。

与此同时，档案管理办法应对不动产登记档案的归档和整理也提出明确要求。归档是指将登记档案按照一定的规则和标准进行整理和存储，保持档案的有序性。这是确保档案材料不丢失、不混乱的重要环节。在整理过程中，要对档案材料进行脱密操作，以确保档案信息的安全性和保密性。这样一来，不动产登记主管部门和社会公众在查询和使用登记档案时能够更加便捷和高效。

档案管理办法还应规定查询不动产登记档案的程序和权限。任何有合法权益的人均有权查询相关的不动产登记档案信息，这包括房地产买卖双方、房地产中介机构以及法律、金融机构等。但查询需符合法律规定的程序和权限，严格限制未经授权的查询行为，以保护个人隐私和不动产信息的安全。不动产登记主管部门应积极提供档案查询、复印等服务，为社会公众提供便捷的信息查询渠道。同时，在提供档案信息时，要保证信息的真实性和准确性，杜绝虚假信息的传播，以维护公平和诚信的不动产交易环境。

而且，档案管理办法应强调提供不动产登记档案服务的义务和规范。不动产登记主管部门应积极提供档案查询、复印等服务，为社会公众提供便捷的信息查询渠道。同时，在提供服务的过程中，要坚持高效便捷、公正透明的原则，确保不动产登记档案管理工作的规范运行。

有关不动产登记档案管理办法的制定是对不动产登记和权属保护工作的重要规范。只有通过规范的管理和制度保障，政府才能有效地维护不动产市场秩序，促进社会经济的稳定发展。各级不动产登记主管部门应严格按照要求进行执行，并加强对不动产登记档案管理工作的监督和评估，以确保办法的有效落实。只有这样，我们才能更好地保障公民的合法权益，促进不动产市场的健康发展，为社会的繁荣与进步作出积极贡献。

五、《中华人民共和国土地管理法》

《中华人民共和国土地管理法》是中华人民共和国土地管理的基本法律依据，对保障土地资源的合理开发利用，维护农民的土地承包经营权和农民集体经济组织的土地所有权，促进城乡土地有序利用和流转，保障土地资源的可持续利用具有重要意义。《中华人民共和国土地管理法》是我国土地制度改革的核心法律之一，涉及国家土地资源管理的方方面面。

第一，《中华人民共和国土地管理法》明确了土地的性质和归属。根据我国宪法规定，土地属于全民所有，由国家实行统一管理。农村土地由集体所有，农民依法有土地承包经营权，个人对土地有承包权。《中华人民共和国土地管理法》强调土地国有制度，同时也明确了农村土地集体所有制和农民土地承包经营权的合法性，保障了农民的土地权益。

第二，《中华人民共和国土地管理法》规定了土地的登记和档案管理制度。土地登记是保障土地使用权合法性和真实性的重要手段。《中华人民共和国土地管理法》规定了土地登记的范围、程序和责任，确保土地权益的登记规范和透明。土地档案管理是土地管理的基础工作，确保土地利用信息的准确、完整、可追溯。《中华人民共和国土地管理法》旨在建立健全土地登记和档案管理制度，促进土地资源的规范管理。

第三，《中华人民共和国土地管理法》强调了土地的有序流转。土地流转是农村土地管理体制改革的重要内容。《中华人民共和国土地管理法》规定了土地流转的条件和程序，鼓励农民自愿有偿流转土地，推动土地流转与规模经营相结合，提高土地利用效率。同时，《中华人民共和国土地管理法》也加强了对土地恶意流转的限制，保障了农民的土地承包经营权。

第四，《中华人民共和国土地管理法》强化了土地的保护和节约利用。土地是有限资源，保护土地资源、提高土地利用效率是我国土地管理的重要任务。《中华人民共和国土地管理法》明确了对耕地的保护要求，严格限制非农业建设用地的占用，鼓励节约集约利用土地资源。同时，《中华人民共和国土地管理法》还规定了对耕地占用和退耕还林还草的补偿制度，保障了农村生态环境的可持续发展。

第五，《中华人民共和国土地管理法》加强了对土地违法行为的惩罚力度。为了维护土地管理秩序，《中华人民共和国土地管理法》规定了对违法土地行为的处罚措施，对恶意侵占、非法转让土地使用权等违法行为进行严厉打击，保护土地资源的合法权益。同时，《中华人民共和国土地管理法》还规定了土地行政执法的程序和权力，确保土地执法的公正和效力。

第六，《中华人民共和国土地管理法》还关注了土地制度改革的推进。土地是农村改革的核心问题之一，《中华人民共和国土地管理法》规定了土地制度改革的任务和目标，要求各级政府积极推进土地制度改革，完善农村土地承包经营权的流转机制，提高农民土地权益保障水平。

第七，《中华人民共和国土地管理法》强调了土地监督和社会监督。土地管理是公共事务，社会各界都应当参与其中，对土地管理进行监督。《中华人民共和国土地管理法》规定了土地监督的方式和范围，鼓励社会组织和公众参与土地监督，促进土地管理的透明和公正。

《中华人民共和国土地管理法》是我国土地管理的基本法律依据，涵盖了土地性质和归属、土地登记和档案管理、土地流转、土地保护和节约利用、土地违法行为的惩罚、土地制度改革以及土地监督等多个方面。通过落实《中华人民共和国土地管理法》的各项规定，我国能够更好地保护土地资源，促进土地资源的合理开发利用，实现城乡土地的有序利用和流转，推进农村改革和现代化建设。

除上述法律法规外，不动产登记档案管理还受到地方性政策法规和部门规章的影响。各地方政府应根据实际情况和需要，制定不动产登记档案管理的具体实施细则和操作指引。因此，在进行不动产登记档案管理时，还需要遵守相应的地方性规定。

综上所述，不动产登记档案管理涉及多方面的政策法规，这些法规共同构成了不动产登记档案管理的法律框架，为保障不动产登记信息的准确性和安全性提供了法律保障。

第二节　不动产登记档案开发利用的相关政策法规

一、不动产登记法律法规

不动产登记是一个涉及国家土地资源和房地产市场的关键性法律法规体系。不同国家都在其法律体系中制定了相关的不动产登记法律法规，以确保土地和不动产交易的合法性、公平性和透明性。这些法规在不同国家或地区可能存在一定的差异，但它们都以保护产权、促进房地产市场的稳定发展为核心目标。

不动产登记法律法规通常包括对登记义务的规定。产权所有人或者其他权利人在拥有不动产时，需要按照相关法规规定的程序履行登记义务。这意味着他们必须提交必要的资料和文件，并遵守登记机构的规定。登记义务的履行是确保不动产交易合法性和产权真实性的重要一环。

不动产登记法律法规涉及登记的程序和流程。这些法规详细规定了不动产登记的具体步骤和办理流程。登记的程序通常包括提交申请、审查资料、核实权属、颁发证明等环节。法规的明确规定有助于确保登记工作的高效进行，减少不必要的烦琐程序，提高登记的便捷性。

不动产登记法律法规还可能涉及费用问题。在办理不动产登记时，可能需要缴纳一定的登记费用。这些费用通常用于覆盖登记机构的行政成本。法规要求这些费用必须合理、公平，不得过高或具有歧视性。合理的费用规定可以确保登记服务的公平性，避免产生不必要的负担。此外，不动产登记法律法规还涉及登记档案的保存和管理。登记机构负责保存和管理不动产登记档案，这些档案包含了不动产的基本信息、权属状况等重要数据。法规要求登记机构妥善保管这些档案，确保其完整性和安全性。随着信息技术的发展，电子化管理和开放共享的规定也逐渐被加入，以提高数据的利用效率和可信度。

不动产登记法律法规也可能包含有关不动产抵押和转让的规定。在房地产交易中，抵押和转让是常见的行为。法规需要明确相关的程序和要求，以保护交易各方的利益，防止不当行为的发生。这些规定对于确保不动产市场的稳定运行和风险控制至关重要。

不动产登记法律法规的重要性还在于其对国家经济和社会发展的影响。一个健全的不动产登记法律法规体系可以提高投资者对房地产市场的信心，吸引更多投资流入，推动经济增长。同时，它也为企业和个人提供了清晰的产权归属和交易环境，促进了房地产市场的健康发展。不动产登记法律法规的完善和实施还有助于防止房地产市场的泡沫化，维护国家经济的稳定和可持续发展。

不动产登记法律法规在国家法律体系中具有重要地位和作用。它们为土地和房地产交易提供了稳定的法律保障，保护了产权和交易各方的利益，促进了经济和社会的发展。然而，随着社会的不断变迁，法律法规也需要不断地完善和更新，以适应新的挑战和需求，实现更加公平和高效的不动产登记体系。

二、不动产登记制度改革政策

不动产登记制度改革是伴随着信息化和数字化技术的迅猛发展而逐渐展开的。在信息时代，各国纷纷意识到传统的不动产登记方式已经无法满足社会的快速发展和信息传递的需求。因此，推动不动产登记档案的电子化和信息化成为各国普遍共识。

不动产登记制度改革政策致力于提高登记效率。过去，传统的纸质登记方式导致了登记流程烦琐，需要耗费大量时间和人力资源。这也给了不法分子可乘之机，加剧了不动产纠纷的发生。然而，随着信息技术的引入，不动产登记系统实现了全面电子化，大大简化了登记流程。公民和企业可以通过在线平台提交相关材料，而政府机构也可以迅速审核、处理登记申请。这一改革有效地提高了登记效率，为社会经济的快速发展提供了有力保障。

　　不动产登记制度改革政策着眼于减少登记纠纷。在传统的纸质登记系统下，容易出现因登记不及时或错误而导致的产权争议和纠纷。而电子化的不动产登记系统则具有高度准确性和实时性，避免了大量纸质登记时可能出现的错误。同时，系统会自动记录不动产交易的历史信息，包括交易价格、权属转移等，为不动产交易各方提供可靠的依据，降低了纠纷的发生概率。这不仅有利于个人和企业的合法权益，也为社会和谐稳定作出了积极贡献。

　　另外，不动产登记制度改革政策的另一个重要目标是方便公民和企业查询不动产信息。在过去，要获取不动产信息往往需要前往相关政府部门，填写烦琐的申请表格，并等待办理。然而，现在，电子化的登记系统使查询不动产信息变得简便高效。公民和企业可以通过互联网平台进行在线查询，实时获取不动产权属、地籍信息等相关内容。这为市民提供了便利，也为企业的决策和投资提供了可靠数据支持，进一步促进了经济的发展和社会的进步。

　　不动产登记制度改革政策的推行也促进了不动产市场的规范化和健康发展。通过信息化手段，不动产市场的信息透明度得到提高，交易规则也更加公开透明。公众能够清晰了解市场动态，从而作出更明智的投资决策。此外，电子化登记系统的建立也为金融机构提供了更可靠的不动产信息，降低了不动产信贷风险，有利于金融业的稳健发展。

　　值得一提的是，不动产登记制度改革政策虽然带来了诸多好处，但在推行过程中也面临一些挑战。首先，信息安全和隐私保护成了一个重要议题。不动产信息的电子化储存和传输需要强化安全措施，以防止信息泄露和不当使用。其次，推行这一政策需要克服技术和人才的瓶颈。政府需要投入大量资源培养专业人才，建设先进的信息技术基础设施，确保改革政策的顺利实施。

　　总的来说，不动产登记制度改革政策在信息时代是不可或缺的。它通过实施电子化和信息化手段，提高了登记效率，减少了登记纠纷，方便了公民和企业查询不动产信息，促进了不动产市场的规范发展。这一政策的实施旨在推动社会的现代化和经济的可持续发展，然而也需要政府、企业和公众共同努力，克服困难，实现制度改革的顺利推进。只有在全社会的共同努力下，不动产登记制度改革政策才能真正发挥其应有的作用，为社会进步和繁荣作出应有的贡献。

三、土地利用规划和开发规划

土地利用规划和城市开发是一个复杂的过程，它涉及城市的长期发展和资源的高效利用。在这个过程中，不动产登记档案信息扮演着至关重要的角色，它对于规划的准确性、全面性以及实施的有效性都有着重要的指导作用。下面我们将详细探讨土地利用规划和开发规划中不动产登记档案信息的作用，并探讨如何充分利用这些信息来实现城市的可持续发展和提高居民的生活质量。

不动产登记档案信息是土地利用规划的基础数据之一。在规划过程中，规划者需要对城市现有的土地资源进行充分了解，包括土地的位置、面积、用途以及权属等信息。这些数据对于规划者来说至关重要，它们可以帮助规划者了解城市现有土地资源的分布情况，以及不同土地用途之间的相互关系。只有通过全面准确地了解土地资源的情况，规划者才能制定出更加科学合理的土地利用规划，从而实现城市资源的优化配置和高效利用。

不动产登记档案信息对城市开发的可行性进行评估和决策提供了有力支持。在城市开发过程中，不同地块的权属和用途可能存在不同，有些土地可能是私有的，有些土地可能是公有的，还有一些土地可能是特定用途的，如绿地、道路等。通过不动产登记档案信息，规划者可以了解到不同地块的所有权和权属状况，从而避免在开发过程中出现权属纠纷和不必要的法律风险。同时，规划者还可以根据不动产登记档案信息来评估不同地块的开发潜力和可行性，为城市开发项目的决策提供科学依据。

充分利用不动产登记档案信息有助于实现城市土地的高效利用。城市土地资源是有限的，而城市人口和经济的不断增长，对土地资源的需求也越来越大。因此，高效利用土地资源成为城市规划和开发的重要目标。通过不动产登记档案信息，规划者可以了解到城市各个地区的土地使用情况，包括闲置土地、低效用地等，从而有针对性地制定土地复垦和再利用的策略，使得这些潜在的土地资源得到有效开发和利用。

不动产登记档案信息有助于规划城市的空间结构和功能布局。城市规划旨在建设一个结构合理、功能完善的城市空间，而不动产登记档案信息可以为规划者提供城市现有空间结构和功能布局的重要数据。通过分析不动产登记档案信息，规划者可以了解到城市不同地区的用地用途和用地密度，从而制定出更加合理的城市发展规划。例如，在城市中心区域可以规划更多的商业和办公用地，而在城市郊区可以规划更多的住宅用地和产业用地，从而实现城市的功能互补和空间均衡发展。

不动产登记档案信息有助于规划城市的交通和基础设施建设。交通和基础设施是城市发展的重要支撑，而不动产登记档案信息可以为规划者提供城市现有交通网络和基础设施的分布情况。通过分析这些信息，规划者可以合理规划交通路网和基础设施建设，使得城市交通更加便捷高效，基础设施更加完善。

综上所述，不动产登记档案信息在土地利用规划和城市开发中具有重要的指导作用。通过充分利用不动产登记档案信息，规划者可以基于真实准确的数据进行决策，实现城市土地资源的高效利用和功能布局的合理安排。同时，我们也需要进一步完善不动产登记制度，加强信息的共享和管理，提高数据的准确性和时效性，为城市规划和开发提供更加可靠的支持。通过政府、企业和公众的共同努力，相信未来城市规划将会更加科学、人性化，为人们创造更美好的城市生活。

四、不动产登记信息标准

不动产登记信息标准在现代社会中的重要性愈加显现，它不仅关乎个人财产权益，也影响到国家经济和社会发展的稳定。在过去，不动产登记可能由不同机构分别进行，信息孤立、不一致、不可信成为突出问题。为了解决这些问题，越来越多的国家开始制定不动产登记信息标准，通过标准化管理，确保不动产登记信息的准确性和一致性，促进数据互通互用。这对于提升国家治理水平、推动数字化转型和维护社会稳定具有深远的意义。

首先，不动产登记信息标准的制定首先需要明确目标。不动产登记信息标准的目标是建立一个统一、标准化的登记信息体系，包括涉及土地、房屋和其他不动产的所有权、权益、位置、面积、用途等相关信息，确保数据的准确性、可靠性和实时性。这个标准需要涵盖各种不动产登记的类型和情况，同时要考虑到不同地区的差异，确保在全国范围内都能有效推行。其次，不动产登记信息标准的建立涉及法律法规的制定和完善。政府需要通过法律手段明确不动产登记的管理要求和标准化要求，确保各个登记机构遵循相同的标准进行数据收集、整合和共享。同时，还要对不动产登记信息的隐私和安全进行严格的保护，确保数据不被滥用、泄露或篡改。这需要建立健全的法律体系，明确违规行为的处罚措施，增加违法成本，确保标准的严格执行。

另外，不动产登记信息标准的制定需要充分调研和专家参与。政府部门应当组织相关专家学者、行业从业者进行深入研究，了解不动产登记信息管理的现状和存在的问题，探讨不动产登记信息标准的具体内容和技术要求。专家学者可以借鉴国际先进经验和最佳实践，结合本国国情提出科学合理的标准建议。此外，政府还可以开展多种形式的调研和听证会，邀请各方参与，收集各方意见，确保标准的制定是公正、客观、民主的。

在不动产登记信息标准的实施过程中，政府需要投入大量资源进行信息系统建设和技术支持。建设统一的不动产登记信息管理平台是保障标准顺利实施的关键，这个平台需要能够实现不同登记机构之间的数据共享和交换，同时要具备高效稳定的运行能力，确保登记信息的及时更新和准确传递。此外，政府还需要为各个登记机构提供培训和指导，确保机构的工作人员能够熟练掌握标准的要求和操作流程，全面贯彻执行标准。

除了政府的支持，不动产登记信息标准的实施还需要得到社会各界的广泛支持和参与。社会各界包括企业、公众、行业协会等，他们都是不动产登记信息的生产者和使用者，只有他们积极参与，标准的实施才能更加顺利。政府可以通过宣传教育活动，让公众了解不动产登记信息标准的重要性，鼓励他们主动配合和遵守相关规定。同时，政府还可以设立奖励机制，鼓励企业和个人积极参与标准的制定和实施，形成全社会共同推进的合力。

不动产登记信息标准的实施还需要解决一系列技术和政策难题。技术方面，要确保不动产登记信息的安全性和稳定性，防止黑客攻击和数据泄露等安全问题。政策方面，要协调不同部门之间的利益关系，确保各个登记机构能够充分合作，确保数据的共享和交换能够顺利进行。此外，政府还需要建立监管机制，加强对不动产登记信息标准实施情况的监督和评估，及时发现问题和改进不足，确保标准的长期有效实施。

不动产登记信息标准的建立和实施是一项复杂而重要的任务，它关系到国家治理体系和治理能力的现代化，涉及政府、专家、企业和个人等多方面的共同努力。制定和执行不动产登记信息标准，可以确保不动产登记信息的准确性和一致性，保障公民财产权益，提高不动产交易的效率和透明度，

促进国家地理信息资源的整合和共享，才能推动社会的进步和发展。因此，各国应当高度重视不动产登记信息标准的建设工作，加强国际交流与合作，共同推动不动产登记信息标准在全球范围内的应用和推广。只有通过全社会的共同努力，才能真正实现不动产登记信息管理的现代化和信息化，为社会的繁荣稳定打下坚实基础。

五、不动产登记中心管理规定

不动产登记是现代社会中重要的管理制度，涉及房地产和其他不动产的权属及权利信息登记、记录与管理。在许多国家和地区，不动产登记由专门的不动产登记中心或相关部门负责。为了确保不动产登记工作的高效运行和公平公正，各国纷纷制定了不动产登记中心的管理规定。这些规定是一系列涵盖职责、权限、服务流程等方面的规范性文件和措施，对于提高不动产登记档案的开发利用效率和权益保障具有重要意义。

不动产登记中心的职责是确保不动产权属信息的准确记录和保存。不动产登记是确定不动产权利人的合法身份，包括房地产的所有权人、使用权人、抵押权人等。登记中心在这一环节扮演着关键的角色，必须严格审核、核实提交的资料，以确保登记的真实性和合法性。通过建立完善的不动产登记信息系统，登记中心可以将不动产的权属信息及时、准确地记录下来，并且能够及时更新和让公众查询这些信息，以保障不动产权益的有效保护。

不动产登记中心负责管理不动产登记系统。随着信息技术的迅速发展，各国将不动产登记从传统的纸质登记逐步转向电子登记。电子登记系统的建设是保障不动产登记高效运转的基础，它必须具备稳定、安全、可靠的特点。在管理规定中，通常会对不动产登记系统的功能、安全措施、数据保护等方面进行明确规定，以确保登记信息的完整性和安全性。同时，为了方便公众查询和办理登记业务，不动产登记中心还需保障系统的用户友好性和高可用性，提供便捷的在线服务，以满足公众的不同需求。

不动产登记中心还具有为公众提供咨询和服务的重要职能。由于不动产登记事务的复杂性，普通市民往往难以理解相关政策和法律法规。因此，登记中心需要设立专门的咨询服务，向市民解释不动产登记的相关政策和程序，协助市民正确办理登记手续。在这个过程中，登记中心应当秉承公正、客观、高效的原则，对每一位市民一视同仁，不偏不倚地为其提供服务。

在管理规定中，还需要明确不动产登记中心对档案管理的要求。不动产登记事务牵涉大量的文件和资料，这些档案记录着不动产的权益信息。因此，登记中心必须建立完善的档案管理制度，对登记资料进行分类、整理和保存，以确保档案的完整性和方便查询。这不仅是登记中心工作的需要，也是确保权益安全和推动经济社会发展的必要措施。同时，为了提高档案管理的效率和便利性，登记中心还应当积极推进电子档案的建设，实现信息的数字化和共享，以更好地满足公众和相关部门的需求。

除了内部档案管理，不动产登记中心的内部管理和人员素质也是管理规定中需要重点考虑的内容。为了确保登记工作的高效运转和服务质量的提升，登记中心应当建立科学的内部管理机制。这涉及明确各个岗位的职责和权限，优化工作流程，提高工作效率。同时，登记中心需要对登记人员进行专业培训和考核，提高他们的法律法规素养和业务能力，保障登记工作的专业化水平。

不动产登记是一个复杂的系统工程，涉及多个相关部门的协调与合作。管理规定中应当明确不动产登记中心与土地、房地产等相关部门之间的职责和信息交流机制。这有助于确保登记信息的准确和及时更新，避免因信息不一致而产生的争议和矛盾。

总而言之，不动产登记中心管理规定是确保不动产登记工作高效运行和权益保障的重要手段。这些规定涵盖了登记中心的职责、权限、服务流程等方面的内容，对于提高不动产登记档案的开发利用效率和保障权益具有重要意义。通过建立科学、规范的管理制度，不动产登记中心能够更好地履行其职责，为社会提供更加高效、公正、便捷的登记服务，为经济社会的发展和市民的福祉作出积极贡献。随着科技的不断进步，不动产登记中心还需不断创新和完善管理措施，以适应社会发展的需要，并不断提高服务水平，推动不动产登记工作不断向着更高的目标迈进。

六、不动产登记信息的公开与限制

不动产登记信息的公开与限制是一个复杂而微妙的领域，涉及公众知情权、个人隐私保护以及国家安全等多个方面。在当前的法律框架和社会背景下，如何平衡这些看似矛盾的需求，是一个值得深入探讨的问题。

首先，公开不动产登记信息的重要性不言而喻。这种公开性是确保市场透明度的关键，有助于购房者、投资者和研究人员等各方了解市场动态，作出明智的决策。例如，通过公开的不动产登记信息，购房者可以了解某个物业的历史交易记录、产权状况和现有的抵押信息，从而评估其价值和风险。对于政府而言，公开这些信息有助于提高政府工作的透明度和公众对政府工作的信任度，同时也是对公众监督权的一种尊重。然而，不动产登记信息的公开也必须受到一定的限制。最明显的限制是关于个人隐私的保护。在数字化时代，个人信息的保护尤为重要，不当的信息泄露可能导致诸如电信诈骗、身份盗用等一系列问题。因此，虽然公开物业的所有权和交易记录是必要的，但涉及个人的详细信息，如身份证号码、联系方式、银行账号等，应当受到保护，不对外公开。

其次，除了个人隐私外，商业秘密也是需要限制公开的一个领域。在商业活动中，企业不希望其财产状况和投资计划被竞争对手知晓。因此，对于涉及企业商业秘密的不动产登记信息，应当谨慎处理，避免无端泄露可能影响企业竞争力的信息。

最后，国家安全是另一个需要考虑的重要方面。某些不动产可能因其位置、用途或所有权等因素，涉及国家安全。例如，军事基地附近的不动产，其交易和所有权信息可能需要受到限制，以防止可能的安全风险。为了有效管理这些敏感区域的不动产信息，相关部门需要建立一套综合的监管机制。这包括对申请购买或更改这些地区不动产的个人或实体进行背景调查，以确保他们没有可能危害国家安全的背景或意图。同时，这些地区的不动产交易记录可能需要定期由安全机构审查，以监测和预防任何可能的安全风险。在这个过程中，与国家安全相关的部门，需要与不动产登记机构紧密合作。这种跨部门的合作对于确保敏感地区的不动产信息得到妥善处理至关重要。

在实际操作中，平衡公开与限制的关键在于制定合理的法律法规，并确保这些法规得到有效的执行。首先，需要明确哪些信息应当公开，哪些信息应当受到保护。这需要法律专家、政府官员、行业代表以及公众代表的共同努力，以确保制定出既能保护个人和商业利益，又能满足公众知情权的法律。其次，实施这些法律时，需要建立一个既高效又安全的信息系统。这个系统不仅能够提供必要的信息给公众，还要能够保护那些不应公开的信息。这可能需要采用先进的信息技术，如数据加密、访问控制和身份验证等，以确保数据的安全。最后，对于那些被限制公开的信息，应当有明确的审查和申诉机制。当某个信息被限制公开时，相关当事人应有权了解限制的原因，并在必要时提出申诉。这样的机制有助于保护当事人的合法权益，同时也提高了整个系统的公正性和透明度。

在国际上，不同国家在不动产登记信息公开与限制方面的做法各有不同。一些国家可能更注重保护个人隐私，而另一些国家则可能更强调市场的透明度。比较不同国家的做法，可以为制定本国的政策提供有价值的参考。

不动产登记信息的公开与限制是一个需要在多方利益之间寻找平衡的过程。制定合理的法律法规、高效安全的信息系统以及公正透明的审查机制，可以在保护个人隐私、商业秘密和国家安全的同时，满足公众的知情权和监督权。随着技术的发展和社会的进步，这一领域的做法也将不断演变和完善。

以上这些政策法规是不动产登记档案开发利用过程中必须遵守的重要依据。在实际操作中，还需结合不同地区的实际情况，制定更具体和细化的实施细则和措施，以确保不动产登记档案的开发利用工作能够顺利推进，为社会经济发展和公众服务作出更大贡献。

第三节　数字化技术在不动产登记档案管理与开发利用中的法规影响

一、电子签名和认证

在数字化时代，电子签名和认证技术已成为现代社会不可或缺的重要组成部分。随着科技的迅速发展，越来越多的业务和交易正在从传统的纸质形式转向在线进行。不动产登记档案的在线提交和处理是其中的一个重要领域，而要确保这一过程的顺利进行，保障数据的真实性、完整性和有效性就成了至关重要的问题。因此，电子签名和认证技术应运而生，为不动产登记等业务提供了可靠的解决方案。

传统的纸质签名已经在现代社会逐渐显现出局限性，特别是在信息技术高度发达的背景下。在不动产登记档案等重要业务中，传统手写签名不仅费时费力，还可能因为错误操作或篡改造成重大损失。而电子签名作为现代科技的产物，为我们提供了更为高效、便捷和安全的签署方式。电子签名是指通过电子手写笔、指纹、密码或其他数字方式来确认文件或合同的身份和真实性，从而代替传统的纸质签名。它不仅可以减少纸张浪费，降低办公成本，还可以避免签名过程中的纠纷和法律风险。

电子签名的实现依赖于密码学和数字认证技术。密码学是一门研究信息安全的学科，其主要目标是保护信息的机密性、完整性和可用性。在电子签名中，密码学技术用于生成和验证数字签名，确保签名的唯一性和不可伪造性。数字签名是一种基于非对称加密的技术，签署者使用自己的私钥对文件进行签名，而验证者则使用签署者的公钥来验证签名的有效性。这种方式能够防止他人冒充签署者进行伪造签名，确保签名的真实性。

认证技术在保障数据的完整性和可信性方面也产生了重要的作用。在不动产登记档案等在线处理过程中，数据的完整性至关重要。数据完整性指数据在传输、存储和处理过程中未被恶意篡改或损坏。在信息传输的过程中，数据可能面临各种风险，例如黑客攻击、病毒感染等，这些都可能导致数据的不完整或被篡改。认证技术通过使用密码学方法，保障了数据传输和存储的安全性，确保数据的完整性和准确性。在不动产登记档案在线提交的过程中，认证技术能够确保提交的文件真实有效，防止篡改和伪造，从而保障数据的可信性。

数字认证是认证技术中的一种重要方式。它通过验证用户的身份信息，确保用户是经过合法授权进行在线交易或操作的。在不动产登记档案的在线提交中，数字认证技术可以对提交的文件或合同进行身份验证，确认提交者的真实身份。数字认证通常包括用户的身份信息、数字证书和数字签名等，通过这些手段来保障用户的身份和数据的完整性。然而，电子签名和认证技术在实践中仍然面临一些挑战。随着技术的发展，黑客和网络犯罪的威胁也日益严峻。恶意攻击者可能会通过各种手段破解密码，冒充他人进行签名或篡改数据，从而造成重大损失。保护电子签名和认证技术免受恶意攻击变得尤为重要。为此，安全性和加密技术的不断更新和改进是必要的，同时用户也需要加强安全意识，保护自己的私密信息。

同时，不同国家的法律和标准存在差异，跨境认证仍然是一个需要解决的问题。国际业务涉及不同国家的在线交易，可能需要面对不同的法律法规和认证标准。这可能会导致认证的复杂性，影响便利性，阻碍跨国交易的进行。因此，建立跨国认证机制，加强国际合作，制定更加统一和标准的电子签名和认证规范显得尤为重要。

用户对于数字化技术的接受程度也影响着电子签名和认证技术的应用。虽然电子签名和认证技术在提高效率、保障安全等方面具有显著优势，但部分用户可能仍然习惯于传统的纸质签名方式，或对于在线交易存在不信任感。因此，加强用户教育和培训，提高用户对于电子签名和认证技术的认知和接受度，将有助于推广不动产登记业务的数字化转型。

二、知识产权保护

知识产权保护在数字化技术应用中显得尤为重要。随着科技的迅猛发展，我们已经进入了一个高度数字化和信息化的时代，许多知识产权内容如地图、设计图纸和建筑蓝图等，成了数字化技术应用的核心资源。这些知识产权内容不仅代表着创意和智慧，还可能具有巨大的商业价值。因此，保护这些知识产权不仅关系到个人创作者的利益，也关系到整个社会的繁荣和进步。

我们需要明确知识产权的重要性。知识产权是指人们的智力创造在法律上所享有的权利，包括专利权、商标权、著作权、工业设计权等。这些权利赋予创作者或发明者在一定期限内对其创造或发明享有独占权，从而激励更多人投入创新。如果这些知识产权无法得到有效保护，创作者将失去积极性，创新动力将受到抑制，社会也将面临知识贫乏和技术停滞的困境。

知识产权的保护对于社会经济的发展至关重要。数字化技术应用所涉及的地图、设计图纸和建筑蓝图等知识产权内容，不仅在城市规划、交通运输、工业制造等领域具有重要应用，而且在科技创新、文化创意等方面也发挥着重要作用。这些知识产权内容的保护将鼓励更多的投资和研发，促进科技进步和社会进步。然而，当前数字化技术应用中存在着知识产权保护的挑战。数字化技术的复制和传播极为便捷，导致知识产权内容容易被非法复制和传播。知识产权一旦受到侵权，必将严重损害创作者的权益和社会的创新动力。同时，随着数字化技术的飞速发展，创新速度也在不断加快，知识产权的保护显得更加紧迫和复杂。传统的知识产权保护手段可能已经不再适用于新的数字化环境。

必须采取有效措施来加强知识产权的保护。首先，应加强法律法规建设，制定更加完善和切实可行的知识产权保护法律，明确知识产权的界限和保护范围。同时，建立更加高效和快速的知识产权维权机制，为被侵权的创作者提供及时有效的救济。其次，应加强国际合作，推动建立更加统一和有效的跨国知识产权保护体系，防止知识产权跨境侵权行为。

除了加强法律和国际合作，我们还可以通过技术手段来加强知识产权的保护。数字水印技术、加密技术等数字化技术手段可以有效地保护知识产权内容的安全性，防止其被非法复制和传播。同时，建立知识产权信息数据库，实现对知识产权内容的实时监控和追踪，及时发现侵权行为，采取相应措施加以防范和打击。此外，教育和宣传也是加强知识产权保护的重要途径。我们需要加强对知识产权的宣传教育，增强全社会的知识产权保护意识，使人们充分认识到知识产权保护对于创新和社会进步的重要作用。在学校教育中，要加强知识产权教育，让学生从小树立知识产权保护的意识，增强创新意识和创新能力。

数字化技术应用中的知识产权保护是一个复杂而重要的问题。只有加强知识产权的保护，才能更好地激励创新，推动科技进步，促进社会经济的发展。我们需要依靠法律法规建设、国际合作、技术手段和教育宣传等多方面的努力，形成合力，构建更加健康、创新的数字化技术应用环境。同时，每个人都应该自觉遵守知识产权规则，尊重他人的智慧成果，共同维护知识产权的尊严和权益。

三、数据格式标准与互通互联

在数字化时代，不动产登记档案数据的管理和交换成了一个重要的议题。随着数字化技术的应用，不同的地方行政部门、房地产公司以及其他相关机构可能采用各种不同的数据格式来存储和管理不动产登记档案数据，这就为信息的共享和交换带来了一定的困难。因此，相关法规和标准必须明确数据格式的规范和要求，以实现不同系统间的数据互通互联，提高数据的整合性、可靠性和可用性，从而更好地支持不动产登记和管理工作的高效运行。

数据格式标准是指对不动产登记档案数据进行编码和表示的规则和规范，目的是保证数据的一致性和可读性。在不同的地区和机构，可能存在不同的数据格式标准，这就导致数据在交换过程中可能出现解析错误、丢失信息等问题。因此，需要相关法规来规定一个统一的数据格式标准，使得不同系统之间可以正确解读和处理数据，确保数据的准确性和完整性。同时，数据互通互联是指不同系统之间能够自由、高效地交换和共享数据。在不动产登记领域，许多相关机构都需要获取和使用不动产登记档案数据，比如政府机关需要核实不动产信息、房地产公司需要查阅房产所有权等。如果数据无法互通互联，就会导致信息不对称、重复录入、效率低下等问题。因此，相关法规必须明确数据互通互联的要求，规定数据共享的权限和方式，以确保不同系统之间能够无缝衔接，实现信息的高效流动和共享。

为了达到数据格式标准与互通互联的目标，首先，需要建立一个统一的数据交换平台或数据中心，以集成和整合各地区和机构的不动产登记档案数据。这个平台应该具备强大的数据处理和转换能力，能够将不同格式的数据转化为统一的标准格式，并实现数据的即时更新和同步。相关法规应规定各地区和机构必须将其不动产登记数据上传到该平台，并确保数据的准确性和完整性。其次，相关法规还需要规定数据共享的权限和方式。数据的共享必须建立在合法、安全、保密的基础上，以保护个人隐私和商业机密。法规可以规定只有经过授权的机构或个人才能够获取特定的不动产登记信息，而且必须遵循严格的数据访问和使用规则。同时，相关法规还可以鼓励机构主动共享数据，并设立奖励机制来推动数据共享的积极性。

此外，为了确保数据格式标准与互通互联的有效实施，还需要加强相关人员的培训和技术支持。相关法规可以规定机构必须配备专业的数据管理人员，负责数据的采集、整理、上传和维护工作。同时，建立数据技术支持团队，提供数据格式转换、数据安全和数据质量控制等方面的技术支持和指导。

相关法规还应明确数据标准与互通互联的监督和评估机制。监督部门可以定期对各地区和机构的数据交换平台进行检查和评估，查看数据的准确性和完整性是否符合标准，数据共享的权限是否得到严格遵守等。对于不符合标准的情况，可以采取警告、罚款等惩罚措施，并要求其立即整改。同时，监督部门还可以定期发布数据交换的质量和效率指标，以激励机构不断提升数据管理和共享水平。

综上所述，数据格式标准与互通互联在不动产登记档案数据管理中具有重要的意义。相关法规的制定和实施将推动不动产登记数据管理工作迈向更高效、更智能的数字化时代。建立统一的数据格式标准和交换平台，加强数据共享的监督和评估，以及提供专业的技术支持，可以实现不同系统间的数据共享和交换，促进信息的高效流动，提高不动产登记管理工作的水平和质量，为社会和经济发展提供更有力的支撑。

四、法律效力与证明力

数字化技术在不动产登记档案处理中的应用，无疑为这一领域带来了革命性的变化。传统的纸质登记档案处理过程烦琐、耗时，往往存在错误和遗漏，而数字化技术的应用极大地提高了登记档案的处理速度和准确性。然而，数字化技术的广泛应用也带来了一系列新的问题，其中最重要的问题之一就是数字化登记档案的法律效力和证明力。

数字化登记档案的法律地位是保障其在司法和交易中的可信度和有效性的前提。对于传统纸质登记档案，其法律效力和证明力已经得到法律明文规定和实践确认。然而，随着数字化技术的兴起，数字化登记档案的法律地位却尚未得到充分明确。因此，相关法规应当明确规定数字化登记档案的法律地位，明确其与纸质登记档案的等同性，以及在司法程序中的认可和效力。

为了确保数字化登记档案的真实性和完整性，必须建立可信的验证机制。数字化技术虽然提供了方便快捷的处理方式，但也给篡改和伪造提供了机会。因此，必须采取措施来防止数字化登记档案的篡改和伪造。例如，可以利用区块链等技术手段，使登记档案的每一次修改都能够被追踪和确认，从而保障其不可篡改性。同时，应当建立权威机构或认证中心，负责对数字化登记档案进行认证和确认，以增强其证明力。

数字化登记档案在不动产交易中的法律效力也需要明确规定。在不动产交易中，登记档案的真实性和完整性对于交易各方的权益保护至关重要。因此，法规应规定在不动产交易中，数字化登记档案应当被视为法律依据，具有法律效力。这样一来，交易各方可以依据数字化登记档案的内容来确认不动产的权属情况和状况，从而避免潜在的法律纠纷。

为了提高数字化登记档案的证明力，还可以建立多层次的备份和存储机制。数字化登记档案的信息安全问题是一个长期而且紧迫的任务。在数字化登记档案的存储过程中，应当建立完善的备份措施，确保数据的安全性和可靠性。同时，备份的存储地点应当安排在不同的地理位置，以防止自然灾害或其他意外事件对数据的影响。在数据存储方面，还可以采用分布式存储技术，将登记档案分散存储在多个节点上，以提高数据的安全性和稳定性。

数字化登记档案的数据格式和标准也应当统一规定。不同地区和部门可能采用不同的数字化登记档案格式，这样会造成信息孤岛，影响信息共享和交换。因此，法规应明确规定数字化登记档案的数据格式和标准，使不同地区和部门的登记档案可以互相兼容和对接。这将有助于提高数字化登记档案的证明力和可信度，推动不动产登记信息的全面整合和共享。

除了以上几个方面，数字化登记档案的信息安全问题也需要得到重视。数字化登记档案涉及大量敏感信息，如个人身份信息和不动产权属信息等。因此，登记机构必须采取必要的措施来保护数字化登记档案的信息安全。这包括加强对登记数据的加密和访问控制，防止未经授权的访问和篡改。同时，应建立健全的安全审计机制，定期对数字化登记档案的信息安全进行检查和评估。

数字化技术给不动产登记档案的处理带来了巨大的提升，但也带来了一系列新的问题，其中最重要的问题之一就是数字化登记档案的法律效力和证明力。为了确保数字化登记档案在司法和交易中的可信度和有效性，必须明确其法律地位，建立可信的验证机制，规定其在交易中的法律效力，并采取加强信息安全和统一数据格式等措施。只有这样，数字化技术才能更好地服务于不动产登记领域，推动不动产交易和管理的现代化进程。同时，数字化登记档案的发展还需要各方的共同努力，包括政府、登记机构、科技企业等，共同推进数字化登记档案的建设和应用。

五、信息公开与透明度

数字化技术在促进不动产登记档案信息公开与透明度方面发挥着至关重要的作用。在现代社会，信息公开是保障公民知情权、监督政府行为的重要途径。而不动产登记档案作为重要的财产权利证明和土地资源管理工具，其信息的公开和透明对于社会公平正义和经济可持续发展具有重要意义。

数字化技术在不动产登记档案管理中的应用为信息公开带来了诸多优势。在过去，不动产登记档案通常以纸质形式存储，档案繁多、分散，导致信息的查阅和更新过程缓慢且易出现错误。然而，随着数字化技术的引入，不动产登记档案可以以电子形式进行存储和管理。数字化档案可以轻松实现信息的全面梳理与整合，使档案信息更加一目了然。此外，数字化技术还使得档案信息的检索更加高效，公众可以通过关键词搜索等方式快速获取所需信息，无须耗费大量时间查阅纸质档案。数字化技术还支持多种媒体形式，公众不仅可以通过电脑、手机等设备访问信息，还可以通过应用软件、互联网门户等平台实时查询不动产登记信息，大大提高了信息公开的便利性。

数字化技术对于信息公开的透明度起到了积极推动作用。在传统的纸质档案管理中，不动产登记信息的可视范围有限，一些重要信息可能受限，导致信息的不透明性。而数字化技术则可以实现信息的权限管理，对于不同层级、不同部门的信息进行精确控制，防止信息被滥用或篡改。同时，数字化技术支持信息的版本追踪，可以清晰地记录信息的修改历史，确保信息的真实性和可信度。此外，数字化技术还可以辅助数据分析，通过数据可视化的方式展示不动产登记信息，例如制作地图显示不动产分布情况，统计图表呈现登记量变化趋势等，让公众更加直观地了解不动产登记的情况，提高信息公开的透明度。

信息公开的有效性和公正性需要受到相关法规的约束和规范。法规应明确信息公开的范围，确保公众了解哪些信息可以公开，哪些信息需要保密。例如，个人隐私信息和涉及国家安全的信息可能需要进行保护，而不动产的基本信息应当向公众公开。法规还应规定信息公开的方式，明确信息公开的渠道和形式，确保信息公开的途径多样化、便捷化。公众可以通过政府网站、手机应用、公告牌等多种渠道获取信息，提高信息公开的覆盖范围。

法规还应规定信息公开的周期，确保信息及时更新和公示，避免信息滞后和过时。不动产登记信息是动态变化的，房屋买卖、转让等行为时常发生，因此信息公开的及时性对于公众获取准确信息至关重要。法规可以规定信息公开周期，例如每月、每季度或每年进行一次信息公开，确保信息公开与信息更新保持同步。

保障公众的知情权也是信息公开的重要目标之一。法规应明确公众有权获取不动产登记信息的范围和途径，同时规定公众可以提出信息纠错或更新的申请。如果公众发现信息错误或过时，应该有便捷的途径进行反馈与更正。此外，相关部门应加强信息公开的宣传与教育，提高公众对信息公开的认识和意识，增强公众参与信息公开的积极性。通过举办培训、宣传活动，公众可以了解信息公开的重要性，积极参与信息公开的过程，从而推动信息公开工作的顺利实施。

信息公开与透明度是数字化技术在不动产登记档案管理中的重要方面。数字化技术的应用使不动产登记档案的信息公开更加高效便捷，同时提升了信息公开的透明度。然而，为了保障公众的知情权，相关法规需要明确信息公开的范围、方式和周期，确保信息公开的有效性与公正性。只有在法规的明确约束与规范下，数字化技术才能更好地促进不动产登记档案的信息公开，让公众更好地了解不动产登记的情况，积极参与信息公开的过程，推动社会公平正义与经济可持续发展。

总体而言，数字化技术在不动产登记档案管理与开发利用中带来了诸多好处，但也需要充分的法规支持和监管。相关法规应及时更新，以适应技术的发展和变化，保障数字化技术在不动产登记档案管理与开发利用中的安全、高效应用，为社会经济发展提供支持。同时，相关部门和机构也应该加强监督和培训，提高从业人员对数字化技术进行合规操作的意识和能力，共同推进不动产登记档案管理与开发利用的数字化进程。

第四节　政策法规对不动产登记档案管理与开发利用的影响分析

一、规范登记档案管理流程和要求

规范登记档案管理流程和要求是一个综合性的系统工程，涉及政府立法、行政管理、信息技术支持等方面。政府制定不动产登记档案管理政策法规是为了推进登记工作的科学化、规范化和高效化。在这一过程中，政府需采取一系列措施来确保登记流程和要求的合理性、可操作性，以及对公民和企业的实际需求的满足。

第一，政府在立法层面要明确制定不动产登记档案管理的法律法规。这些法规应该包括登记的范围和对象、登记的程序和要求、登记机构的设置和职责、信息公示和保护等内容。政府可以借鉴国际经验和成功案例，结合本国国情和实际情况，通过专家论证、公众参与等方式进行立法。在制定过程中，政府应该充分听取各方意见，确保立法的科学性、公正性和民主性。

第二，政府应该建立健全登记机构和管理体系。政府可以在不同行政区域设立登记机构，负责不动产登记的具体实施工作。登记机构应该配备专业化的工作人员，具备丰富的不动产登记知识和经验。政府还可以建立不动产登记管理委员会，负责制定登记政策、协调各相关部门之间的工作、解决登记工作中的争议等。通过建立健全的管理体系，政府可以更好地规范登记流程，提高登记工作的效率和质量。

第三，政府应该提供必要的技术支持和信息系统建设。在现代社会，信息技术的应用已经成为提高行政管理效率的重要手段。政府可以建立不动产登记信息管理系统，对登记数据进行电子化管理。这样一来，不仅可以提高登记信息的准确性和完整性，也可以方便公民和企业查询和使用登记信息。政府还可以通过信息系统实现不动产登记信息的共享，加强与相关部门的信息互联互通，减少重复办理和数据冗余，提高登记工作的效率。

第四，政府应该加强对登记工作的监督和评估。监督是保障登记工作规范进行的重要手段，政府可以建立监督机制，定期对登记机构的工作进行检查和考核。政府还可以委托第三方机构对登记工作进行评估，从而发现问题，加以改进。通过监督和评估，政府可以及时发现登记工作中的不足和问题，及时采取措施进行纠正，确保登记工作的规范和高效进行。

第五，政府应该加强宣传和教育工作。在推进不动产登记档案管理规范化的过程中，公众的理解和支持是非常重要的。政府可以开展不动产登记相关政策法规的宣传活动，向公民和企业介绍登记流程和要求，解答他们在登记过程中的疑问。政府还可以开展不动产登记知识的培训工作，提高登记工作人员的业务水平和服务意识，通过宣传和教育工作，增强公众对不动产登记的认知和参与度，推动登记工作的顺利开展。

第六，政府还应该不断改进和完善登记档案管理政策和措施。登记工作是一个复杂而烦琐的过程，需要不断适应社会发展和变革的需求。政府应该建立反馈机制，收集公众和企业对登记工作的意见和建议，及时进行改进。政府还应该密切关注不动产登记管理的最新动态，吸取先进经验，不断进行政策更新和优化。通过不断改进和完善，不动产登记工作会更加规范、高效，更好地为公民和企业服务。

规范登记档案管理流程和要求是政府在不动产登记方面实施的一项重要举措。政府应该在立法、行政管理、技术支持、监督评估、宣传教育等方面采取一系列措施，确保登记流程和要求的科学性、合理性和可操作性。通过这些努力，政府可以更好地推进不动产登记工作的规范化和高效化，为经济社会的稳定和可持续发展提供有力支撑。同时，公民和企业也能够从中获得更加便捷和优质的服务，提高其参与经济活动和社会事务的信心和积极性。因此，规范登记档案管理流程和要求是一项涉及全社会利益的重要工作，值得政府高度重视和推行。

二、提高登记档案的信息化水平

登记档案的信息化水平提升是现代化社会行政管理的重要一环，也是数字化时代的必然趋势。在这个信息化快速发展的时代，政府机构、企事业单位等各类组织纷纷将纸质档案转向数字化、电子化处理，以适应信息化的需求。以下，我们将详细探讨提高登记档案信息化水平的重要性以及其所带来的各种益处。

在过去，纸质档案一直是管理信息的主要形式。尽管纸质档案有一定的优势，如操作简便、实体存在等特点，但随着社会信息量的爆发式增长，传统的纸质档案已经越来越难以满足现代信息管理的需要。纸质档案的管理容易出现瑕疵，存储空间有限，检索效率低下，且容易受到自然灾害或人为破坏的影响。与此同时，数字化技术和电子化手段的发展为信息化处理提供了新的解决方案，从而推动了登记档案的信息化进程。

在现代社会中，政策法规已经开始鼓励或要求对不动产登记档案进行数字化、电子化处理。一方面，数字化和电子化处理可以大大提高档案信息的存储和检索效率。数字化档案可以通过专用软件进行信息录入、存储和查询，大幅度减少了用传统纸质档案查找信息所需的时间和精力。在数字化档案系统中，我们只需要输入相应关键词或者属性，就能迅速找到需要的信息，大大提高了工作效率。同时，数字化档案的存储容量远远大于传统的纸质档案，这意味着可以保存更多的信息而不受空间限制，从而满足信息爆炸时代的需要。

另一方面，数字化和电子化处理有助于减少纸质档案的使用，从而节约资源并降低管理成本。纸张作为传统的信息载体，其生产和使用过程涉及大量的树木砍伐和资源消耗，不仅造成资源浪费，还对环境产生负面影响。通过数字化和电子化处理，可以大幅度减少对纸质档案的依赖，推动绿色环保理念的实践。同时，数字化和电子化处理减少了纸张的使用，也降低了印刷、储存等环节的成本，从而有效地降低了管理成本，节约社会资源。

信息化处理还带来了数据备份和共享的便利。传统的纸质档案容易在时间、空间等方面受到限制，一旦发生灾害或人为破坏，信息的恢复和共享变得困难。而数字化和电子化档案则可以通过云存储等方式进行定期备份，确保档案信息的安全性和可靠性。即使出现了不可预见的情况，档案信息也可以及时恢复，避免了信息丢失造成的损失。此外，数字化档案还可以实现多部门之间的信息共享，提高了跨部门协作的效率和质量，为社会治理提供更可靠的数据支持。各部门可以共享彼此的档案信息，便于快速准确地获取所需信息，从而更好地完成各自的任务。

信息化处理对于加强登记档案的安全性也有着积极的作用。纸质档案容易受到火灾、洪水、虫害等的威胁，也容易遭到不法分子的盗窃和破坏。一旦发生灾害或事故，纸质档案的损失可能会导致重大的信息丢失和社会损失。而数字化和电子化档案可以通过技术手段加密存储，设置权限控制，确保档案的机密性和完整性。同时，数字化档案的安全备份机制可以在档案出现问题时快速恢复数据，最大程度地避免信息丢失。

然而，在推进登记档案信息化的过程中，也存在一些挑战和问题需要解决。数据隐私和信息安全问题需要引起重视。随着信息化程度的提升，涉及个人隐私和商业机密的档案信息也在不断增加，因此需要建立健全的数据保护制度，加强技术防护措施，确保档案信息不受非法侵入和滥用。

老旧纸质档案的数字化转换也是一个难点问题。许多组织拥有大量的老旧纸质档案，这些档案可能存在着磨损、腐化和信息丢失等问题，需要进行细致耐心的数字化整理。这不仅需要投入一定的资金和技术力量，还需要专业人员的指导和操作。同时，推进登记档案信息化还需要加强档案管理人员的信息化技能培训。信息化处理需要专业技术的支持，档案管理人员需要具备相关的知识和技能，才能更好地完成数字化和电子化处理工作。因此，培训和提升档案管理人员的信息化水平显得尤为重要。

综上所述，提高登记档案的信息化水平是一个必然趋势，也是推动行政管理现代化的重要举措。数字化、电子化处理可以提高档案信息的存储和检索效率，减少纸质档案的使用，降低管理成本，并方便数据的备份和共享。同时，信息化处理有助于加强登记档案的安全性，防止档案的损毁和丢失，为社会治理提供更可靠的数据支持。在推进信息化的过程中，需要解决相关问题，确保信息化处理能够顺利实施，为行政管理的现代化建设奠定坚实基础。政府部门、企事业单位以及社会各界应共同努力，充分发挥信息化带来的优势，推动登记档案管理工作向着更加高效、便捷、安全的方向发展。

三、加强登记档案的保密和隐私保护

加强登记档案的保密和隐私保护，是维护公民合法权益和企业竞争优势的重要举措。在数字化和信息化的时代，个人隐私数据和商业机密信息的安全性至关重要。随着科技的进步和数据交流的便捷性，不动产登记档案中涉及的个人隐私和企业商业机密信息更容易受到攻击和泄露。因此，政府和企业需要采取一系列有效措施，确保登记档案中的信息得到严格保密和隐私保护。

政策法规在保密和隐私保护方面起着至关重要的作用。政府应该制定更加完善的法律法规，明确规定登记档案中个人隐私和商业机密信息的保护标准和措施。这些法规应该包括对个人隐私信息的分类、处理和存储规范，明确谁可以访问和使用这些信息，以及对违规行为的处罚措施等。同时，还需要明确商业机密信息的范围和保护要求，确保企业的商业利益不受损害。

建立健全的信息安全体系是保护登记档案的重要措施之一。这包括数据加密、网络安全防护、访问权限管理等方面。数据加密是指将登记档案中的敏感信息进行编码，只有被授权的人员才能解密并查看内容。网络安全防护则是利用防火墙、入侵检测系统等技术，保障登记档案的网络环境不受到未经授权的访问和攻击。访问权限管理是指根据员工的职责和需要，设定不同的访问权限，确保只有有权限的人员才能够查阅和操作相应的信息。

政府和企业还需要加强对从业人员的保密教育和培训。从业人员是信息安全的重要环节，他们负责处理和管理登记档案中的重要信息。因此，从业人员应该接受有关隐私保护的培训，了解保密政策和法规，掌握信息安全知识和技能。培训内容可以包括隐私保护意识的培养、信息安全操作规范的学习、应急处理措施的掌握等。只有提高从业人员的保密意识和能力，才能更好地保障登记档案中信息的安全。

加强监督和审计也是保障登记档案安全的重要手段。政府应该建立相应的监督机制，定期对登记档案中的信息安全情况进行检查和评估。监督部门可以对政府机构和企业进行现场检查，了解他们是否按照规定执行保密措施。同时，还可以对相关人员进行随机抽查，确保他们的保密行为合规。审计机构可以对登记档案中的数据进行定期审计，查找潜在的安全风险和漏洞，并提出改进建议。通过监督和审计，政府和企业可以及时发现问题，采取相应措施，确保登记档案中信息的安全。

政府和企业还应该积极推进技术创新，应用先进的信息安全技术来保障登记档案的安全。随着技术的不断发展，越来越多的信息安全保护解决方案应运而生。政府可以加大对信息安全技术的投入，鼓励企业采用高效可靠的信息安全产品和服务。这些技术包括人工智能在信息安全中的应用、区块链技术的数据保护、密码学的加密算法等。通过引进和应用先进的技术手段，可以进一步提升登记档案中信息的安全性。

值得注意的是，隐私保护和信息安全并不仅限于国内范围，跨国合作也非常重要。国际数据交流与合作已成为现代社会的常态。政府应该积极参与国际信息安全合作，加强与其他国家的信息安全交流和合作。这不仅有助于共同应对全球信息安全挑战，还可以提高我国在国际上的信息安全地位和影响力。

加强登记档案的保密和隐私保护是维护公民合法权益和企业竞争优势的必要措施。政府和企业应该制定更加完善的法规，建立健全的信息安全体系，加强对从业人员的保密教育和培训，建立监督和审计机制，推进技术创新，并积极参与国际信息安全合作。政府和企业只有通过综合施策，才能确保登记档案中的个人隐私和商业机密得到有效保护，从而维护社会的稳定。

四、促进合理开发利用和城市规划

促进合理开发利用和城市规划是一个复杂而综合的工作，涉及政府在不动产开发政策制定、城市规划法规制定、土地登记档案管理等方面的作用，旨在引导不动产的合理开发和有效利用，以满足城市的整体发展需求，促进城市的可持续发展和资源的有效利用。

政府在不动产开发政策制定方面扮演着重要角色。不动产开发政策的制定涉及土地资源的配置和利用、房地产市场的调控，以及生态环境的保护。政府需要根据城市的实际情况和发展目标，制定相关政策，以引导开发商和投资者关注城市的长远利益，避免盲目开发和投机行为。同时，政府还需要关注房地产市场的平稳发展，防止出现房地产泡沫和投机过热现象。

城市规划法规的制定是城市合理开发利用的重要保障。城市规划是整合城市各个要素，提供一个宜居和可持续发展的环境。政府需要根据城市的发展需求，制定明确的城市规划法规，包括土地用途规划、建筑控制规定、交通规划、生态保护等方面。这些法规需要综合考虑城市的人口增长、经济发展、社会服务等因素，确保规划的科学性和可行性。

在城市规划法规制定过程中，政府需要积极与各方利益相关者进行沟通和合作。政府、开发商、市民和环保组织等都应该共同参与规划的制定和实施过程。政府可以组织开办听证会和座谈会，征求各方意见，确保规划的公正性和科学性，增加规划的可持续性。

土地登记档案管理是促进城市规划和合理开发利用的重要基础。政府需要建立完善的土地登记档案系统，确保土地权属信息的准确记录。土地登记档案管理为城市规划提供重要参考，规划者可以通过登记档案了解土地的所有权状况和利用状况，避免规划与实际情况不符，提高规划的科学性和可行性。

土地登记档案管理还可以为不动产交易提供依据，保护买卖双方的合法权益，促进不动产市场的健康发展。政府需要加强土地登记档案信息的公开和透明，通过建立土地登记信息公示平台，公开土地权属信息和用途规划等相关信息，增加政府对市民的信息公开度，增强市民对政府的信任感。

城市的整体发展需求是制定不动产开发政策和城市规划的出发点和归宿。政府需要综合考虑城市的发展需求，包括人口增长、经济发展、社会服务等方面的需求。人口增长是城市发展的基础，政府需要预测人口增长情况，合理规划住宅区的布局和建设。同时，政府还要关注人口结构的变化，特别是老龄化和青少年人口的需求，提供相应的社会服务和设施。

经济发展是城市规划的重要目标。政府需要制定产业规划和发展战略，促进产业结构的优化和升级。通过规划和合理利用土地资源，政府可以吸引投资，提升城市的经济竞争力，创造更多的就业机会。同时，政府还需要关注城市的社会服务需求，包括教育、医疗、文化等方面的服务；合理规划和布局社会服务设施，提高市民的生活质量和幸福感。

综上所述，促进合理开发利用和城市规划需要政府在不动产开发政策制定、城市规划法规制定、土地登记档案管理等方面发挥积极的作用。政府需要综合考虑城市的整体发展需求，促进城市的可持续发展和资源的有效利用。通过与各方利益相关者的合作，政府可以制定出科学合理的城市规划，提高城市的宜居性和发展水平，为市民创造更好的生活环境。

五、防止不动产权属纠纷和保障权益

防止不动产权属纠纷和保障权益，是一个与社会稳定和公平正义密切相关的重要课题。随着城市化进程的加速和房地产市场的繁荣，不动产交易频繁增多，但与此同时，不动产权属纠纷也随之增加。为了减少此类纠纷的发生，确保不动产交易的安全和稳定，政府部门必须制定合理有效的政策法规，并建立健全的不动产登记档案管理系统。

政策法规的制定在防止不动产权属纠纷方面起着关键作用。不动产权属涉及复杂的权利关系，涉及土地使用权、房地产所有权、债权抵押等多种权益。如果政策法规不明确或不完善，交易双方容易产生误解和歧义，从而增加权属纠纷的风险。因此，政府应当制定明确、具体的政策法规，明确不动产交易的权利义务，为交易双方提供清晰的法律依据。例如，规定不动产交易的登记和备案程序、权属证明要求等，以确保交易的合法性和真实性。

政策法规的制定也应考虑不同地区、不同类型的不动产交易的差异性。中国的城市化进程不断加快，不同地区的经济发展水平和房地产市场需求差异巨大。因此，政府应根据各地实际情况，制定灵活多样的政策，以适应不同地区的需求。例如，一线城市的房地产市场高度活跃，政策法规应更加严格，以避免过度炒作和房地产泡沫。而三、四线城市的房地产市场相对冷静，政策法规可以更加灵活，以促进当地经济的发展。

信息公开和透明度是政策法规制定的重要考虑因素。不动产交易涉及大量的个人隐私和商业机密，政府应建立健全信息披露制度，确保不动产交易信息公开透明，让交易双方充分了解交易对象的情况，减少信息不对称而导致的纠纷。信息公开可以通过互联网、政府公示平台等渠道进行，让公众及时获取不动产交易信息，增强对交易的了解和信任。

政府在制定政策法规时，应充分考虑社会各界的意见和建议。不动产交易涉及广泛的社会利益，政府不可能完全凭空制定政策，而是应该依托广泛的社会参与和民意调查，听取专家学者和行业人士的意见建议，形成科学合理的政策。政府可以通过各种方式，积极与公众沟通交流，确保政策的合理性和可行性。

不动产登记档案的建立和管理也是防止不动产权属纠纷的重要手段之一。登记档案是记录不动产权属信息的重要数据库，它包含了每笔不动产的权属归属、历史交易情况等重要信息。建立健全登记档案管理系统，可以在以下两个方面发挥作用。

登记档案的建立有助于确保不动产交易的真实性和合法性。在不动产交易过程中，登记机构会对交易双方的身份进行核实，并将交易信息记录在登记档案中。这样一来，不动产交易的真实性得以保障，避免了虚假交易和欺诈行为。登记档案的建立可以为权属纠纷的解决提供有力支持。一旦发生不动产权属纠纷，相关当事人可以向登记机构查询登记档案，获取权属信息和交易历史。这些信息可以作为有力的证据，帮助当事人解决纠纷，促进社会的公正和谐。

登记档案的建立也有利于政府部门的决策和规划。政府可以通过登记档案数据了解不动产市场的运行情况，分析交易趋势和热点区域，为城市规划和土地政策制定提供科学依据。在建设智慧城市的背景下，登记档案可以为城市规划、基础设施建设等方面提供重要参考。

登记档案的管理要注重信息安全和保密。不动产交易涉及大量的个人隐私和商业机密，政府应建立完善的信息安全制度，确保登记档案的安全可靠，防止信息泄露和滥用。同时，政府应加强对登记机构人员的培训和管理，提高他们的责任意识和保密意识。

为了更好地实现防止不动产权属纠纷和保障权益的目标，政府还应不断加强对不动产交易市场的监管和执法力度。政府可以加强对中介机构、经纪人等从业人员的资质审核，提高他们的专业素养和服务水平。同时，政府应加强对不动产交易市场的日常监测，及时发现和处置违法行为，维护市场秩序和公平竞争。

除了政府的积极作用，公民和企业也应增强自我保护意识，了解相关法律法规，遵守交易规则，避免陷入不法分子的陷阱。公众应该主动查询不动产登记档案，核实交易对象的权属信息，以免上当受骗。同时，政府可以加强对公众的法律知识普及，提高他们的法律意识和风险防范能力。

总体而言，防止不动产权属纠纷和保障权益是一项复杂的系统性工程。政府在制定政策法规时，应考虑多方面因素，形成科学合理的政策体系。与此同时，政府还应建立健全不动产登记档案管理体系，加强对市场的监管和执法力度，提高交易双方的法律意识和风险防范能力。只有政府、公民和企业共同努力，形成合力，才能真正实现不动产交易的安全、稳定和有序。通过这些努力，我们可以减少不动产权属纠纷的发生，维护公民和企业的合法权益，促进社会的和谐稳定。

综上所述，政策法规在不动产登记档案管理与开发利用中起到了至关重要的作用。通过规范管理流程、提高信息化水平、保护隐私权、引导合理开发利用以及防止权属纠纷，政策法规为不动产管理和社会发展提供了有力支持。然而，政策法规的执行还需要与社会现实相结合，不断完善和更新，以适应不断变化的经济和社会环境。

第五节　政策法规对不动产登记档案管理与开发利用的前景展望

一、规范不动产登记档案管理

规范不动产登记档案管理是一项涉及众多利益相关方的复杂而重要的任务。在现代社会中，不动产登记的准确性和透明度直接关系到公众的财产权益和社会秩序稳定。因此，政府必须认真对待不动产登记档案管理的法律法规建设，以确保其科学高效运行。在此背景下，政府应该采取一系列综合措施，以推进不动产登记工作的标准化和透明化。

第一，政府可以通过立法和政策制定来明确不动产登记的法律地位和管理原则。在不动产登记管理法规的制定中，政府应当充分考虑公众的利益和意见，广泛征求相关行业的专业意见。要确保法规的科学性和合理性，保障不动产登记工作的公正性和公平性。此外，政府应该注重法规的实施和执行，通过建立健全监督和评估机制，确保法规的有效贯彻。

第二，政府可以引进先进的技术手段，建设高效便捷的不动产登记信息系统。现代信息技术的发展为不动产登记管理带来了新的机遇。政府可以借鉴国际先进经验，建立先进的信息系统，实现不动产登记信息的全程电子化管理。通过信息系统，公众可以方便快捷地查询不动产登记信息，提高信息的透明度和可查性。同时，政府应加强信息安全保护，确保登记信息不被非法获取和篡改。

第三，政府应该加强对不动产登记档案管理人员的培训和专业能力提升。不动产登记涉及的法律法规繁多，需要登记管理人员具备扎实的法律知识和专业技能。政府可以通过组织培训班、开展业务竞赛等方式，提高登记管理人员的综合素质和工作水平。此外，政府还应建立激励机制，鼓励登记管理人员不断学习和进步，提高服务质量和效率。

第四，政府应该积极推动不动产登记信息的公开共享。公众有权了解不动产登记信息，这有助于维护公众的知情权和参与权。政府可以通过互联网平台、手机 App 等渠道，向公众提供便捷的查询服务，让公众随时随地了解不动产登记信息。同时，政府应当加强对公众的教育和指导，帮助公众正确理解不动产登记信息，防止信息被滥用和误解。

第五，政府应该建立健全不动产登记档案管理的监督和评估机制。监督机制可以帮助政府及时发现和纠正不动产登记工作中存在的问题和不足。政府可以通过设立独立的监督机构，加强对登记机构和登记管理人员的监督和检查。

评估机制可以帮助政府及时评估不动产登记工作的效果和质量，为政策的调整和改进提供依据。

第六，政府可以加强与社会各界的合作，形成多方参与、共同监督的格局。不动产登记管理涉及众多利益相关方，包括政府部门、企事业单位和公众等。政府可以通过组织座谈会、征求意见等方式，广泛听取各方的意见和建议，形成共识和共同努力的合力。同时，政府应加强与社会组织和专业机构的合作，充分发挥其在信息收集、宣传教育、监督评估等方面的作用。

第七，政府应当注重不动产登记档案管理工作的持续改进和创新。不动产登记管理是一个复杂而动态的过程，需要不断适应社会的发展和变化。政府可以建立定期评估和改进机制，对不动产登记管理工作进行总结和分析，及时调整和改进工作方法和措施。此外，政府还应鼓励不动产登记管理人员积极探索和创新工作方式，推动不动产登记管理工作不断取得新的成绩和突破。

规范不动产登记档案管理是政府的一项重要使命。政府应加强法律法规建设，建立高效便捷的信息系统，提高登记管理人员的专业能力，推动不动产登记信息的公开共享，建立健全监督和评估机制，加强与社会各界的合作，不断改进和创新管理工作。通过这些努力，政府将能够更好地保障公众的财产权益，维护社会秩序稳定，促进经济社会的健康发展。

二、推动不动产登记信息化

推动不动产登记信息化是当代社会信息化建设的重要内容之一，也是优化房地产市场环境、提高行政效率和方便市民生活的重要举措。政策法规将充分发挥支持作用，通过一系列措施来推进不动产登记信息化建设，以实现不动产登记信息的在线查询和共享，提高不动产登记数据的时效性和可用性，进而促进房地产市场的健康发展。

政府应加大对不动产登记信息化建设的资金投入。作为一项复杂而庞大的信息化工程，不动产登记信息化的建设需要大量的财力投入。政府通过财政预算、税收优惠等方式提供资金支持，确保该项目的稳步推进。这样的资金投入可以用于技术设备采购、系统建设、数据整合和安全保障等方面，为不动产登记信息化的建设提供坚实的基础。

政策法规将推动建设全国统一的不动产登记信息系统。该系统将整合全国范围内的不动产登记数据，建立起完善的信息化平台，实现不同地区、不同部门之间的数据共享。这将有利于消除信息壁垒，提高数据的准确性和全面性。市民只需在一个平台上进行查询，就能获取全国范围内的不动产登记信息，避免了多头查询的麻烦，提高了查询效率。

政府着力推动相关部门之间的信息共享与整合。不动产登记涉及多个部门，如自然资源部门、房地产管理部门、税务部门等，各部门之间的信息存在着隔阂，不利于数据的共享和交流。政策法规明确要求各部门建立信息共享的机制，打破信息孤岛，确保不动产登记数据的真实性和及时性。市民在办理不动产登记手续时，将不再需要多次提交同样的材料，而是可以通过系统共享已有的信息，大大简化了手续办理的流程。

不动产登记信息化还将强调档案管理的信息化。传统的纸质档案管理方式容易导致信息遗漏、丢失和损坏。政策法规将鼓励各地建设统一的不动产登记档案信息库，将所有登记档案集中存储，并通过数字化技术实现信息的快速检索和维护。市民在查询和交易不动产时，可以通过系统快速获取相关档案信息，从而提高办事效率，减少纸质材料的使用，节约资源。

不动产登记信息化的推进将极大地方便市民查询和交易不动产。市民在购买房屋时，可以通过在线查询系统快速了解房屋的产权情况、抵押情况等重要信息，从而避免了盲目购房可能带来的风险。信息化的不动产登记还为市民提供了更多的交易途径。例如，市民可以通过电子签约的方式实现远程交易，无须亲自前往相关登记机关，减少了交易成本和时间，促进了房地产市场的健康发展。此外，政策法规还将推动不动产登记信息的安全保障。信息化系统涉及大量的个人和企业数据，因此信息安全是至关重要的。政府须建立健全信息安全管理机制，加强对数据的保护和监管，防止数据泄露和滥用。同时，政府还应提高公众对信息安全的意识，引导市民合理使用不动产登记信息，避免信息泄露风险。

总体来说，推动不动产登记信息化是一项复杂而长期的任务，需要政府、企业和社会各界的共同努力。政府应加大资金投入，推动全国统一的不动产登记信息系统建设，建立信息共享机制，加强档案管理的信息化，同时做好信息安全保障工作。这样一来，不动产登记信息化将更好地为市民服务，提高行政效率，促进房地产市场的健康发展，为社会的进步和繁荣作出积极贡献。同时，市民也应积极参与和支持不动产登记信息化的建设，充分利用信息化带来的便利，推动信息时代的进步与发展。

三、加强不动产登记档案保护

加强不动产登记档案保护是一项至关重要的政策举措，对于维护社会秩序、保障公平交易和促进经济稳定发展具有重要意义。以下，我们将对加强不动产登记档案保护的重要性、保护措施、隐私保护和公众教育等方面进行详细展开，旨在深入分析这一政策的影响和实施策略。

不动产登记档案是记录土地及房屋所有权和权利的重要依据，直接关系到个人和企业的财产权益。对于房地产交易来说，准确和完整的登记档案是确保交易的公平性和合法性的基础。登记档案若发生篡改或丢失，将导致房地产交易的混乱和不安定，严重影响社会经济秩序。因此，保护不动产登记档案的安全性和完整性是政策的首要任务。

为了确保不动产登记档案的安全性，政府应加强技术手段的投入和应用。首先，建立高效的信息安全体系是关键。政府应投入大量资源来开发先进的信息安全技术，构建多层次的安全防护措施。这些措施包括建立防火墙和入侵检测系统，保护不动产登记系统免受网络攻击的威胁。同时，通过数据备份和灾难恢复计划，确保即使发生硬件故障或灾难事件，档案信息也能够得到有效保护和恢复。

其次，政府应建立严格的权限管理制度。不动产登记档案包含大量敏感信息，只有授权人员才能查阅和修改相关数据。政府应设立特定的数据管理部门，严格审查和管理登记机构及其工作人员的权限，确保数据仅在必要情况下被授权使用。同时，政府应加强对数据访问的监控和审计，及时发现和阻止未经授权的数据访问行为。

再次，政策还应加强不动产登记档案的完整性保护。不动产登记档案的完整性意味着信息的真实性和可信性。政府应建立严格的数据审核机制，确保不动产登记信息的准确记录和及时更新。对于已有的登记档案，政府应进行全面的审查和修复，以保障档案的完备性。这涉及登记信息的数字化和电子化。政府应投入资金和技术，推进不动产登记信息的数字化工作，减少人为因素对档案完整性的影响，提高信息记录的精准度和可靠性。

最后，政策也应强调个人隐私的保护。不动产登记档案涉及许多个人的财产信息，因此必须确保这些信息不被未经授权的人员获取和使用。政府应建立健全相关法律法规，明确规定不动产登记信息的收集、传输和使用规则。同时，政府应加强对个人隐私保护的监督和执法力度，严厉打击非法获取和使用不动产登记信息的行为。

除了加强政策法规的制定和执行，公众的意识和教育也是保护不动产登记档案的重要环节。政府将开展宣传活动，向公众普及不动产登记档案保护的重要性和政策措施。这包括通过媒体、社区活动和宣传手册等方式，向广大市民传达相关信息，增强公众的安全意识和保护意识。此外，政府还应组织培训课程，提高登记机构工作人员的业务水平，确保他们能够熟练运用信息安全技术和数据管理知识。

值得注意的是，保护不动产登记档案是一项系统性的工程，需要政府、企业和公众的共同参与。政府应当充分发挥其主导作用，加强统筹规划和资源投入，形成合力。同时，企业应当加强自身信息安全保护体系建设，严格执行相关规定，确保不动产登记信息的安全传输和储存。公众也应当积极参与，关注不动产登记档案的保护，主动配合政府的监督和检查工作。

加强不动产登记档案保护是一项综合性的政策措施，涉及安全性、完整性、隐私保护和公众教育等多个方面。通过政府的积极推动和公众的共同参与，我们有信心在保护不动产登记档案的过程中取得显著成效。这将为社会的稳定与发展提供坚实的保障，为全体公民创造更加公平、公正的社会环境。

四、鼓励不动产档案的开发利用

鼓励不动产档案的开发利用是现代城市管理和发展的重要举措，它涉及政府部门、企业机构和公众个体等各方的合作与参与。在这个信息时代，数据的价值变得越来越重要，而不动产档案作为城市土地资源和房地产市场的重要信息源，其开发利用对于城市规划、土地利用决策和产业发展都具有重要意义。

政府在鼓励不动产档案开发利用方面起着核心作用。政策法规的制定与完善是推动不动产档案开发利用的基础。政府可以出台相关政策，要求不动产登记部门进行数据整合和数字化转型，建立统一的不动产档案数据库，实现数据共享与交流。同时，政府还可以通过政策激励，吸引企业和科研机构参与不动产档案的开发利用。例如，给予相关研究项目资金支持、税收优惠等激励措施，以推动相关产业的发展。

不动产档案的开发利用对于城市规划和土地利用决策具有重要意义。通过深入挖掘不动产登记数据，政府可以了解土地资源的利用现状、分布情况以及土地规划的合理性。例如，分析不动产登记数据可以确定哪些土地资源处于闲置状态或者被低效利用，为政府提供优化土地利用的建议。此外，对不动产登记数据进行空间分析，可以为城市规划部门提供科学依据，优化城市布局，提升城市空间的利用效率。

不动产档案的开发利用还有助于房地产市场的健康发展。对不动产登记数据进行分析，可以了解房地产市场的供求状况、价格走势以及交易情况。政府可以根据这些数据，制定相应的调控政策，防范房地产市场泡沫和风险。同时，房地产企业可以利用不动产档案数据进行市场研究和产品定位，更好地满足消费者的需求，提升产品的竞争力。

政府应鼓励社会力量参与不动产档案的开发利用。在数字化转型的背景下，企业和科研机构可以利用先进的技术手段，对不动产登记数据进行深度挖掘和分析。例如，利用人工智能和大数据技术，可以从海量的不动产登记数据中挖掘出有价值的信息，为城市规划和土地利用决策提供更精准的参考意见。同时，社会力量的参与也可以促进相关产业的发展。例如，一些科技企业可以基于不动产登记数据开发出相应的软件和应用，提供更便捷的不动产信息查询服务，为公众和企业提供更好的数据支持。

政府还可以鼓励公众对不动产档案的积极参与和利用。通过向公众开放不动产登记数据，政府可以增加信息的透明度，提高公众对房地产市场的了解和信任。公众可以根据不动产登记数据，了解房产所有权、抵押情况等信息，为购房和投资提供依据。政府可以建立在线平台，提供不动产登记数据的查询服务，让公众更便捷地获取相关信息。

总的来说，鼓励不动产档案的开发利用是一项综合性的工作，涉及政府、企业和公众等多方面的合作。通过政府的政策引导和推动，不动产档案的开发利用将为城市规划、土地利用决策和房地产市场的发展提供重要支持。同时，鼓励社会力量和公众的参与，可以进一步发掘不动产档案的价值，促进相关产业的创新和发展，这将为城市的可持续发展和经济的增长打下坚实基础。

五、推动全国不动产登记信息互联互通

推动全国不动产登记信息互联互通是我国当前重要的政策法规之一，旨在实现不动产登记信息的全覆盖，通过建设全国统一的不动产登记信息平台，促进不同地区、不同部门之间的数据共享，实现不动产登记信息的一体化管理。这一政策的实施将会在多个领域带来积极的变化和影响。

推动全国不动产登记信息互联互通将极大地提高不动产登记档案管理的效率和质量。目前，不动产登记的数据散落在各个地区的登记部门，而且存在数

据孤岛的问题，这导致了不同部门之间信息无法共享和交换，也使不动产登记的数据不够准确和完整。建设全国统一的不动产登记信息平台将会解决这一问题，通过整合和归集不动产登记数据，数据可以在全国范围内共享和传递。这将大大提高登记档案的管理效率，减少不必要的重复工作，从而节省人力、物力资源，降低不动产登记错误率。

推动全国不动产登记信息互联互通有助于促进城市规划和土地资源的优化配置。不动产登记信息是城市规划和土地利用的重要基础数据，它反映了土地的使用权、权属关系等信息。只有通过全面、准确地掌握不动产的情况，城市规划和土地资源的利用才能更加精准和科学。信息互联互通将有助于政府更好地掌握土地资源的分布和使用情况，从而制定更科学合理的城市规划，优化土地的利用配置，提高土地资源的利用效率。例如，通过对全国不动产登记信息进行分析，政府可以了解各地区的用地情况，优化土地的开发和利用，推动城市的可持续发展。

推动全国不动产登记信息互联互通还将对房地产市场产生积极的影响。当前房地产市场信息不对称和交易不透明是导致市场不稳定的重要原因之一。购房者往往难以获取到准确的房产信息，容易受到不良开发商和中介的误导。建设全国统一的不动产登记信息平台将提供全面准确的房地产信息，购房者可以通过平台查询房产的权属情况、抵押情况等重要信息，从而作出更明智的购房决策。这将有助于降低购房风险，保护购房者的合法权益，促进房地产市场的健康稳定发展。

推动全国不动产登记信息互联互通也将对不动产税收的征管工作带来积极的影响。不动产税收是地方财政的重要来源之一，但不动产登记信息的不全面和不准确，导致税收征管难度较大。全国统一的不动产登记信息平台将提供准确的不动产信息，政府可以更加精准地了解每个地区的不动产情况，有助于优化税收政策，确保税收的公平与有效征收。这将增加地方财政收入，使政府更好地为民众提供公共服务和改善城市基础设施。

全国不动产登记信息互联互通也将为金融机构提供更全面的抵押信息，降低抵押风险，促进金融机构更加积极地向房地产行业提供信贷支持。当前，金融机构在为房地产开发商提供贷款时，常常会担心房地产抵押物的真实性和可靠性。建设全国统一的不动产登记信息平台将提供可信的不动产信息，使金融机构可以更加放心地对房地产开发商进行信贷支持。这将有助于推动房地产行业的稳健发展，促进房地产与金融业的良性互动，提升整个国民经济的效率与稳定性。

推动全国不动产登记信息互联互通具有重要意义。建设全国统一的不动产登记信息平台，实现数据共享和一体化管理，将有助于提高登记档案管理的效率与质量，促进城市规划和土地资源的优化配置，推动房地产市场的健康发展，优化税收征管，促进金融支持实体经济，这将为我国社会经济的发展带来积极的影响，推动我国经济持续健康发展。政府应继续加大对该政策的推进力度，确保全国不动产登记信息互联互通政策能够得到全面有效的落实。

第五章

数字化背景下不动产登记档案管理
与开发利用的未来

在这个数字化时代，我们的生活、工作和学习都在发生着翻天覆地的变化。其中，不动产登记档案管理与开发利用也不例外。在本章，我们将深入探讨这个主题，揭示未来可能的趋势和挑战。

我们将首先探讨未来的不动产登记档案管理趋势，揭示新的管理模式和工具，以及它们如何改变我们理解和处理不动产登记档案的方式。接下来，我们将讨论未来的不动产登记档案开发利用趋势，探索如何更有效地利用这些宝贵的资源，以推动社会经济的发展。然后，我们将深入研究数字化技术在未来不动产登记档案管理与开发利用中的角色，还将揭示数字化技术如何改变我们的工作方式，以及它们对未来可能产生的影响。接着，我们将探讨未来政策法规对不动产登记档案管理与开发利用的影响，讨论新的政策和法规如何塑造我们的工作环境，以及它们对未来可能产生的影响。最后，我们将对未来不动产登记档案管理与开发利用进行展望，提供一个全面的视角，以帮助我们理解未来可能的挑战和机遇。

总的来说，本章将为我们提供一个全面的视角，以理解数字化背景下的不动产登记档案管理与开发利用的未来。

第一节　未来的不动产登记档案管理趋势

一、数字化登记系统

数字化登记系统是未来不动产登记档案管理的重要趋势之一，这一变革将在很大程度上改变我们对不动产信息管理和处理的方式。传统的纸质登记文件将逐渐被数字化档案取代，从而带来许多便利，推动不动产登记的现代化进程。

数字化登记系统将实现不动产信息的快速录入、存储、查询和更新，从而提高办理登记业务的效率和准确性。传统的不动产登记流程通常需要大量手工操作和纸质文件的填写，这不仅耗时耗力，还容易产生错误。然而，数字化登记系统可以通过自动化和智能化的方式，快速将不动产信息输入数据库，无须重复填写信息，大大提高了登记的效率。此外，数字化系统还可以将不动产信息与其他数据库进行链接，实现信息共享，减少了信息录入的重复性工作。

数字化登记系统可以实现不动产信息的高效存储和管理。传统的纸质登记文件需要占用大量的实体空间，同时还需要耗费大量的时间和人力进行整理和分类。然而，数字化档案可以安全地存储在云端或多个服务器上，确保信息不会丢失。同时，数字化系统还可以根据需要进行备份和恢复，保障数据的完整性和稳定性。这种高效的信息存储和管理方式，不仅节省了大量的资源，还可以随时提取和共享不动产信息，方便了不动产交易和管理。

数字化登记系统可以实现不动产信息的快速查询和更新。在传统的登记系统中，公众需要前往登记机关进行信息查询，往往需要耗费大量时间和精力。然而，数字化系统可以通过简单的搜索功能，快速找到所需信息，并可以随时更新相关数据，确保信息的准确性和时效性。这对于不动产交易和管理来说，意味着更加高效和及时的信息获取和更新，减少了信息传递的时间成本。

数字化登记系统能够提高登记业务的准确性。在传统的纸质登记文件中，人为因素和手工操作的局限性，容易导致错误和遗漏的发生。然而，在数字化登记系统中，信息的录入和管理都是自动化的，大大降低了人为因素带来的错误和失误。这样可以确保登记信息的准确性，避免因为错误信息而导致的法律纠纷和不必要的损失。

数字化登记系统可以促进不动产交易和投资的便利化。随着城市化进程的不断推进和人们对居住环境的要求越来越高，不动产交易日益频繁。传统的不动产交易需要公众前往不同的部门和机构进行信息查询和验证，流程烦琐，周期长。而数字化登记系统可以提供一站式服务，买卖双方可以快速查询不动产的权属信息和历史交易记录，便于做出决策。同时，数字化登记系统还可以提供不动产估值和市场趋势分析等服务，为投资者提供更多参考信息，促进了不动产市场的繁荣和发展。

数字化登记系统有助于打击不动产领域的欺诈和非法行为。在传统的登记系统中，信息的不透明和验证的不完善，容易导致欺诈和非法转让等问题。而通过建立完善的数字化档案和数据审核机制，可以更加容易地发现和防范不动产交易中的欺诈行为，维护市场的公平和秩序。数字化登记系统可以记录每一笔交易的详细信息，确保交易过程的透明和合法性，从而减少了欺诈和非法行为的可能性。

数字化登记系统还可以促进不动产登记与其他政府部门和机构的信息共享和协同工作。在传统的登记系统中，不同部门和机构之间信息的交流和共享往往不够便捷，导致信息孤岛和重复工作。而数字化系统可以实现数据的互联互通，确保相关信息在不同部门之间的流通，提高政府的工作效率和服务水平。例如，税务部门可以通过数字化登记系统快速获取不动产的所有权信息，进行税费的计算和征收，提高了税收管理的效率。同时，金融机构也可以通过数字化登记系统查询抵押物的权属信息，加强对借贷风险的控制，促进金融业的稳健发展。

随着科技的不断进步，数字化登记系统将在不动产交易和管理领域发挥越来越重要的作用，为我们的生活和经济发展带来更多的便利和机遇。未来，数字化登记系统将进一步完善和发展，实现更加智能化和自动化的管理方式，为不动产市场的繁荣和发展注入新的动力。同时，我们也需要克服一些挑战，比如信息安全和隐私保护等问题，确保数字化登记系统的稳健运行和可持续发展。

总的来说，数字化登记系统是不动产登记档案管理的未来趋势，将在提高效率、准确性和便利性方面发挥重要作用。通过数字化登记系统，我们能够更好地管理和利用不动产信息，推动不动产交易和管理的现代化，促进经济的发展和社会的进步。未来的数字化登记系统必将成为不动产领域的重要基石，为我们创造更加美好的未来。

二、区块链技术应用

区块链技术应用于不动产登记领域，被普遍认为是一种具有巨大潜力的方向。区块链是一种分布式账本技术，它以去中心化、不可篡改和可追溯等特性而闻名，这些特性使其成为一个理想的解决方案，能够确保不动产登记信息的安全性和可信度。

区块链的去中心化特性是其最重要的特点之一。传统的不动产登记系统通常由中央机构控制和维护，而区块链是由网络中的多个节点共同管理和验证信息。这意味着不再需要信任单一的中央机构，从而减少了潜在的腐败和数据篡改的风险。所有参与者都可以共享和查看相同的不动产信息，确保了数据的透明性和公平性。同时，区块链的不可篡改特性保证了登记信息的安全性。一旦信息被记录在区块链上，就无法被修改或删除，只能追加新的交易记录。这种特性消除了对数据的篡改和进行欺诈行为的可能性。不动产交易涉及大量资产和重要的法律手续，确保信息的完整性和准确性至关重要。

除此之外，区块链的可追溯性也是应用于不动产登记的优势之一。每笔交易都会被记录在区块链上，并与前一笔交易链接在一起，形成一个不可分割的链条。这种链式结构确保了整个交易历史的透明度和追溯性。当产权转移或所有权变更发生时，当事人可以轻松地查看完整的交易历史，避免争议和纠纷。

区块链技术的应用还有助于简化不动产交易流程。传统的不动产交易通常需要大量的中介机构和烦琐的手续，这导致了高昂的交易成本和较长的交易周期。而区块链技术可以实现不动产交易的自动化和智能化，减少了中间环节，提高了交易效率，从而降低了交易成本和加快了交易速度。

此外，区块链技术还为不动产登记带来了更大的国际合作机会。由于区块链的全球性和边界跨越性，不同国家和地区的不动产信息可以在同一个网络上进行交互和共享。这种全球合作可以为国际不动产投资提供更多的透明度和信心，促进跨国房地产交易和投资。

然而，区块链技术在应用于不动产登记领域时也面临一些挑战。首先是技术和标准的问题。目前，区块链技术尚处于发展阶段，不同平台和系统之间缺乏统一的标准和互操作性。因此，需要建立起统一的技术标准，以便不同系统之间能够无缝连接和通信。其次是隐私和安全问题。虽然区块链本身是安全的，但在不动产登记中，仍然涉及许多敏感的个人和财产信息。如何在确保数据安全的前提下，保护用户的隐私权，是一个需要深入研究和解决的问题。

区块链技术在不动产登记领域的应用前景广阔。其去中心化、不可篡改、可追溯等特性有助于提高登记信息的安全性和可信度，减少欺诈行为，并提高市场透明度。当然，其在推广和应用过程中，还需克服技术和标准问题，同时关注隐私和安全方面的挑战。随着区块链技术的不断发展和完善，相信它将为不动产登记带来革命性的变化，并为不动产市场的发展带来新的机遇。

三、智能合约

智能合约是区块链技术的重要应用之一，其潜力在未来的不动产交易中可能会得到广泛应用。传统不动产交易涉及许多烦琐的手续和第三方中介，这些中介机构不仅增加了交易成本，还可能导致交易延迟和不必要的风险。而智能合约作为一种自动化执行的合约，可以在区块链网络中以编程的方式实现自动执行，从而实现去中心化的交易。

智能合约是基于代码编程的，其中包含了交易双方的条件和约定。它们在区块链上运行，遵循预设的规则和算法，确保交易的透明和安全。智能合约的执行不依赖于任何单一中介，而是由网络上的节点共同验证和执行，保证交易的公正性。

智能合约的优势之一是自动执行。一旦满足合约中规定的条件，交易将立即执行，无须人工干预。这样的自动化过程不仅提高了交易的效率，还减少了人为错误和潜在的欺诈行为。智能合约的不可篡改性也是其独特之处。一旦智能合约部署在区块链上，它将成为一个不可更改的记录，无法被篡改或删除。这为交易的安全性提供了坚实的保障，有助于防止不动产交易中的欺诈和纠纷。

智能合约还能够实现多方参与的复杂交易。在传统不动产交易中，多方之间的交易可能需要烦琐的协商和中介机构的参与。然而，在智能合约中，可以编写复杂的逻辑来满足不同条件下的多方交易需求，简化了整个交易过程。智能合约也有助于降低交易成本。传统不动产交易可能需要支付高昂的中介费用，如经纪人佣金、律师费等。而智能合约的自动化和去中心化特性，大大减少了中介机构的介入，因此可以降低交易成本，让更多人能够参与不动产市场中。

智能合约还可以增加交易的透明度。在传统交易中，交易双方往往需要信任第三方中介的公正性和诚信度。在智能合约中，交易的所有细节和条件都被公开在区块链上，所有参与者都可以查看和验证交易的真实性，从而提高交易的透明度和可信度。

智能合约也面临一些挑战。首先，智能合约的编写需要一定的技术知识，这对于不具备编程能力的交易参与者可能会构成一定的障碍。其次，智能合约的执行也受限于区块链网络的性能和规模。目前区块链技术还存在着扩展性和吞吐量的问题，因此可能会限制智能合约在大规模不动产交易中的应用。最后，智能合约的法律和监管框架也需要进一步完善。由于智能合约是一种全新的合约形式，其法律地位和可执行性在不同司法管辖区可能存在不确定性。为了促进智能合约在不动产交易中的广泛应用，需要建立相应的法律框架，明确其法律效力和责任。

综上所述，智能合约作为一种自动化、去中心化的合约形式，有望在未来的不动产交易中发挥重要作用。它可以减少中介机构的参与和交易成本，提高交易的效率和透明度。当然，要实现智能合约在不动产交易中的广泛应用，仍需克服技术、法律和监管等方面的挑战。随着区块链技术的不断发展和完善，智能合约将在未来不动产交易领域展现出更大的潜力。

四、大数据和人工智能

大数据和人工智能技术的蓬勃发展正在深刻地影响着各行各业，包括不动产登记档案管理领域。未来，大数据和人工智能将成为该领域中不可或缺的重要工具，为政府、企业和个人提供全新的管理和决策手段。

首先，大数据的应用将为不动产登记档案管理带来颠覆性的改变。不动产数据庞大而复杂，包含了大量的地理信息、所有权信息、交易信息等。传统的登记档案管理通常面临着数据量庞大和信息碎片化的挑战，导致信息获取和整理效率低下。而大数据技术的出现使这些数据可以得到高效地收集、整合和存储。通过大数据技术的运用，各种地域性、时间性、属性的数据可以实时更新和交互，从而实现对不动产信息的全面追踪和监控。

在大数据的应用方面，首先需要解决的问题是数据收集和整合。不动产涉及众多主体，包括政府部门、不动产中介机构、企业和个人等，这些主体所产生的数据可能以不同的格式和标准存在，这使数据的收集和整合变得复杂而困难。要解决这一问题，可以建立一个统一的不动产数据平台，对各个主体产生的数据进行统一的格式化和标准化处理，以确保数据的一致性和可比性。同时，政府可以通过政策引导和激励措施，鼓励各个主体主动参与数据的共享和交换，促进数据的全面流通和共享。

大数据的应用还需要依靠强大的计算和存储能力。不动产数据的量通常是庞大的，可能涉及数十亿条数据甚至更多。为了实现对这些数据的高效处理和分析，需要投入大量的计算和存储资源。因此，政府和企业需要加大对计算和存储基础设施的投资，建设高性能的数据中心和云计算平台，以满足不动产数据处理的需求。

除了数据收集和整合，大数据的应用还需要进行数据清洗和预处理。不动产数据可能存在着错误、缺失和噪声等问题，这些问题会影响到数据的质量和准确性。因此，需要运用数据清洗和预处理技术对数据进行处理，剔除错误和噪声，填补缺失值，确保数据的准确性和完整性。同时，还可以利用数据挖掘和机器学习技术，对数据进行特征提取和降维处理，从而减少数据的冗余性和复杂性，提高数据的处理效率和准确性。

人工智能技术在不动产登记档案管理中的应用将进一步提升数据的智能化处理。人工智能技术，如机器学习和深度学习，能够通过对大数据进行分析和学习，从中挖掘出隐藏在数据背后的规律和趋势。在不动产领域，人工智能可以通过对海量数据的学习和模式识别，发现不动产市场中的潜在趋势和风险，为政府制定相关政策提供科学依据。

机器学习是人工智能的重要分支，它可以通过构建模型和算法，从大数据中学习规律和模式，从而实现数据的自动分类和预测。在不动产登记档案管理中，机器学习可以应用于市场趋势预测、房价评估和风险分析等方面。例如，可以利用历史交易数据和市场信息，建立房价预测模型，帮助政府和企业预测未来房价的走势，为相关政策制定提供参考依据。同时，还可以通过机器学习技术对不动产交易中的风险进行评估和预测，识别潜在的风险因素，帮助政府和企业制定风险防控措施。

深度学习是人工智能的另一重要分支，它通过模拟人脑神经网络的结构和功能，实现对大规模数据的高效处理和分析。在不动产登记档案管理中，深度学习可以应用于图像识别、语音识别和自然语言处理等方面。例如，可以利用深度学习技术对不动产图片进行识别和分类，自动提取其中的关键信息，实现对不动产信息的智能化处理和管理。同时，还可以利用深度学习技术对不动产相关的文字信息进行自然语言处理，实现对文本信息的智能化分析和理解。

大数据和人工智能的联合应用还可以为不动产交易提供更加智能化和高效的解决方案。传统的不动产交易涉及大量的手续和文件，需要耗费大量的时间和精力。而利用大数据和人工智能技术，可以实现在线的不动产交易平台，通过自动化的流程，大大减少交易环节和时间，提高交易的效率和透明度。这不仅方便了买卖双方，还可以减少因信息不对称而引发的交易纠纷，维护交易双方的权益。

不仅在交易环节，大数据和人工智能在不动产评估和风险控制方面也具有重要作用。传统的不动产评估通常依赖于专业评估师的经验和判断，容易受主观因素影响。而利用大数据和人工智能技术，可以建立更加客观和全面的不动产评估模型，基于大量的历史交易数据和市场信息，为不动产的估值提供科学依据。同时，人工智能技术还可以在不动产交易过程中进行风险控制，通过分析交易涉及的各方信息，识别潜在的风险因素，为交易的安全进行保驾护航。

大数据和人工智能的广泛应用，也带来了一些潜在的问题和挑战。如数据隐私和安全问题。大数据和人工智能的应用需要收集和分析大量的个人和机构数据，如果不妥善管理和保护这些数据，可能会造成用户隐私泄露和数据滥用的风险。因此，建立严格的数据保护和安全机制，确保数据的合法获取和使用是至关重要的。

技术和人才方面的挑战也需要克服。大数据和人工智能技术的应用需要投入大量的技术支持和人才培养。政府和企业需要积极推进相关技术的研发和应用，同时加强相关领域的人才培养和引进，确保相关技术的持续创新和应用。

大数据和人工智能技术将成为未来不动产登记档案管理的重要工具。通过对海量的不动产数据进行分析，可以发现潜在的市场趋势和风险，为政府决策和市场预测提供参考依据。大数据和人工智能的联合应用还将推动不动产交易的智能化和高效化，为不动产评估和风险控制提供更科学的手段。然而，应用中也需要注意数据隐私和安全问题，同时积极解决技术和人才方面的挑战，以确保大数据和人工智能在不动产领域的可持续发展和应用。只有在科学、安全、可持续的前提下，大数据和人工智能技术才能为不动产登记档案管理带来真正的推动和变革。未来不动产领域的发展将在大数据和人工智能的引领下，迎来更加智能化和高效化的时代。

五、环保和绿色技术

环保和绿色技术是当今社会发展的重要方向，也是未来不动产登记档案管理中值得关注和重视的问题。随着环境污染和气候变化的加剧，人们迫切需要采取可持续和更加环保的措施来保护地球和人类的未来。在未来，环保和绿色技术将在不动产登记档案管理领域发挥越来越重要的作用。

纸质文件的使用一直是不动产登记档案管理中的一大问题。传统的登记和归档方式依赖于大量的纸张，不仅浪费资源，还增加了管理和储存的成本。随着科技的不断发展，电子文档成了替代传统纸质文件的最佳选择。未来，在不动产登记档案管理中将进一步推广电子文档的使用。通过数字化登记流程，信息可以快速传递和共享，减少了文件传输和存储的环节，提高了工作效率。而且，电子文档可以实现追踪和监控，减少信息丢失和篡改的风险，增强了档案信息的安全性。同时，电子文档还有利于远程办公和合作，减少了人员流动和交通出行，降低了碳排放。

为了进一步确保电子文档的可靠性和合法性，数字签名技术也将在未来不动产登记档案管理中得到广泛应用。数字签名是基于公钥加密技术的一种认证手段，它能够确保文档的完整性和真实性，并且具有法律效力。不动产交易和登记过程涉及大量的合同和文件，使用数字签名可以有效地替代传统的纸质签名，减少了对纸张和墨水的需求，降低了环境负担。而且，数字签名技术还可以实现电子文档的非复制性，防止文档被恶意复制和篡改，保护了不动产登记档案的安全和可信度。

除了在电子文档和数字签名方面的应用，可再生能源的使用也将成为未来不动产登记档案管理中的一项重要举措。数据中心是不动产登记档案管理的核心部分，其中涉及大量的信息存储和处理。然而，传统的数据中心通常依赖于化石燃料来提供稳定的电力供应，这不仅对能源资源造成巨大消耗，还产生了大量的温室气体。未来，借助可再生能源，如太阳能、风能等，来支持数据中心的运行将成为一种可持续的解决方案。太阳能光伏板可以在数据中心屋顶或周围的空地上安装，将太阳能转化为电能，供应给数据中心，实现自给自足。风能也是一种潜力巨大的可再生能源，通过建设风力发电设施，将风能转换为电能，为数据中心提供可靠的电力支持。这样一来，不仅可以减少对化石燃料的需求，降低碳排放，还能节约能源资源，实现绿色低碳的能源供应。

在不动产登记档案管理中，绿色建筑和节能措施也将逐渐得到重视。大量的办公场所和数据中心需要建筑物来支持运营，而这些建筑的能源消耗占据了很大一部分。绿色建筑是一种环保和可持续发展的建筑理念，其采用环保材料和能源高效的技术来构建建筑，以降低对环境的影响。未来的不动产登记档案管理中，应该充分考虑到绿色建筑的原则，包括利用可再生材料、优化建筑设计、提高能源利用效率等。例如，建筑物的外墙可以采用太阳能光伏板来实现自给自足的能源供应，屋顶可以设置绿色植被，吸收二氧化碳，净化空气。此外，节能措施也是不可忽视的，例如在建筑中应用高效节能设备、优化空调系统、改进照明系统等，都能够有效降低能源消耗，减少对环境的影响。

环保和绿色技术的应用在不动产登记档案管理中不仅涉及硬件设施的改进，也涉及软件技术的创新。随着人工智能和大数据等技术的快速发展，其在不动产登记档案管理中的应用前景十分广阔。人工智能可以通过优化数据分析和管理流程，提高工作效率和准确性。未来，可以开发智能化的档案管理系统，利用人工智能技术对大量的档案信息进行分类、整理和归档，从而减少人工操作和时间成本。而且，人工智能还可以实现智能搜索和推荐功能，帮助用户更快速地找到所需信息，提高了档案的利用价值。同时，大数据技术也可以为不动产登记档案管理提供强大的支持。收集和分析大量的环境和能源数据，可以发现问题和优化方案，为决策提供科学依据，从而更好地引导环保和绿色技术的应用。例如，通过大数据分析，政府可以发现能源利用效率较低的地区，从而针对性地推广节能措施，降低能源消耗。此外，大数据技术还可以实现档案信息的全面梳理和整合，提高档案信息的价值和利用效率。

综上所述，未来的不动产登记档案管理将越来越关注环保和绿色技术的应用。通过减少纸质文件的使用，推广电子文档和数字签名，利用可再生能源来支持数据中心等措施，不仅可以提高工作效率和准确性，还能减少资源浪费和环境污染，为可持续发展和人类未来的美好生活作出贡献。这些环保和绿色技术的应用将成为不动产登记档案管理领域的重要趋势，并将在未来发挥越来越重要的作用。未来，我们期待环保和绿色技术在不动产登记档案管理中得到更广泛的应用，通过技术的创新和管理的改进，实现环境保护和经济发展的双赢。

六、跨部门协作和信息共享

跨部门协作和信息共享是未来不动产登记档案管理发展的重要趋势。在这个时代，信息的快速传递和共享已成为推动社会进步和发展的关键因素。不动产登记作为房地产交易的基础和保障，更需要各个相关机构的密切合作，以确保登记信息的准确性和可靠性。

政府部门在推动跨部门协作方面起着至关重要的作用。政府是整个社会体系的组织者和协调者，具有权力和资源来推动不同部门的合作。在不动产登记档案管理中，政府部门需要扮演着牵头者的角色，建立跨部门的工作组或委员会，由不同机构的代表组成。这些代表可以来自不动产登记中心、房地产管理局、金融监管部门、税务局等，他们将共同研究和解决登记过程中的问题和挑战。

政府部门可以组织定期的会议，让各个机构之间进行沟通和交流。通过这些会议，工作人员可以分享各自的工作经验和最佳实践，发现问题并找到解决方案。政府还可以制定统一的标准和规范，确保各个机构在登记过程中遵循相同的操作流程和标准，以提高登记信息的一致性和准确性。

金融机构在跨部门协作中也起着不可或缺的角色。金融机构与不动产密切相关，为其提供抵押贷款、房地产投资等，这些业务都需要依赖准确的不动产登记信息。因此，金融机构需要与政府部门和其他相关机构建立紧密的合作关系。

政府可以为金融机构提供必要的培训和指导，使其了解登记政策和操作流程。政府还可以提供技术支持，帮助金融机构更好地接入登记信息系统，实现信息的快速传递和共享。同时，政府还可以建立与金融机构的定期沟通机制，了解其在登记过程中的需求和问题，并及时予以解决。

不动产经纪人作为连接政府和市场的桥梁，也在跨部门协作中扮演着重要的角色。他们是房地产交易的中介人，了解市场需求和动态。政府部门可以与不动产经纪人协作，邀请他们参与登记政策的制定和修订，征求他们的意见和建议。通过这种方式，政府可以更好地了解市场的需求和问题，从而制定更符合实际情况的政策。

不动产经纪人还扮演着信息传递的角色。他们是购房者和出售者之间的信息中转站，需要确保向他们提供的信息与登记系统中的信息保持一致。为了做到这一点，政府需要向不动产经纪人提供准确的登记信息，建立信息共享机制，确保信息的准确传递。

在未来，跨部门协作和信息共享还将在不动产登记档案管理的技术应用中发挥重要作用。随着信息技术的不断进步，政府部门可以建立高效的信息系统，实现信息的快速传递和共享。通过数据的整合和共享，不动产登记体系可以更好地满足各个相关机构的需求，为市民提供更加便捷、高效的登记服务。

政府可以投资建设统一的登记信息平台，整合各个相关机构的信息系统，实现数据的共享和交换。这样一来，不同机构之间就可以通过这个平台快速地查询和共享登记信息，避免了信息孤岛和重复录入的问题。此外，政府还可以利用人工智能等技术手段，对登记信息进行分析和挖掘，帮助相关机构发现问题和风险，及时采取措施进行应对。然而，要实现跨部门协作和信息共享并不是一件容易的事情。各个相关机构可能存在不同的信息系统和标准，需要进行整合和统一。这需要政府投入大量的精力和资源，推动各个机构之间信息的互通互联。

信息共享涉及数据的隐私和安全问题，特别是涉及个人隐私的登记信息。政府需要建立健全的数据保护机制，确保敏感信息不被滥用和泄露。政府可以制定相关的法律法规，规定登记信息的使用范围和权限，明确责任和义务。此外，不同机构之间可能存在利益分歧和合作难题。一些机构可能担心共享信息会损害自身的利益，导致竞争力下降。因此，政府需要通过沟通和协商，化解各方的矛盾和分歧，形成共识，共同推动不动产登记档案管理体系的建设和完善。

综上所述，跨部门协作和信息共享是未来不动产登记档案管理的发展方向。政府部门、金融机构、不动产经纪人等相关机构需要紧密合作，形成一个统一的登记体系，以提高不动产登记信息的一致性和准确性。通过技术的应用和信息的共享，未来的登记体系将更加高效便捷，为市民提供更优质的登记服务。然而，要实现这一目标，需要克服一系列的困难和挑战，需要各方共同努力，共建共享的未来不动产登记档案管理体系。只有这样，我们才能真正实现不动产登记档案管理的现代化和高效化。

总体而言，未来的不动产登记档案管理将朝着数字化、智能化、便捷化和环保化的方向发展。新技术的应用将带来更高效的登记流程和更安全可信的登记信息，为不动产交易和市场运作提供更好的支持。然而，随着技术的不断进步，也需要加强数据安全和隐私保护，确保不动产登记档案管理的可持续发展。

第二节　数字化技术在未来不动产登记档案管理 与开发利用中的角色

一、提高登记效率

数字化技术在提高不动产登记效率方面发挥着越来越重要的作用。传统的不动产登记过程通常涉及大量的纸质文件和烦琐的手续，导致登记流程复杂且费时。然而，随着科技的进步和数字化技术的广泛应用，电子化登记成为可能，通过信息系统将登记信息进行集中管理，减少了手工录入和复核的环节，极大地提高了登记的效率。

数字化技术带来的最大改变之一就是登记过程的便捷化。在传统的纸质登记模式下，办理不动产登记需要提交大量的文件和材料，而且需要不同部门之间频繁传递、核对、盖章等，因此办理时间较长，办理过程中容易出现信息传递错误和遗漏。而采用数字化技术，登记申请人可以将相关材料以电子形式上传至信息系统，系统可以自动根据规定的要求进行检验和校验，大大简化了登记流程。申请人可以通过网络或者手机 App 进行申请，不再需要亲自前往窗口排队，大大节约了时间和精力。

数字化登记还促进了政府部门之间的信息共享和协同办公。在传统的纸质登记模式下，不同部门之间的信息共享和沟通往往存在许多障碍。例如，不动产登记与税务、规划、建设等部门都有关联，但信息孤岛现象导致这些部门之间很难及时共享数据，使处理登记事务缺乏整体性和一致性。而数字化登记打破了信息壁垒，实现了数据的共享和交换，不同部门可以在同一系统中进行协同办公，提高了信息处理的效率和准确性。此外，数字化登记还为登记信息的准确性和安全性提供了保障。在传统纸质登记模式下，手工录入和传递信息，容易导致数据错误、篡改或遗漏等问题。而数字化登记可以通过信息系统实现自动录入和校验，避免了人为错误的发生，确保登记信息的准确性。同时，数字化登记系统采用了多层次的数据加密和权限控制，确保登记信息的安全性，防止信息泄露和非法访问。

除了提高登记效率和信息安全性，数字化登记还为监管和数据分析提供了有力支持。在传统登记模式下，数据统计和监管通常需要手工整理和人工提取，工作量庞大且易出错。而数字化登记使得相关数据可以被快速汇总、统计和分析，政府和相关机构可以更加及时地获取行业和市场动态，有助于更好地制定政策和规划，促进市场稳定和发展。

数字化登记还为不动产交易提供了便利。在数字化登记的框架下，不动产信息的实时更新和查询成为可能，买卖双方可以更加方便地获取相关信息，从而更快地完成交易流程。这有助于提高不动产市场的流动性，促进了房地产市场的健康发展。

然而，数字化登记在推广过程中也面临一些挑战。首先，不同地区的登记系统可能存在差异，需要在整合和统一登记数据的过程中解决信息兼容性问题。其次，数字化登记涉及大量的不动产数据和个人信息，涉及隐私保护和数据安全等问题，需要建立完善的数据安全机制和法律法规保障。最后，一些老年人或者不熟悉数字技术的群体，可能对数字化登记产生抵触情绪，因此在推广过程中需要开展宣传和培训工作，提高公众对数字化登记的认知和接受度。

数字化技术对于提高不动产登记效率具有显著的优势。通过电子化登记，纸质文件和烦琐手续得到简化，登记过程更加便捷高效。信息共享和协同办公加快了信息流转和处理速度，降低了错误率。此外，数字化登记还为监管和数据分析提供了支持，促进了不动产交易的便利和市场的健康发展。然而，在推广数字化登记过程中，需要解决信息兼容性、数据安全和公众认知等问题。可以预见，在数字化技术不断创新和应用的推动下，不动产登记效率将会持续提升，为社会和经济发展带来更多的便利与利益。

二、加强登记数据可靠性

数字化登记是信息时代的必然产物，它以计算机技术为基础，将传统的手写登记转变为电子记录，为数据管理和信息处理带来了全新的可能性。在现代社会中，数据的准确性和可靠性对于各个行业和领域都至关重要，因此加强登记数据的可靠性显得尤为重要。

首先，我们来探讨数字化登记如何有效避免手写登记的笔误问题。手写登记在过去确实是一种常见的数据记录方式，但它存在人为因素的限制。人们的拼写能力和字迹书写的规范性各有不同，这就导致了很多手写登记中的笔误问题。例如，某些字母容易混淆，或者因为匆忙而导致错别字。而数字化登记使用计算机系统进行数据输入，通过键盘输入或者数据采集设备，这些问题都可以被大大减少甚至消除。在输入过程中，计算机系统可以根据预定规则进行自动校正和提示，确保数据的准确性。同时，数字化登记还可以对输入数据进行验证，排除格式不正确或者逻辑错误的情况，进一步提高了数据的准确性。

其次，数字化登记的一个重要优势在于它避免了手写登记中可能发生的信息丢失问题。纸质记录容易受到各种外部因素的影响，比如火灾、水患等自然灾害，或者因为长期保存而导致纸张的老化和腐烂。这些情况下，登记信息可能会永久丢失，给相关工作和决策带来严重的不利影响。而数字化登记将数据存储在电子系统中，可以进行多地备份和异地存储。这意味着即使发生灾害或者某个地点的设备损坏，数据依然可以通过其他备份进行恢复。此外，数字化登记还可以设定自动备份机制，保证数据的实时备份，进一步降低数据丢失的可能性。通过数字化的数据存储方式，登记信息可以长期保存，而且不会受到纸张老化等问题的困扰，确保数据的完整性和可靠性。

除此之外，数字化登记还带来了数据存储和管理的便捷性。在传统手写登记中，大量的纸张存储需要占用大量的空间，并且需要耗费人力和物力来进行整理和归档。而数字化登记将数据存储在计算机中，不再需要大量的纸张，有效地节约了资源。同时，数字化登记采用数据库管理系统，可以方便地进行数据查询、分类和统计，提高了数据利用的效率。例如，可以通过关键词搜索等功能快速找到需要的信息，而不需要像手写登记一样翻阅大量文件和纸张。这种便捷性为各行各业提供了更高效的数据管理手段，也为信息的共享和传递提供了便利。

数字化登记还能够实现数据的及时更新和共享。在传统手写登记中，一旦数据需要更新，就需要重新书写或者修改原有记录，这可能会耗费大量的时间和精力。而数字化登记可以通过修改数据记录的方式进行更新，更加方便快捷。同时，数字化登记还可以实现数据的在线共享，授权给相关部门或个人访问。例如，在医疗领域，数字化的患者健康信息可以授权给其他医疗机构，在保证隐私的前提下促进患者的综合治疗。这样的共享机制有助于加强不同部门之间的合作，提高工作效率，为决策提供更多的参考依据。

数据安全是数字化登记亟待解决的重要问题。数字化登记的数据存储和传输都面临着安全风险，例如黑客攻击、数据泄露等。因此，必须采取一系列的安全措施来保护数据的安全。首先，建立完善的数据安全管理体系，设定不同用户的数据访问权限，确保敏感信息只有授权人员可以访问。其次，使用数据加密技术，对数据进行加密存储和传输，防止未经授权的访问。同时，定期进行数据备份，确保在数据丢失或损坏时可以快速恢复。最后，还可以采用多层次的安全措施，如防火墙、入侵检测系统等，提高数据安全性。

在推广数字化登记的过程中，我们还需要解决一些问题。首先，对于一些信息化程度较低的地区或单位，数字化登记可能需要进行培训和推广，使相关工作人员熟悉数字化系统的使用。其次，数字化系统的维护和升级也需要投入一定的人力和财力。因此，需要建立完善的技术支持和维护体系，保证数字化登记系统的稳定运行和持续。

三、虚拟现实和增强现实

虚拟现实和增强现实是两种前沿的数字技术，近年来在不动产开发利用方面呈现出巨大的应用潜力。它们不仅可以改变房地产行业的运作方式，还可以提升购房者的体验和决策过程。以下，我们将深入探讨虚拟现实和增强现实在不动产开发利用方面的广泛应用，以及其对房地产行业的影响。

虚拟现实和增强现实技术为房地产开发商提供了强大的展示工具。在传统的房地产项目展示中，开发商通常会依赖于实地参观或平面图来展示房产项目。然而，这些方式存在许多限制，比如时间和空间的限制，以及固定的展示形式。虚拟现实和增强现实技术通过数字化的手段，让开发商可以构建逼真的三维虚拟环境，让购房者仿佛置身其中。购房者可以自由地漫游整个房产项目，观察不同房型的细节和设计，甚至可以感受项目的周边环境。这种沉浸式的展示方式能够激发购房者的兴趣和好奇心，提高他们对房产项目的关注度。

虚拟现实和增强现实技术为购房者带来了便利的远程参观和体验体验。传统购房过程中，购房者可能需要长途跋涉去参观房产项目。对于外地或外国购房者来说，这可能是一项昂贵而烦琐的任务。而虚拟现实和增强现实则可以打破地域限制，让购房者只需佩戴虚拟现实头盔或使用增强现实设备，就能在家中或任何地点远程参观房产项目。他们可以通过虚拟现实技术在虚拟环境中自由地漫游，或者通过增强现实技术在现实世界中观看虚拟元素的叠加。这种远程参观和体验的方式，不仅节省了购房者的时间和费用，还提高了购房者的满意度和购房决策的准确性。

虚拟现实和增强现实技术还可以帮助购房者更深入地了解房产项目的设计和布局。传统的平面图和样板房可能无法完全展现房产项目的真实感受，而虚拟现实和增强现实技术则能够提供更真实的体验。通过虚拟现实技术，购房者可以在虚拟环境中自由移动，观察不同房间的布局和设计，感受不同的装修风格。他们可以根据自己的喜好和需求，在虚拟环境中自由选择不同的家具、装饰和颜色，以便更好地了解房产项目是否符合自己的期望。增强现实技术则可以在现实世界中实时显示虚拟元素，比如将家具和装饰品叠加在空房间中，让购房者可以直观地感受到不同设计方案的效果。通过这些交互式的体验，购房者可以更加深入地了解房产项目，从而作出更明智的购房决策。

除了为购房者带来便利，虚拟现实和增强现实技术还可以帮助购房者更准确地了解房产项目的周边环境和配套设施。在购房决策过程中，购房者通常会考虑房产项目周边的交通、教育、医疗等配套设施情况。虚拟现实和增强现实技术通过虚拟地图和增强现实信息展示，让购房者在虚拟环境中查看项目周边的交通情况、学校位置、医院距离等信息。这种可视化的信息展示方式，可以帮助购房者更加直观地了解房产项目的周边环境，从而更好地作出购房决策。

除了购房者，虚拟现实和增强现实技术还可以帮助开发商更高效地进行房产项目的规划和设计。在房地产项目规划阶段，开发商通常需要考虑很多因素，比如土地利用、建筑设计、设施布局等。传统的规划方式可能比较复杂和耗时，而虚拟现实和增强现实技术则可以在数字化的环境中模拟不同的建筑方案和布局。开发商可以通过虚拟现实技术在虚拟环境中构建多种建筑模型，快速比较不同方案的优劣。这种数字化的规划方式，不仅提高了规划效率，还降低了规划成本，为开发商提供了更多的选择和灵活性。

在房地产项目施工阶段，虚拟现实和增强现实技术也能够帮助工程师更好地理解设计图纸和施工信息。在传统的施工过程中，工程师通常需要查看大量的设计图纸和施工说明，这可能会产生误解或遗漏。虚拟现实技术将设计图纸以三维形式呈现，让工程师可以在虚拟环境中直观地查看和理解设计图纸，减少误解和错误。此外，增强现实技术可以将虚拟信息叠加在现实世界中，让工程师在施工现场可以实时查看设计图纸和施工信息，避免烦琐的查阅过程。这种实时的信息展示方式，能够提高施工效率和质量，减少施工时间和成本。

虚拟现实和增强现实技术在不动产开发利用方面的应用，不仅可以改善购房者的体验和决策过程，还可以提高开发商的工作效率和项目质量。随着技术的不断进步和应用场景的不断拓展，虚拟现实和增强现实必将在房地产行业中发挥越来越重要的作用。虽然目前虚拟现实和增强现实技术的应用还处于初级阶段，但随着技术的日益成熟和成本的逐渐降低，这些技术将逐渐普及和推广，为不动产行业带来更多的机遇。因此，房地产开发商和购房者都应积极拥抱虚拟现实和增强现实技术，利用其带来的优势和便利，共同推动整个房地产行业向着智能化和数字化的未来发展。

四、支持智能合约与区块链应用

智能合约与区块链技术的结合正在逐渐改变我们社会的方方面面，而数字化登记为这些应用提供了基础。在过去，不动产登记和交易往往是一项烦琐且费时的过程，需要涉及多个机构和中介人员，容易出现信息不对称和交易纠纷。然而，随着数字技术的发展，数字化登记为智能合约和区块链技术的应用带来了新的机遇和优势，将不动产交易带入了一个全新的时代。

数字化登记为智能合约的实施提供了可靠的数据支持。传统的不动产交易往往需要通过纸质文件来记录交易信息和权益转移的过程。这样容易出现信息的不准确和遗漏，进而导致交易的混乱和争议。而数字化登记将不动产信息以数字形式记录和存储，实现了信息的准确和完整。智能合约可以在这样的基础上进行自动化的执行，当交易满足预先设定的条件时，合约将自动执行相应的操作，实现不动产交易和权益转移的自动化。这样的应用可以大大提高交易的效率，降低交易的成本，同时减少了交易中可能出现的人为错误和纠纷。

数字化登记与区块链技术的结合为不动产信息的可信度和安全性提供了更为可靠的保障。区块链是一种分布式账本技术，所有的交易将被记录在多个节点上，并通过密码学算法链接在一起，形成一个不可篡改的信息链。这意味着一旦不动产信息被记录在区块链上，就无法被篡改或删除，确保了信息的完整性和不可逆性。而且，由于区块链的去中心化特性，信息存储在多个节点上，不再依赖于中心化的管理机构，从而降低了数据被篡改或丢失的风险。这样的特性可以为不动产登记和交易提供更高的安全性和保障，避免了传统登记系统可能存在的数据丢失、造假等问题。

数字化登记为不动产信息的共享和溯源提供了新的可能性。在传统的不动产交易中，信息的共享和查询通常受限于政府和特定机构的管辖，而这样的信息不对称容易导致交易的不公平和不透明。通过区块链技术，不动产信息可以被授权的用户共享和查询，实现信息的实时更新和共享，进一步提高了不动产交易的透明度和效率。比如，购房者可以通过查询区块链账本来了解房屋的交易历史和权益状况，房产中介和金融机构也可以参与到信息共享中，从而形成一个更加开放和透明的交易环境。

此外，数字化登记为智能合约和区块链技术的应用带来了更多的创新应用。智能合约的执行是基于事先设定的条件和规则，这为不动产交易中的多方参与提供了新的机会。例如，在不动产开发过程中，智能合约可以将开发者、投资者和购房者等各方的权益明确规定，实现多方参与、多方共赢的交易模式。同时，智能合约还可以与其他技术相结合，例如物联网技术，实现不动产的智能管理和维护。例如，在物联网设备的监控下，智能合约可以自动检测房屋设施的状况，并在设备出现故障时自动通知维修人员进行处理。这样的应用可以大大提高不动产的管理效率和服务质量。

然而，智能合约与区块链技术的应用也面临一些挑战和难题。首先，智能合约的执行需要依赖于可靠的数据源和信息输入，如果输入的数据不准确或存在错误，就可能导致合约的执行出现问题。因此，确保数字化登记的数据质量和准确性是至关重要的。其次，区块链技术的应用还面临一些法律和监管上的不确定性。例如，在不同国家和地区，对于区块链的法律认知和监管政策可能存在差异，这可能会影响到智能合约和区块链技术在跨境交易中的应用。

数字化登记为智能合约和区块链技术的应用带来了诸多机遇和优势。通过数字化登记，不动产交易和权益转移变得更加高效和安全，区块链技术的引入确保了不动产登记信息的不可篡改和透明性。同时，数字化登记也为智能合约与区块链技术的创新应用提供了更广阔的空间。然而，智能合约与区块链技术的应用还需要面对一些挑战和难题，需要我们持续进行技术创新和政策法规的完善。相信随着智能合约和区块链技术的不断发展与成熟，它们将在不动产领域发挥越来越重要的作用，为我们的生活带来更多的便利与创新。

五、云计算和移动应用

云计算和移动应用作为现代信息技术的两大重要方向，已经深刻地改变了我们的生活和工作方式。在不动产登记档案管理和公共服务方面，它们发挥了不可替代的作用，为各级政府机构、企事业单位和公众带来了巨大的便利和效益。

首先，让我们深入探讨云计算技术在不动产登记档案管理中的应用。云计算是一种通过网络提供计算资源和服务的模式，其核心特点是将大量的计算、存储和处理任务分配给位于云端的远程服务器，用户通过互联网进行访问和使用。在传统的不动产登记档案管理中，通常会出现纸质档案繁重、信息传递不便、数据共享困难等问题。而云计算技术的引入，彻底改变了这一现状。

云计算技术为不动产登记档案的远程存储和共享提供了解决方案。传统的纸质档案需要占用大量的空间，并且容易损坏和丢失。而通过云计算技术，不动产登记档案可以以电子化的形式存储在云端服务器上，不受地域限制，免去了传统档案的空间占用和保管问题。这样，不动产登记部门和相关机构无须再为档案的存储和保管而烦扰，节省了大量的资源和成本。同时，云计算技术还实现了不动产登记信息的实时共享。在传统的档案管理中，不同部门之间往往需要通过文件传递或者手动复制的方式来交换信息，这不仅费时费力，还容易产生信息不一致的问题。而云计算技术打破了信息孤岛，通过建立统一的云端平台，使各个部门可以实时共享、访问和更新不动产登记信息。这种实时共享的方式大大提高了信息传递的效率，保证了不动产登记信息的一致性和准确性。

另外，云计算技术的灵活性和可扩展性也为不动产登记档案管理带来了便利。随着不动产登记信息的不断积累和业务量的增加，传统的本地服务器可能面临存储容量不足和计算能力不足的问题。而云计算技术可以根据需要灵活地分配和调整计算资源，满足不同规模和需求的不动产登记业务。这样，不动产登记机构无须过度投入硬件设备，可以根据实际情况进行资源配置，提高了资源利用率和运营效率。

除了在不动产登记档案管理中的应用，云计算技术还为不动产相关的业务流程提供了优化方案。例如，云计算技术可以实现不动产交易信息的在线化处理，包括房屋出售和租赁等交易过程。通过建立在线平台，房主和租户可以方便地发布房屋信息，买家和租户可以便捷地查询和浏览房源信息。同时，房屋交易的各项手续和合同可以在线完成，节省了烦琐的线下办理过程，提高了交易效率和透明度。

接下来，我们来详细讨论移动应用在不动产信息查询方面的应用。移动应用是指可以在智能手机或平板电脑上运行的软件程序，它们为用户提供了丰富多样的功能和服务。在不动产信息查询方面，移动应用的普及为公众带来了极大的方便。

移动应用可以让公众在手机上方便地查询不动产信息。传统的不动产查询往往需要公众前往不动产登记中心或相关机构进行查询，耗费了大量的时间和精力。而通过移动应用，公众可以随时随地打开手机，输入相关信息，即可快速获得所需的不动产登记信息。这种便捷的查询方式为公众提供了更多的自主权，让他们可以更加方便地了解房产信息和土地信息，为日常生活和投资决策提供便利。

移动应用还可以提供更加全面和详细的不动产信息查询服务。除了基本的房屋信息和土地信息外，一些移动应用可能还提供房地产市场的动态信息和数据分析，帮助用户了解当地房价走势和房屋租售的情况。这些信息对于购房和投资决策具有重要的参考价值。而且，一些应用还可能提供相关法律法规和政策的解读，帮助公众更好地了解不动产登记相关的法律程序和权益保障。这样的附加功能使不动产信息查询变得更加全面和深入，为公众提供了更多的决策支持。

除了为公众提供便捷的查询服务，移动应用还可以促进不动产交易的在线化。在传统的不动产交易过程中，买卖双方往往需要亲自前往中介机构或公证处，签署各类合同和文件。这样的线下交易过程可能耗时较长，也存在信息不对称和安全隐患。而通过移动应用，不动产交易的各项手续和合同可以在线完成，包括房屋出售和租赁的合同、房产评估和验收的证明文件等。这样，买卖双方可以远程完成交易过程，不受地域限制，节省了时间和成本，提高了交易效率和透明度。

云计算和移动应用在不动产登记档案管理和信息查询方面的应用，大大改善了传统的不动产管理方式，为公众和相关机构带来了巨大的便利和效益。云计算技术的远程存储和共享功能，实现了不动产登记信息的实时共享和高效管理。移动应用的普及为公众提供了便捷的不动产信息查询服务，同时也推动不动产交易的在线化。随着技术的不断进步和应用的不断创新，云计算和移动应用在未来的发展中将继续发挥更加重要的作用，推动不动产管理和公共服务向着更加高效和智能化的方向发展。

六、支持城市规划与土地管理

数字化登记作为现代城市规划与土地管理的重要工具，其应用在城市发展中扮演着至关重要的角色。以下，我们将深入探讨数字化登记的各个方面，以及它如何为城市规划和土地管理提供有力支持。

数字化登记是将传统的土地登记和管理过程数字化的过程。传统的土地登记往往需要大量的纸质文件和手工操作，这使得数据收集和管理过程复杂耗时。而数字化登记则将土地信息转化为数字化数据，通过信息技术手段将这些数据进行存储、分析和管理。这样不仅提高了数据的准确性和可靠性，还大大节约了人力和物力资源。数字化登记的实施，使城市规划和土地管理进入了一个全新的时代，为城市发展带来了许多机遇和挑战。

数字化登记为城市规划和土地管理带来了全新的数据资源。通过数字化登记，我们可以获得全面准确的土地信息，包括土地面积、用途、所有权、权属等方面的详细数据。这些数据的获得，为城市规划者和土地管理者提供了强有力的数据支持，使他们能够更好地把握土地利用的现状和趋势。例如，通过对土地用途数据的分析，我们可以清楚地了解哪些地区是住宅用地、哪些地区是商业用地、哪些地区是工业用地，从而有针对性地进行城市规划和土地管理。

数字化登记的另一个重要功能是实现土地利用数据的动态更新和实时监测。城市的发展和变化是持续不断的，传统的土地登记手段往往难以及时反映土地利用的变化，而数字化登记则可以通过自动化的数据更新机制，使土地利用数据保持最新和准确。这样，城市规划者和土地管理者可以实时了解土地利用的变化情况，及时调整规划和管理策略。例如，在城市建设过程中，如果有新的用地需求或者土地利用冲突，数字化登记可以及时发现并提供解决方案，避免了城市规划与土地管理上的困难。

数字化登记还可以促进土地资源的优化配置。通过对土地利用数据的深入分析，我们可以发现潜在的土地资源利用问题和矛盾，比如城市内部的空间浪费，或者是土地供需不平衡等情况。有了这些信息，城市规划者和土地管理者可以采取相应的政策和措施，合理规划土地利用结构，提高土地资源的利用效率。例如，在城市规划中，通过数字化登记的数据，我们可以确定哪些地区适合开发，哪些地区需要保护，从而实现土地资源的合理配置和可持续利用。

数字化登记还可以为城市规划和建设提供全面的支持。通过对土地利用数据的分析，我们可以发现城市中存在的问题和矛盾，比如交通拥堵、环境污染等。有了这些信息，城市规划者可以在新的城市规划中考虑这些因素，提出更加科学合理的城市布局和建设方案。例如，在城市交通规划中，我们可以利用数字化登记的数据，确定交通拥堵的区域，并规划新的交通路线，以缓解交通压力，提高城市交通的效率。

数字化登记还可以促进城市管理的信息化和智能化。随着科技的不断发展，数字化登记的数据可以与其他城市管理系统进行数据共享和交互，从而实现城市管理的高效运行和智能决策。比如，将数字化登记的土地数据与交通管理系统相结合，可以实现更加智能化的交通规划和优化；将数字化登记的土地数据与环保监测系统相结合，可以实现更加精准的环境保护措施。这样，城市管理者可以根据数字化登记的数据，进行更加精细化的管理和决策，从而提高城市管理的效率和质量。

综上所述，数字化登记为城市规划和土地管理提供了有力的支持。通过对不动产登记数据的全面分析和应用，我们能够深入了解土地利用的现状和趋势，为城市建设和土地资源的优化配置提供科学依据。数字化登记不仅为城市规划和土地管理带来了全新的数据资源，还实现了土地利用数据的动态更新和实时监测，促进了土地资源的优化配置和城市规划的合理化。数字化登记还为城市建设提供了全面的支持，促进了城市管理的信息化和智能化。在未来的发展中，数字化登记将继续发挥重要作用，为城市的可持续发展和管理提供有力支持。

然而，数字化技术的引入也面临一些挑战，比如数据隐私保护、网络安全风险等。因此，在数字化不动产登记档案管理过程中，必须加强对数据安全和隐私的保护，建立完善的数据管理制度和安全防护体系。

总体来说，数字化技术在未来不动产登记档案管理与开发利用中扮演着至关重要的角色。通过数字化登记，可以提高登记效率，增强数据可靠性，实现信息共享与利用，推动智能合约与区块链应用，支持城市规划与土地管理，为房地产市场和城市发展带来更多机遇与发展空间。

第三节　未来政策法规对不动产登记档案管理与开发利用的影响

随着社会的不断发展和城市化进程的加快，不动产登记档案管理与开发利用成为一个重要的议题。政府部门和相关机构在未来会制定一系列政策法规，以促进不动产登记档案管理的规范化和优化，同时推动不动产信息的开发和利用。

一、登记制度改革

登记制度改革是一项重要的政策措施，旨在推动不动产登记制度向更加统一和完善的方向发展。在过去，我国不动产登记管理体系相对分散，存在地方性的差异，导致不动产交易的时效性、真实性和准确性难以保障。因此，未来的政策可能会通过不动产登记制度改革，建立全国范围内的统一登记制度。这一改革将对不动产登记档案的建设和管理提出更高要求，要求建立完善的登记档案系统，以确保不动产登记信息的真实、准确和完整。

首先，不动产登记制度改革将全面建立统一的登记管理体系。当前，不动产登记体系分为土地、房屋和林权等多个部门管理，各地登记机构之间的数据孤岛现象较为明显。为解决这一问题，政府将努力在全国范围内建立一个整合性的不动产登记系统，实现不动产登记信息的统一收集、整合和共享。这将为不动产交易提供更为高效便捷的服务，促进全国范围内的不动产市场流动和资源优化配置。

其次，为确保不动产登记信息的真实性和准确性，政府可能采取多种手段进行监管和审查。例如，引入先进的科技手段，如区块链技术，将不动产登记信息以不可篡改的方式记录在区块链上，实现登记信息的全程可追溯。同时，加强对登记机构和工作人员的培训和监管，确保其具备专业的登记能力和职业道德。此外，政府还可能鼓励公众参与到登记信息的核实中，增强登记信息的公信力。例如，设立不动产信息核实义务，让公众可以自愿核实不动产登记信息的真实性，从而形成更加完善的登记信息体系。

在不动产登记档案管理方面，政府将加强对登记档案的存储和维护。建立完善的不动产登记档案系统，确保登记信息的长期保存和安全可靠。政府可能会投入大量资金和人力资源，推动数字化登记档案的建设，实现信息化管理。同时，加强档案信息的灾备措施，防范档案数据丢失和损毁的风险。此外，政府鼓励各地建立不动产登记档案信息共享平台，实现登记数据的实时交换和共享，提高登记工作的效率和准确性。

登记制度改革还将着力降低登记成本和时间，推动不动产交易的便捷化。政府会简化登记手续，减少烦琐的文件材料，推行线上登记服务，提高登记审批的效率。同时，政府还会逐步建立不动产登记一站式服务中心，整合相关部门的业务职能，提供一站式服务，减少公众前往多个部门办理手续的麻烦。此外，政府还将推动不动产登记信息与其他相关信息系统的对接。例如，将不动产登记信息与土地利用规划、房产税收等信息进行关联，实现不同信息系统之间的数据共享和交互。这将为政府提供更为全面的决策依据，优化土地利用和城市规划，推动城市的可持续发展。

登记制度改革还将注重强化对不动产交易市场的监管和风险防范。政府可能会加大对不动产交易行为的监测力度，对涉嫌违法违规交易进行严厉打击，维护市场的公平竞争秩序。同时，政府还会建立健全不动产市场风险预警机制，及时发现和应对市场的潜在风险。通过有效的监管和风险防范措施，政府将努力确保不动产市场的稳定和健康发展。

不动产登记制度改革将在法律法规方面进行完善和补充。政府会出台相关法律法规，明确不动产登记的程序、标准和要求，加强对不动产交易行为的法律监管。同时，政府还会加大对不动产交易中的合同执行和权益保障的力度，建立健全不动产登记与司法机构的衔接机制，为不动产交易纠纷的解决提供更加便捷和公正的途径。

综上所述，不动产登记制度改革是一项系统性、复杂性的政策任务。通过建立统一的登记管理体系，确保登记信息的真实准确，加强登记档案的管理和维护，降低登记成本和时间，推动不动产交易便捷高效，加强对不动产交易市场的监管和风险防范，以及完善相关法律法规，政府将为不动产登记制度改革提供全方位的支持和推动力度。这将促进不动产市场的稳定健康发展，提升不动产交易的透明度和效率，为我国经济社会的发展提供有力的支撑。

二、信息化建设

信息化建设在现代社会发挥着越来越重要的作用，尤其是在不动产登记档案管理方面，其推进对于提高管理效率、优化公共服务、促进社会发展具有重要意义。政策法规在推动不动产登记档案的信息化建设方面发挥着至关重要的引导和推动作用。

政策法规的制定为不动产登记档案的信息化建设提供了明确的指向。政府部门制定的政策法规对于促进信息化建设提供了规范和支持，包括数据标准、信息平台建设、数据共享等方面的要求。政策法规的指导使不动产登记档案信息化建设能够在整体上形成统一的目标和标准。

传统上，不动产登记主要依赖于纸质档案，登记信息分散在各个不同的部门和地区，导致信息孤岛、数据冗余和查询不便等问题。信息化建设的出现改变了这一现状，将不动产登记数据数字化，实现集中管理和共享，为不动产登记档案管理带来了革命性的变革。

第一，政策法规的推动促进了不动产登记信息的集中化管理。政府制定政策法规，要求将不动产登记信息纳入国家或地方的信息平台，实现信息共享和互联互通。这意味着不同地区、不同部门的不动产登记信息可以在统一的平台上进行管理，信息共享避免了信息孤岛的问题，提高了数据的质量和完整性。集中管理也有利于减少数据冗余，降低数据存储和维护成本。

不动产登记数据的集中管理使政府能够更加全面、准确地掌握不动产情况，便于政策制定和社会管理。例如，在城市规划和土地利用方面，政府可以通过分析不动产登记数据，了解土地的利用状况和建筑的类型分布，为城市规划和土地开发提供科学依据。在房地产市场监管方面，政府可以通过不动产登记数据，查明房屋的真实所有权和交易信息，有效防范房地产市场的乱象。

第二，信息化建设使不动产登记数据查询更加便捷高效。在传统的纸质档案管理模式下，查询不动产登记数据需要人工查阅大量的档案资料，耗费时间和人力成本。而通过信息化建设，公众只需要在电脑终端上输入相应的查询条件，即可迅速获取所需数据，大大提高了查询效率，方便了相关单位和个人的使用。通过信息化建设，不动产登记数据可以实现全国范围内的查询和共享。无论是政府部门还是个人企业，只要具备相应的权限，就可以通过网络平台查询不动产登记信息，不再受制于地域和部门的限制。这为跨地区、跨部门合作提供了便利，促进了资源的优化配置和合理利用。

第三，信息化建设提高了不动产登记数据的综合利用价值。信息化建设不仅仅是将纸质档案数字化，更重要的是将数据进行关联、挖掘和分析。通过数据挖掘技术，可以发现不动产登记数据中的规律和趋势，为政府决策提供科学依据。例如，通过分析不动产登记数据，政府可以了解房地产市场的供需关系，预测房价的走势，从而采取相应的调控措施。数据的综合利用也促进了不动产登记数据与其他领域数据的融合。例如，将不动产登记数据与交通、环保、教育等公共服务数据相结合，可以形成更加全面和丰富的信息资源，为社会公共服务的提供更多元化的支持。数据的融合还可以促进不同行业之间的合作与交流，推动经济的协同发展。

第四，信息化建设促进了公共服务的优化和提升。随着信息化建设的推进，不动产登记信息可以与其他公共服务信息相互关联，形成一体化服务体系。例如，房产信息可以与教育、医疗、交通等信息相结合，为市民提供更加便捷和精准的公共服务。市民只需要在一个平台上提交相应的申请材料，就可以同时办理多项服务，避免了重复提交资料的麻烦，提高了服务的效率和质量。

第五，信息化建设还可以推动政府部门的内部协同和信息共享。传统上，不同部门之间信息孤岛的存在导致了信息资源的浪费和管理的不协调。通过信息化建设，不动产登记数据可以与其他部门的数据进行共享，实现信息的跨部门流转，提高了政府部门之间的工作效率和响应速度。政府可以借助信息化技术建立综合性的决策支持平台，集成各类数据资源，为政策制定和决策提供科学的参考依据。

信息化建设使不动产登记工作得以标准化和规范化。政策法规要求数据标准的统一，信息平台的互联互通，这使得不动产登记的信息化建设更加符合标准和规范。标准化和规范化有利于数据的一致性和可比性，也有利于数据的长期保存和稳定运行。

通过信息化建设，政府可以建立起一套完整的不动产登记数据标准和规范，规定不动产登记数据的采集、存储、更新和共享的各个环节，确保数据的真实、准确和可靠。同时，标准化和规范化也有利于不动产登记工作的持续推进和长期稳定运行。通过建立统一的数据标准，政府可以更好地对不动产登记数据进行管理和维护，降低系统出错的风险，从而保障数据的安全性和稳定性。

政策法规对于推动不动产登记档案的信息化建设起到了至关重要的作用。信息化建设使不动产登记数据的管理更加集中高效，查询更加便捷，数据的综合利用价值得到提升，公共服务得到优化，不动产登记工作得到了标准化和规范化，这将对社会发展产生深远影响，为经济建设和社会治理提供有力支撑。在未来，随着信息技术的不断发展，不动产登记档案的信息化建设将会不断完善和拓展，为社会发展创造更加广阔的空间。

三、优化登记程序和服务

优化登记程序和服务是现代社会发展的必然趋势，尤其在不动产登记领域，这一改革举措对促进经济发展、提高社会效率和服务质量具有重要意义。未来政策法规可能会倾向于推动不动产登记的简化和便捷化，为市民和企业提供更加便利的登记服务。以下，我们将从多个方面对优化登记程序和服务的必要性、方法和实施效果进行详细展开。

值得关注的是优化登记程序和服务的必要性。不动产登记作为确权的重要手段，对于维护市场秩序、促进经济发展和社会稳定具有重要作用。然而，传统的登记流程常常涉及多个部门的联动，流程复杂，耗时较长。因此，简化登记程序是提高行政效率的关键措施之一。同时，传统的线下登记方式也限制了登记服务的时效性和便捷性。在信息时代，推行线上登记服务可以更好地满足市民和企业的个性化需求，提高服务质量。

优化登记程序和服务的方法多样。首先，在流程上，政府可以通过整合不动产登记相关的部门和机构，实现信息的共享和数据的交换。建立一个统一的登记窗口，让市民和企业可以在同一地点提交所有登记相关的材料，避免了多次奔波，提高了办事效率。同时，政府可以采取"先审后核"的方式，即对于符合条件的登记申请先进行审核，再进行登记核准，从而缩短了登记的时间。在流程设计上，要充分考虑用户体验，简化表格和手续，降低申请门槛，减少不必要的要件，提高申请成功率。

其次，在服务方式上，推行线上登记服务是重要的方法之一。政府可以建立一个在线登记平台，市民和企业可以通过互联网提交申请和相关资料，实现远程办理。这样不仅节省了市民和企业的时间和精力，还能减少纸质材料的使用，降低了行政成本。在线登记平台还可以设置办事指南和常见问题解答，帮助用户更好地理解登记流程和要求。此外，政府还可以借鉴其他国家的先进经验，探索在登记服务中引入智能化技术，如人工智能、大数据等，提高服务效率和准确性。

除了在线登记服务，政府还可以推行自助服务机制。在政府机关和社区设立自助终端，市民和企业可以通过自助终端办理登记手续。这种方式不仅节省了人力成本，还提高了办事的灵活性和便捷性。政府可以提供相关培训和指导，确保市民和企业能够正确使用自助终端，避免出现操作失误。

最后，政府还可以鼓励和推广登记代办服务。允许第三方机构或律师事务所代表市民和企业完成登记手续。这样一来，市民和企业可以将烦琐的登记流程委托给专业人士，不仅节省时间，还能获得更专业的咨询和指导。政府可以建立登记代办机构的准入和监管制度，确保代办服务的合法性和规范性。

在实施优化登记程序和服务的过程中，政府需要积极引导和倾听市民和企业的需求。通过广泛征求意见和建立定期沟通机制，了解不同群体的诉求和反馈，政府可以更好地制定相关政策和措施，确保改革的顺利推进。

优化登记程序和服务的实施效果将是多方面的。简化登记流程将显著提高办事效率，加快登记速度。市民和企业不再需要为烦琐的手续和环节而烦恼，可以更快地获取登记证明，从而提高了市场交易的效率。线上登记服务和自助服务机制的推行将提高登记服务的时效性和便捷性。市民和企业可以根据自己的时间和需求进行登记申请，不再受限于传统的办公时间和地点。这将有助于提高市民和企业对政府的满意度和信任度。

另外，优化登记程序和服务也将带来社会资源的合理配置。简化登记流程和线上服务可以减少不必要的行政成本和资源浪费，政府可以将更多的资源投入其他有益的社会事业中。同时，推行线上登记服务也可以减少纸质材料的使用，降低对环境的影响，实现绿色登记，符合可持续发展的要求。

综上所述，优化登记程序和服务是未来政策法规可能推动的重要举措。通过简化流程，推行线上和自助服务，提高登记服务质量，政府可以为市民和企业提供更加便捷和高效的登记服务，促进经济发展和社会进步。这一改革举措将有助于降低交易成本，提高资源利用效率，为我国不动产市场的健康发展和长远规划打下坚实基础。政府在推进优化登记程序和服务的过程中，需要充分考虑市民和企业的需求，不断改进和完善政策措施，确保改革取得更好的效果。同时，政府部门和相关机构也要加强协作和沟通，形成合力，共同推动优化登记程序和服务的顺利实施。通过这一改革举措，我国不动产登记领域将迎来更加美好的发展前景。

四、加强登记数据质量监管

加强登记数据质量监管是当代信息化社会中一个至关重要的任务，其重要性不言而喻。随着信息技术的飞速发展和数据的日益增长，登记数据的质量直接关系到政府决策的准确性、社会治理的效率、经济发展的可持续性以及公众的信任度。在未来，政策法规有望进一步加强对登记数据质量的监管和评估，以更好地适应日益复杂和庞大的信息化社会需求。

为了建立健全登记数据质量评估机制，政府可能会采取多种措施。首先，成立专门的数据质量监管机构，该机构将负责制定相关数据质量标准和评估指标，并负责监督各行业和部门的数据登记工作。这样的机构将成为数据质量监管的核心，在政府与公众之间起到桥梁作用。其次，政府可能会制定数据质量管理的具体指导方针和政策，明确责任和权利，规范数据质量的要求和要点。政府将通过这些政策和规定，强化各行业的数据质量监督和管理，确保登记数据的准确性和可信度。

在实施登记数据质量监管的过程中，政府可能会加强对技术手段的应用。数据采集是确保登记数据质量的重要环节，政府可能会推广使用先进的数据采集技术和设备，例如自动识别技术、传感器技术等，以确保数据在采集阶段就能被准确无误地录入系统。此外，政府可能会加强数据加密和安全保障技术的应用，保护登记数据的完整性和安全性，防止数据被篡改和泄露。

除了技术手段，政府还会注重提升从业人员的数据素养和技能。数据登记是一个涉及多方面知识和技能的工作，需要从业人员具备一定的专业背景和操作能力。政府可能会鼓励和支持各行各业开展数据质量培训，不仅包括技术培训，还包括数据伦理和数据管理方面的培训。通过加强员工的数据意识，每个参与数据登记的人员都能认识到其责任和重要性，从而减少错误和虚假登记的风险。

在数据质量监管方面，政府还可能会借助大数据和人工智能技术，对登记数据进行实时监控和分析。大数据技术可以对海量数据进行快速处理和分析，识别出数据的异常和不一致性，及时进行纠正和整改。而人工智能技术可以通过学习和优化算法，提高数据质量监管的精度和效率，发现更为隐蔽的问题和风险。通过数据挖掘和分析，政府可以更好地了解社会状况和需求，为政策制定提供科学依据。

除了政府的监管力量，社会各界也应积极参与数据质量监管工作。政府可能会鼓励企业和组织自主开展第三方数据质量评估，增加数据的透明度和可信度。这些评估机构可以对政府和企业的登记数据进行独立评估，向公众发布数据质量报告，让公众更全面地了解数据的真实情况。同时，政府可能会设立数据举报平台，供公众举报虚假登记和信息篡改行为。举报平台将为公众提供一个安全、方便的渠道，让大家积极参与数据监管，形成全社会共同监督的合力。

在国际层面，数据质量监管也需要进行全球合作。政府可能会积极参与国际数据标准的制定和合作，推动数据质量监管的国际化进程。通过与其他国家和地区的数据信息交流和共享，政府可以借鉴其他国家的经验和做法，不断优化自身的监管机制和方法。同时，国际合作还可以促进全球数据治理体系的建立，共同应对全球性的数据安全和数据质量挑战。

加强登记数据质量监管是一个复杂而重要的课题。政府将在建立健全登记数据质量评估机制、加强技术手段的应用、推动数据培训和提高数据意识、利用大数据和人工智能技术进行实时监控、鼓励社会各界参与监管以及加强国际合作等方面展开努力。只有通过多方共同努力，才能确保登记数据的准确性和可信度，有效防止虚假登记和信息篡改，推动社会信息化进程取得更加稳健的发展。只有坚持不懈地推进数据质量监管工作，才能不断提升登记数据的质量水平，为社会的可持续发展和长期稳定奠定坚实的基础。

五、鼓励开发利用不动产信息

鼓励开发利用不动产信息是现代社会推进数字化、智能化、可持续发展的重要举措之一。政策法规在这方面发挥着至关重要的作用，为不动产信息的开发利用创造良好的环境和条件。通过政策法规的支持，不动产信息的开发利用可以在房地产行业、金融领域、城市规划等方面得到广泛应用，从而推动经济社会的进步和发展。

在过去的几十年里，不动产信息的开发利用在全球范围内取得了巨大的进步。随着信息技术的快速发展，尤其是互联网、大数据、人工智能等技术的成熟应用，不动产信息的收集、处理、传输和分析能力都得到了显著提升。政策法规可以在这个发展的基础上进一步发挥作用，引导和规范不动产信息的开发利用，以最大限度地发挥其潜力和价值。

政策法规可以在不动产信息共享平台的建设上予以支持。共享平台是不动产信息开发利用的重要基础设施，它可以汇聚各类不动产信息，并将其以开放、透明的方式向社会公开。在共享平台上，房地产开发商可以发布项目信息和销售数据，市民可以查询相关房屋信息和交易记录，金融机构可以获取不动产抵押物的价值评估数据。这样的平台有助于实现信息的互通互联，促进市场的有效运转和资源的优化配置。

政策法规可能鼓励提供多样化的不动产数据服务。不动产信息是多维度、多层次的，不同行业和部门对不动产信息的需求也有所差异。政策法规可以鼓励不动产数据服务提供商根据市场需求，将不动产信息进行细分和精细化处理，为不同领域提供量身定制的数据服务。例如，对于城市规划部门来说，他们更关注土地使用、建筑密度、用地规划等方面的数据，而对于金融机构来说，他们更关注不动产抵押物的价值评估数据。政策法规可以通过激励机制，鼓励数据服务提供商积极开发这些特定领域的数据服务，满足不同行业的需求。

政策法规可能鼓励技术创新，推动不动产信息开发利用的智能化。随着人工智能、大数据分析等技术的不断发展，不动产信息的处理和分析变得更加高效和准确。政策法规可以鼓励企业和研究机构在不动产信息开发利用方面开展前瞻性的技术研发，推动不动产信息与物联网、云计算等前沿技术的深度融合。例如，可以鼓励在不动产信息共享平台上采用人工智能技术，通过机器学习算法挖掘更多有价值的信息，为决策者提供更准确的参考。同时，政府可以出台资金支持政策，鼓励企业加大投入，推动技术创新在不动产信息开发利用中的应用。

此举不仅有助于提升房地产行业的效率和竞争力，还可以促进城市规划的科学决策和金融行业的稳健运行。政策法规也可能鼓励不动产信息的开放共享，鼓励政府机构、企事业单位共同参与，形成多方共赢的局面。在政府引导下，各个部门和企业可以共同参与到不动产信息的开发利用中，充分发挥各自的优势，推动不动产信息在多个领域的全面应用。

另外，政策法规还可能涉及数据隐私和安全保护。不动产信息的开发利用涉及大量的个人信息和商业数据，保护这些数据的安全和隐私成为一项重要任务。政府可以出台相关法律法规，规范不动产信息的收集、存储和使用，明确个人信息的保护措施，保障公民的个人隐私权利。同时，政府和企业需要共同加强信息安全管理，建立完善的数据保护机制，防范信息泄露和恶意攻击，确保不动产信息的安全可靠。

政策法规对于鼓励开发利用不动产信息具有重要意义。通过支持共享平台建设、提供多样化的数据服务、推动智能化发展和加强数据隐私保护等措施，不动产信息的开发利用可以在房地产行业、金融领域、城市规划等多个领域发挥积极作用。政策法规的有效实施将为经济社会发展注入新的动力，推动社会进步和持续繁荣。政府、企业和社会各界应共同努力，形成合力，推动不动产信息的开发利用不断取得新的成果，从而实现经济的高质量发展和社会的可持续进步。

六、制定奖惩措施

制定奖惩措施在不动产登记档案管理中是至关重要的，它可以为政策法规的有效执行提供有力支持。不动产登记档案管理是现代社会规范房地产交易和权益保障的重要手段。在市场经济的背景下，不动产登记档案管理涉及广泛的机构和个人，因此需要一个健全的激励机制来鼓励各方依法规范登记并积极开发利用不动产信息，同时打击违规行为，确保不动产登记档案管理的高效运行。

不动产登记档案管理奖惩措施的合理制定是政策法规的重要组成部分。随着房地产市场的不断发展，不动产登记档案管理日益成为保障市场稳定和防范风险的关键环节。政府通过制定相关法律和规定，明确不动产登记档案管理的标准和要求，并明确奖励和处罚的具体情况和程序。这样有助于各方了解自己的权利和义务，避免违规行为，提高不动产登记档案管理的透明度和规范性。

在制定奖惩措施时，应综合考虑各方的实际情况。例如，对于政府机构，可以根据其在不动产登记档案管理中的表现，制定相应的奖励政策。优秀的政府部门会获得财政补贴、荣誉证书等奖励，以鼓励其继续努力。而对于表现不佳的部门，则可能面临责令整改、停止资金支持等处罚措施，以促使其改进管理方式，提高工作效率。

奖励措施可以激励各机构和个人更积极地参与不动产登记档案管理。不动产登记是保障产权和合法权益的基础，对于及时准确登记不动产信息至关重要。政府可以设立奖励机制，对于及时完成登记、准确登记的机构和个人给予奖励。这些奖励可以是经济激励，也可以是荣誉表彰，如颁发荣誉证书或奖牌，以激发他们的积极性，提高登记工作的及时性和准确性。此外，政府还可以通过技术支持和培训等方式，帮助各机构和个人提高不动产登记档案管理的水平。例如，提供先进的信息技术设备和软件，推动登记信息系统的现代化建设，提高数据处理和查询的效率。同时，开展培训课程，加强对不动产登记规程和法律法规的宣传和教育，提高从业人员的专业素养和法律意识。

同时，对于违规行为进行处罚也是必要的。违规操作可能包括虚假登记、篡改档案、私自销毁重要信息等，这些行为都会严重损害不动产登记档案管理的信誉和稳定性。因此，制定严厉的处罚措施，如罚款、停止资金支持、责令停业整顿等，能够有效遏制不法行为，维护不动产登记档案管理的良好秩序。

在执行处罚措施时，应确保公正和透明。政府机构应严格按照法定程序进行处罚，并对处罚结果向社会进行公示，以维护公众的知情权和监督权。同时，对于受到处罚的机构和个人，应提供申诉和上诉的途径，确保其合法权益不受侵犯。

制定奖惩措施还有助于促进不动产登记档案管理水平的不断提高。在奖励机制的激励下，各类机构和个人将更加注重提高自身的技术水平和管理能力，推动登记档案信息系统的现代化建设，提高服务效率和信息准确度。同时，对于处罚行为的警示作用也将引起各方的警觉，自觉维护登记档案管理的规范和严肃性。此外，制定奖惩措施有助于促进政府与社会各方之间的合作和沟通。政府可以定期公布奖励与处罚的具体情况和实施效果，向社会传递管理的公正和透明，增强公众对政府工作的信任。同时，各类机构和个人也可以通过参与奖励评选和处罚执行等过程，参与不动产登记档案管理的决策和实践中，形成良性的互动机制，共同推动不动产登记档案管理的改进。

综上所述，制定奖惩措施是提升不动产登记档案管理水平的必要手段。通过奖励规范行为和处罚违规行为，政府能够引导社会各方遵守规则，保障登记档案管理的规范运行。同时，这一措施还能激励各机构和个人积极参与登记工作，提高服务质量和效率。最终，这将为不动产市场的健康发展和社会的长期稳定打下坚实基础。不动产登记档案管理是一个涉及面广、关系到国家稳定和社会利益的重要工作，制定奖惩措施将有助于构建更加高效、公正、规范的管理体系。同时，政府应充分考虑到实际情况，确保奖惩措施的公正性和合理性。政府可以根据不同地区、不同行业和不同类型的不动产登记档案管理情况，有针对性地制定相应的奖励和处罚政策。例如，可以根据不动产登记的准确性和及时性进行评估，对于表现优秀的机构和个人给予适当的奖励，对于违规操作和失误导致的错误处罚，予以适度的处罚。

在奖励方面，政府可以设立奖金或奖励金制度，对于登记准确率和效率较高的机构和个人给予一定的奖金或奖励金，激励他们保持良好的工作表现。同时，政府还可以颁发荣誉证书或荣誉称号，将优秀机构和个人的事迹宣传出去，树立典型，推动全社会学习他们的先进经验。除了经济奖励，政府还可以为优秀机构和个人提供进修学习的机会。通过组织培训班、学习交流活动等，让他们进一步提高自身的业务水平和管理能力。这不仅有利于他们的个人成长，也有利于不动产登记档案管理工作的提升和进步。在处罚方面，政府应建立严格的监督检查机制，及时发现不动产登记档案管理中存在的问题和违规行为。对于严重违规的机构和个人，应严肃查处，并依法予以严厉处罚。对于一些失误和轻微违规的情况，可以采取警告或记过等适当处罚措施，以警示他们，并避免类似问题再次发生。

在执行奖惩措施时，政府要确保公正公平，杜绝任人唯亲、徇私舞弊等现象的发生。要建立健全相应的监督机制，接受社会各界的监督和舆论监督，确保奖惩措施的透明度和公开性。制定奖惩措施不仅有利于提高不动产登记档案管理水平，还有助于推动不动产市场的健康发展。奖励那些积极参与登记工作、准确登记不动产信息的机构和个人，可以增加他们的工作积极性和责任感，提高登记的及时性和准确性。这将有助于优化市场资源配置，推动房地产交易的规范化和合法化，增强市场信心，促进经济的稳定发展。与此同时，政府对于违规操作和不当使用不动产信息的行为，通过严格的处罚措施加以惩戒，可以有效遏制不法行为，降低不动产市场的风险，减少不稳定因素。这将有助于保护购房者的合法权益，提高市场的透明度和公正性，增强市场参与者的信心，促进房地产市场健康有序发展。

制定奖惩措施对于不动产登记档案管理至关重要。政府应根据实际情况，制定合理有效的奖惩政策，鼓励各方依法规范登记并积极开发利用不动产信息，同时打击违规行为，确保不动产登记档案管理的高效运行。通过这一举措，不动产登记档案管理将得到进一步规范和完善，不动产市场也将得到更加健康和有序的发展。同时，政府应加强对不动产登记档案管理的监督和指导，确保奖惩措施的执行效果，为实现不动产登记档案管理的长期稳定和良好发展提供坚实保障。

　　未来政策法规对不动产登记档案管理与开发利用将起到积极的推动和规范作用。规范化的管理流程和信息共享机制将提高不动产登记的效率和准确性，数字化转型和信息安全保护将提升档案管理的水平和可信度，鼓励开发利用将促进不动产信息在多个领域的应用，从而推动不动产登记档案管理与开发利用向更高水平迈进。

第四节　对未来不动产登记档案管理与开发利用的展望

一、精细化服务与公共服务共建共享

　　随着科技的不断进步和社会发展的日益完善，不动产登记档案管理已经成为现代社会不可或缺的重要组成部分。在未来，精细化服务与公共服务共建共享将成为不动产登记档案管理的重要趋势。这一发展趋势将从多个方面推动不动产登记档案管理的现代化进程，使其成为更加智能、高效、服务周到的公共服务体系。

　　精细化服务是将用户体验和服务质量置于优先位置的理念。在过去，不动产登记档案管理普遍存在信息不准确、查询复杂、办事烦琐等问题，给市民办事带来不便，也影响了社会效率。而精细化服务的核心是通过数据共享和交流，政府部门和企业能够了解市民的需求，为市民提供更加个性化、精准的不动产信息查询和服务，让市民能够更便捷地办理相关事务，提高办事效率，提升用户满意度。

为了实现精细化服务，政府部门和企业需要建立起数据共享与交流的机制。政府与企业将共同拥有不动产登记档案的相关信息，形成数据的动态更新和共享，以确保信息的准确性和实时性。政府部门将投入更多资源来改进查询系统，确保信息的准确性和实时性。同时，企业也将借助先进的技术手段和大数据分析来提供更加精准的查询服务。市民将能够更便捷地查询自己的不动产信息，无须排队等候，提高了办事效率。

在精细化服务的背景下，公共服务的共建共享模式也将得到进一步的发展。公共服务的共建共享是政府与企业之间合作的重要形式，旨在优化资源配置，提高公共服务水平。通过政府与企业的密切合作，不动产登记档案管理的各项工作将得到更加高效、专业的推进。政府将能够更好地借助企业的先进技术和管理经验，提升自身的管理水平。企业也将从政府的政策支持和信息共享中受益，进一步提高服务质量和效率。公共服务的共建共享模式将形成一个完整的、协同的服务体系，涉及不动产登记档案管理的各个方面，包括信息录入、查询、更新、安全措施等。这将推动不动产登记档案管理整体水平的提升，进一步提高市民的满意度和获得感。

公共服务的共建共享模式也将有助于提高不动产登记档案管理的整体水平。政府与企业将共同承担不动产登记档案管理的责任，共同分享数据和信息，形成一个共同的责任体系。政府部门将更多地倾听企业和市民的意见和建议，对公共服务的内容和形式作出更加科学合理的规划，以满足市民的实际需求。公共服务的共建共享模式将推动不动产登记档案管理整体水平的提升，进一步提升市民的满意度和获得感。

精细化服务与公共服务共建共享的实施将有助于推动不动产登记档案管理的智能化发展。精细化服务需要借助先进的科技手段，包括大数据、人工智能等。政府部门和企业将联合建设智能化查询系统，市民可以通过手机 App 或网页查询系统轻松查询不动产信息。智能化查询系统将结合大数据和人工智能技术，为市民提供更加个性化、精准的查询服务。

首先，实行精细化服务与公共服务共建共享将使市民办事更加便捷。通过智能化查询系统和自助服务设施，市民不再需要排队等待，办事时间大大缩短，办理流程更加简化。其次，公共服务水平将得到提升。政府与企业的合作将推动不动产登记档案管理的整体水平提升。政府部门将借助企业的先进技术和管理经验，提高管理效率和服务质量。企业也将从政府的政策支持和信息共享中受益，进一步提高服务水平。最后，精细化服务与公共服务共建共享将提高不动产登记档案管理的效率和质量，有利于优化资源配置，减少浪费，进而促进经济的发展。

精细化服务与公共服务共建共享是未来不动产登记档案管理的重要发展趋势。通过数据共享和交流，政府部门和企业将提供更加精准、便捷的不动产信息查询和服务，满足市民的办事需求。公共服务的共建共享模式将加强政府与企业之间的合作，推动不动产登记档案管理整体水平的提升，提高市民的生活便利性和满意度。这一发展趋势必将推动未来不动产登记档案管理的现代化进程，使其成为更加智能、高效、服务周到的公共服务体系。

二、国际合作与标准化

不动产登记是涉及国家和市民财产权益的重要保护措施，涉及土地、房屋和其他不动产的所有权、权利和限制的确权和记录。在全球化和信息化的时代，不动产的流动和交易日益频繁，因此国际合作与标准化在不动产登记领域尤为重要。以下，我们将从国际合作的必要性、合作的意义和目标、国际标准化的重要性等方面对此进行展开详细论述。

国际合作在不动产登记领域的必要性得到广泛认可。当前，在全球范围内，不动产交易日益增多，跨国投资和土地利用的复杂性日益提高。然而，各国的不动产登记法律、规定和制度存在差异，导致不动产交易常常面临各种法律障碍和纠纷。国际合作可以消除跨国交易的法律障碍，简化交易程序，保障各方的权益。例如，在某国购买不动产的外国投资者可能需要面对外汇管制、土地使用权审批等问题，而通过国际合作，可以制定一套适用于多国的统一规则，为跨国交易提供便利。

国际合作在不动产登记领域的意义和目标是多样的。国际合作可以帮助各国分享好的实践经验。不同国家在不动产登记和档案管理方面拥有各自的优势和特点。通过合作交流，可以学习其他国家的先进管理模式和技术手段，借鉴其成功的经验，并将这些经验应用到本国的实践中，提高不动产登记和档案管理的效率和质量。此外，国际合作还可以促进不动产登记机构之间的合作与互助。例如，某国政府可能缺乏相关技术和资源，而与其他国家建立合作关系，可以获得技术支持和专业培训，提高自身的能力和水平。

国际合作也可以加强不动产登记领域的标准化。不动产登记涉及众多环节，包括权属调查、登记流程、档案管理等，各国在这些方面的标准存在差异。通过国际合作，可以制定统一的国际标准，确保各国在不动产登记方面保持一致，降低信息交换和合作的成本。这将有助于提高不动产登记档案管理的国际竞争力，吸引更多的国际投资和资源，促进国际贸易和合作，提升不动产登记档案管理在全球范围内的地位和影响力。

国际标准化在不动产登记领域的重要性也不容忽视。随着全球化的发展，不动产交易和投资越来越跨境化，各国的不动产登记数据之间需要进行交换和共享。然而，由于各国标准的不统一，数据交换常常面临着不匹配和不兼容的问题。国际标准化可以帮助建立通用的数据交换格式和规范，实现不动产登记信息的互通互联。例如，国际标准可以规定不动产登记信息的基本字段、编码方式、数据格式等，使各国的不动产登记系统可以更好地进行数据交换和共享。此外，国际标准化还可以提高不动产登记信息的安全性和可信度。在数字化和信息化的时代，不动产登记信息的安全性和可靠性越来越受到关注。国际标准可以规定数据的加密和验证机制，保障不动产登记信息的安全性，防止数据被篡改和泄露。同时，国际标准可以规定不动产登记机构的认证和审核标准，确保不动产登记信息的可信度，减少不动产交易中的欺诈和风险。

在推进国际合作与标准化的过程中，还需要充分考虑各国的文化、法律和社会差异。不同国家在政治、经济和文化方面存在差异，因此在制定国际标准和合作协议时，需要尊重各国的主权和独立性，兼顾各方的利益和关切，建立平等和互利的合作伙伴关系。同时，也需要充分尊重和保护各国的知识产权和商业机密，避免知识产权的侵权和不当竞争。国际合作与标准化在不动产登记的发展、保护国家和市民财产权益等方面具有重要意义。通过加强国际合作与经验交流，建立国际标准和框架，提升不动产登记档案管理的国际竞争力，我们能够推动不动产登记领域的创新与发展，促进全球范围内的不动产交易和投资，实现经济繁荣与社会进步的目标。在未来，随着全球经济的不断融合，国际合作与标准化的重要性将进一步凸显，我们需要继续致力于推进国际合作与交流，共同促进不动产登记事业的可持续发展。只有通过国际合作与标准化，我们才能在全球范围内建立高效、安全、透明的不动产登记体系，为经济社会的稳定和繁荣作出更大的贡献。

三、跨界融合利用

跨界融合利用是未来不动产登记档案管理的一项重要发展趋势，将在未来的城市规划、土地管理和房地产市场等领域产生深远的影响。以下，我们将深入探讨跨界融合利用的潜力与优势，以及在实现这一目标时可能面临的挑战和解决方案。

在未来的城市发展中，不动产登记信息的跨界融合将发挥重要作用。城市规划是实现城市可持续发展的基石，而不动产登记信息与城市规划之间的关联可以为规划者提供更多准确的数据支持。通过将不动产登记信息与城市的基础设施、人口流动、交通拥堵等数据进行融合，规划者可以更全面地了解城市现状和未来趋势，从而科学合理地规划城市的空间布局和发展方向，提高城市的宜居性和可持续性。

不仅如此，将不动产登记信息与土地管理数据相结合，也将为土地资源的有效管理和合理利用带来巨大的优势。土地资源是城市发展的基础，而不动产登记信息中包含的土地使用情况、土地所有权变更等信息可以帮助政府部门更精准地划定土地用途，防止乱占乱用土地资源现象，推动土地资源的保护和可持续利用。此外，不动产登记信息与房地产市场的跨界融合也具有重要意义。房地产市场的稳定发展关系到经济的健康发展和民众的福祉。通过将不动产登记信息与房地产市场的供需数据结合，各方可以更好地了解市场的动态和潜在风险，为房地产开发商、投资者和政府部门提供更准确的市场预测和决策支持，从而降低市场风险，推动房地产市场的良性发展。

为实现跨界融合利用的目标，不同部门之间的合作将不可或缺。档案管理机构可以与地理信息系统、大数据分析等部门合作，实现数据的共享和交互，促进各个领域资源的整合与优化利用。这种合作可以避免信息孤岛和数据的重复采集，提高数据利用的效率和准确性。同时，跨部门合作与协同也有助于推动新技术和新方法在不动产登记档案管理中的应用，提高管理水平和服务质量。

然而，实现跨界融合利用并不是一帆风顺的，可能面临一些挑战。数据标准化与互操作性是实现跨界融合的基础。不同领域的数据往往存在着不同的格式和标准，为了实现数据的有效融合，需要制定统一的数据标准和互操作规范，以确保数据的一致性和可比性。这需要相关部门加强沟通和协调，共同制定适应多领域融合的标准。

数据安全和隐私保护是跨界融合的重要问题。在数据共享和交互的过程中，必须确保数据的安全性，防止数据泄露和滥用。特别是涉及个人信息和商业机密的数据，更需要建立健全的数据安全保护机制，加强数据权限管理和访问控制，保障数据主体的隐私权和合法权益。

跨界融合涉及不同部门之间的合作与协调，需要克服组织文化和利益分歧等问题。在合作过程中，可能会面临意识形态差异、权责不清等挑战，需要建立有效的合作机制和沟通渠道，明确各方的职责和权利，形成合力，推动跨界融合的进程。

为解决上述挑战，可以采取以下措施。首先，建立相关政策和法规，明确跨界融合利用的目标和原则，规范数据共享和交互的流程与方式，保障数据的安全和隐私。其次，加强信息技术的支持和应用，推动不同系统之间的数据互通和互联，提高数据利用的效率和准确性。最后，加强人才培养和交流，培养跨领域的人才，推动不同部门之间的理解和合作。

跨界融合利用是未来不动产登记档案管理的重要发展方向。通过与城市规划、土地管理、房地产市场等领域的数据进行关联，实现数据的共享和交互，将为城市发展和资源利用带来巨大的推动力。然而，要实现跨界融合的目标，需要加强数据标准化与互操作性的建设，解决数据安全和隐私保护等问题，并加强跨部门合作与协同。只有克服这些挑战，才能更好地实现不动产登记档案管理的跨界融合利用，为建设智慧城市和可持续发展贡献更大的力量。

四、面向用户服务

面向用户服务在未来不动产登记档案管理中将扮演着至关重要的角色。随着科技的不断进步和社会的发展，不动产登记机构面临着诸多挑战和机遇。为了更好地满足用户的个性化需求，不动产登记机构将进行全面的改革和创新，实现更高效、便捷、全面的服务。

不动产登记机构将全面整合多种渠道的数据和信息。在过去，不动产登记机构通常仅依赖于局部或特定的数据来源，可能导致信息不完整、不准确。而未来，随着互联网和信息技术的普及，大量的不动产信息将被数字化并共享在多个平台上。不动产登记机构将借助先进的数据整合技术，从各个渠道收集和整合数据，形成全面、完整的不动产信息数据库。这将有助于实现全市场的资源整合，让不动产登记机构能够更全面地了解用户的需求。

这种全面整合的数据和信息将帮助不动产登记机构提供更多元化的服务。传统的不动产登记往往只提供简单的证明和登记服务，缺乏针对用户个性化需求的解决方案。而未来，随着数据的充分整合，不动产登记机构可以根据用户的需求提供更多样化、定制化的服务。例如，对于购房用户，不动产登记机构可以通过大数据分析了解用户的购房意向、经济实力等，为其推荐更合适的房产选项，提供更贴心的服务。对于房地产开发商，不动产登记机构可以提供更详细的市场数据和趋势分析，帮助其作出更明智的决策。

不动产登记信息的对接将使用户可以在其他服务平台上获得更全面的不动产相关服务。随着数字经济的快速发展，不动产市场的服务将不再局限于单一平台，而是融合在多个服务平台中。例如，在房产交易平台上，用户可以通过直接对接不动产登记信息，快速了解一套房产的详细情况，避免了烦琐的查询过程。这种无缝对接将使不动产登记成为其他服务的重要基础，让用户在使用各种不动产相关服务时更加便捷。

智能化技术将使不动产登记机构更具竞争力。随着人工智能和大数据技术的应用，不动产登记机构将实现智能化的业务处理和客户服务。例如，通过建立智能审核系统，不动产登记机构可以自动分析用户提交的登记申请，并进行快速审核。这将大大提高办理登记业务的效率，减少人为因素带来的错误，提高登记的准确性和可信度。同时，智能化技术还可以为用户提供更智能化、个性化的服务。例如，在不动产登记网站上，用户可以通过人工智能的推荐系统获得更合适的房产信息，从而更快速地找到心仪的房产。

面向用户服务还将注重提升用户体验。在未来，不动产登记机构将更加重视用户满意度，并积极采纳用户的反馈意见进行改进。不动产登记机构将建立用户满意度评价体系，定期进行用户调查，了解用户的需求和期望。同时，不动产登记机构将加强与用户之间的沟通，提供更加贴心的服务。例如，不动产登记机构可以通过短信、微信等方式及时通知用户登记进度，让用户随时了解自己的申请状态。此外，不动产登记机构还可以加强线上服务，提供网上预约和咨询等功能，为用户提供更加便捷的服务。

未来的不动产登记档案管理将更加面向用户服务。通过整合多种渠道的数据和信息，不动产登记机构将提供更加便捷、全面的服务，满足用户的个性化需求。智能化的技术手段将使机构更好地了解用户需求，提供更加智能化、综合化的不动产相关服务。同时，更加注重用户体验将使不动产登记机构与用户之间建立更紧密的联系，为用户营造更好的登记体验。这将是未来不动产登记档案管理发展的重要方向，也是促进不动产市场健康有序发展的关键举措。未来的不动产登记机构将成为服务型机构，以用户需求为导向，不断推进创新和改革，为用户提供更加优质、便捷的服务。

五、无缝集成与互联互通

无缝集成与互联互通是未来不动产登记档案管理系统的重要发展方向，它意味着不动产登记档案管理系统将与其他相关系统实现紧密的连接和数据共享，从而为社会经济发展和城市管理提供更加便捷和高效的支持。在这个信息化高度发达的时代，不动产交易涉及的信息和数据庞大而复杂，各个相关部门和机构之间缺乏有效的信息共享和协作机制，导致信息孤岛和工作重复的问题日益凸显。因此，实现无缝集成与互联互通成为推动不动产登记档案管理系统改革的必要举措。

值得强调的是无缝集成与互联互通的重要性。现代社会的发展越来越需要高效的信息共享和协同合作，而不动产登记档案管理系统的管理涉及众多部门和机构，如房地产交易中心、土地管理局、税务局等。这些部门之间信息孤岛的存在导致数据不能及时传递和共享，不仅增加了部门之间沟通的成本，也降低了不动产交易的效率。通过实现无缝集成和互联互通，不同部门和机构之间的数据可以实现无缝对接，信息可以自由流通，实现了信息的互通互联。这将为各个相关部门提供准确全面的信息支持，有助于提高工作效率，减少不必要的工作重复，从而更好地服务于市民和企业。

无缝集成与互联互通可以提高工作效率和协同性。随着社会和经济的发展，不动产交易的数量和复杂程度不断增加，传统的手工处理方式已经无法满足现代化管理的需要。不同部门之间的信息交流和数据共享成为工作推进的瓶颈，导致了诸多不便和问题。无缝集成和互联互通的实现，不仅可以在不同部门之间实现信息共享，还可以建立高效的协同工作机制。各个部门可以共同访问和更新相关数据，实现信息的实时同步和交流。这将有助于提高部门之间的合作效率，减少信息传递的滞后和误差，从而更好地推动不动产登记档案管理系统的建设和发展。

实现无缝集成与互联互通还有助于提高信息的准确性和一致性。不动产登记涉及的数据量庞大，涵盖了房屋、土地、税务等多个方面的信息。如果各个部门维护着独立的系统，数据的更新和核实将变得非常烦琐，容易出现数据冗余和不一致的情况。通过实现互联互通，不同系统的数据将实现自动同步，避免了数据的重复录入和信息的冲突。这将有助于提高数据的准确性和一致性，为不动产登记和交易提供可靠的数据支持，有助于提高整个不动产登记档案管理系统的可信度和可用性。

要实现无缝集成与互联互通，并不是一件轻而易举的事情，其中存在着一系列的技术挑战。首先，不同系统可能采用不同的技术平台和数据格式，要使它们进行有效对接，需要克服数据转换和信息传递的难题。这涉及数据标准化和信息交换的技术问题，需要专业的技术团队进行研究和开发。其次，不同系统的安全机制和权限管理也需要统一，以确保数据的安全性和完整性。在信息共享的同时，必须保证数据的安全和隐私，防止信息泄露和滥用的风险。这就需要建立起一套完善的安全保障措施，包括数据加密、权限控制、审计追踪等技术手段。

除了技术挑战，还有政策和法律方面的难题。不同部门和机构受到不同的管理体制和法律法规的约束，要实现互联互通需要协调各方的利益和达成共识。在信息共享和数据传递过程中，必须遵守相关法律法规，保护用户隐私和数据安全。此外，涉及数据的产权和使用权问题也需要明确规定，以避免数据的滥用和侵权行为。因此，需要政府部门和相关机构共同协作，建立起完善的政策体系和法律法规，为无缝集成与互联互通提供坚实的法律保障和政策支持。

尽管面临一系列挑战，实现无缝集成与互联互通仍然是值得努力的方向。未来不动产登记档案管理系统与其他相关系统的互联互通，可以为城市发展带来巨大的潜力和机遇。一方面，提高了不动产交易的效率和便利性，有利于促进房地产市场的健康发展。不动产交易作为经济的重要组成部分，对于城市的经济发展和财政收入有着重要影响。通过实现无缝集成与互联互通，可以提高房地产交易的效率，为城市的经济发展提供更多的动力。另一方面，信息共享和资源整合也有助于推动城市土地的合理利用和规划。在城市扩张和发展过程中，土地的合理利用和规划尤为重要。通过实现互联互通，可以对土地资源进行全面管理和有效规划，有助于提高城市的整体运行效率和可持续发展能力。

未来不动产登记档案管理系统应该与其他相关系统实现无缝集成和互联互通。这样可以实现信息共享、提高工作效率和协同性，促进不动产交易的便利性和健康发展。虽然面临技术、政策和法律等挑战，但是实现这一目标是城市发展和现代化建设的必然要求。只有通过各方共同努力，充分发挥现代技术和管理手段的优势，才能实现不动产登记档案管理系统与其他相关系统的无缝集成与互联互通，为城市的可持续发展和社会的进步贡献力量。在未来的发展中，我们有理由相信，不动产登记档案管理系统与其他相关系统的无缝集成与互联互通将为我们带来更加便捷高效的城市管理和社会服务。

六、一体化平台建设

一体化平台建设是未来不动产登记档案管理的重要发展方向，其影响涵盖了政府管理、市场运作、信息技术等多个领域。这一趋势的实现将成为现代化城市管理和房地产市场稳定发展的关键因素。接下来，我们将从不动产登记档案管理的现状入手，深入探讨一体化平台建设的必要性、优势和潜在挑战，并探讨其对房地产市场透明度和效率的积极影响。

目前，不动产登记档案管理存在着信息孤立、重复登记、信息不一致等问题，这导致了不动产市场的不透明和运行效率低下。不动产登记数据和信息分散在各个部门和机构中，缺乏有效的整合和共享机制。不动产交易涉及多个环节和程序，需要申请人在不同部门之间反复跑动，浪费了大量的时间和资源。此外，由于信息不一致，不动产交易的安全性和可靠性也备受质疑。一体化平台建设的必要性显而易见。首先，建设一体化平台可以实现信息共享和交流，打破各部门之间的信息壁垒。通过整合登记数据和信息，可以实现全面的数据共享，相关部门可以实时获取准确的不动产信息，这有助于提高信息登记的准确性和一致性，避免了因信息不一致而引发的纠纷和风险。

一体化平台将简化不动产登记流程，提高市场运作效率。目前，不动产交易需要在多个部门进行审批和登记，程序烦琐，时间成本高。而一体化平台将整合各个环节，实现线上化和一站式服务，申请人可以在一个平台上完成所有的登记手续，从而大大减少了办事时间，提高了市场运作效率。

一体化平台将为房地产市场的透明度和规范化作出积极贡献。通过建设统一的登记平台，市场参与者可以更方便地获取市场信息，市场行为将更加规范和透明。这将增强市场的公平竞争，减少不当行为的发生，维护了市场秩序和稳定。

然而，一体化平台建设也面临一些潜在挑战。各个部门和机构的数据整合涉及信息安全和隐私保护问题。在整合过程中，必须确保数据的安全性和隐私性，防止数据泄露和滥用。这需要建立完善的数据安全保护体系和合理的权限管理机制。

一体化平台的建设需要面对技术和资源的挑战。不同部门和机构的信息系统可能存在兼容性问题，数据的清洗和整合需要投入大量的技术和人力资源。此外，建设一体化平台需要大量的资金和支持，需要政府、企业和社会各方的共同努力。

尽管面临挑战，但一体化平台建设的优势和潜在收益远大于其带来的成本和困难。一体化平台的实现将为不动产登记档案管理带来革命性的变化。数据的共享和交流将提高登记的准确性和一致性，减少了因信息不一致而引发的纠纷和风险。同时，简化的登记流程将提高市场的运作效率，为市场参与者提供更便捷的服务，推动房地产市场的稳健发展。

一体化平台建设也将促进信息技术和城市管理的深度融合。通过建设统一的登记平台，政府可以更全面地了解城市的不动产信息，为城市规划和土地利用提供更科学的依据。同时，一体化平台将为地理信息系统（Geographic Information System，GIS）等技术的应用提供更多的数据支持，促进城市管理的智能化和现代化。在实施一体化平台建设的过程中，政府、企业和社会各界需要携手合作，共同解决技术、资源和安全等问题。政府可以出台相关政策和法规，推动各部门和机构的信息整合和共享。同时，政府可以引导支持企业和科研机构的参与，促进信息技术在不动产登记档案管理中的应用和创新。

综上所述，一体化平台建设是未来不动产登记档案管理的必然趋势。通过打破信息孤岛，实现信息共享和交流，一体化平台将提高登记的准确性和一致性，简化市场运作流程，增强市场的透明度和规范化。这将为城市管理和房地产市场的发展带来深远的影响，推动城市管理和社会治理的现代化进程。然而，一体化平台的建设需要克服技术、资源和安全等方面的挑战，需要政府、企业和社会各界的共同努力和支持。只有通过多方合作，才能实现不动产登记档案管理的现代化和智能化，为城市管理和房地产市场的繁荣稳定作出积极贡献。

结　语

在本书中，我们全面深入地探讨了数字化背景下不动产登记档案管理与开发利用的多个维度。研究成果表明，随着现代信息技术的飞速进步，尤其是大数据、云计算等数字化技术的应用，不动产登记档案管理的效率和安全性有了显著提升。数字化平台和信息资源的整合为不动产登记提供了方便，也确保了数据的准确性和可追溯性。然而，研究也揭示出在实践中还存在着一些不足之处，例如，技术应用与档案保护之间的平衡问题、不同地区之间数字化进程的不均衡，以及数字化转型中人员素质与能力的挑战等。我们还注意到，虽然相关政策法规的建设为档案管理提供了法律支撑，但这些法规在实际操作中仍有待进一步细化和完善，以更好地适应数字化时代的需求。在未来的研究方向上，我们认为可以更深入地分析和研究如何构建一个更加灵活和高效的法律框架，以此促进不动产登记档案管理的现代化进程。同时，在技术层面上，亟须探索更为先进的数据保护技术，在保障信息安全的同时，促进信息的共享与利用。此外，随着人工智能等新兴技术的不断发展，其在不动产登记档案管理中的应用潜力值得进一步挖掘。

总而言之，数字化给不动产登记档案管理带来了前所未有的机遇，但也伴随着挑战。本书的研究为这一领域提供了基础性的理论和实践分析，未来的研究可以在此基础上进一步深化，不断适应并引领这一领域的发展趋势。

参考文献

［1］李瑞芳，葛步月．不动产"一网通办"便民服务平台建设研究［J］．测绘与空间地理信息，2022，45（5）：95-97，102.

［2］刘冠施．不动产登记档案的概念及特点［J］．城建档案，2017（3）：78-79.

［3］刘国能．第五章：档案管理：传统与现代［J］．档案与建设，2012特刊：73-83.

［4］刘啸．数字化技术在不动产档案管理中的应用分析［J］．黑龙江人力资源和社会保障，2022（13）：143-145.

［5］龙超．论不动产统一登记的基本原则及内容［J］．商，2015（27）：239.

［6］曲娟，马静，王郑文．档案信息化建设的实践与探索：以青岛市不动产登记中心为例［J］．兰台内外，2020（34）：4-6.

［7］任殊．论档案数字化管理的效能、流程［J］．中共山西省委党校省直分校学报，2004（4）：43-44.

［8］商洁．浅谈不动产登记档案管理的现状和发展趋势：以杭州市富阳区为例［J］．浙江国土资源，2020（11）：40-41.

［9］宋洁．新常态下不动产统一登记档案管理探索分析［J］．管理观察，2017（18）：95-96.

［10］孙影．数字化不动产档案管理利用发展平台建设思考［J］．办公室业

务，2020（16）：172，180.

[11] 吴立群. 数字化在不动产档案管理中的应用探讨 [J]. 黑龙江档案，2021（4）：230-231.

[12] 吴丽敏. 国家治理现代化视角下不动产登记档案信息化建设刍议：以福州市为例 [J]. 海峡科技与产业，2021，34（8）：83-87.

[13] 夏劲松，王树恩. 现代科技革命与档案管理的现代化 [J]. 科学管理研究，2003，21（5）：86-88，93.

[14] 严世林. 不动产的概念及登记 [J]. 中国律师，2007（11）：68-70.

[15] 杨斌. 我国不动产登记的现状及发展趋势 [J]. 中国管理信息化，2019，22（3）：175-177.

[16] 杨奇子. 不动产登记档案数字化管理与规范化利用研究 [J]. 兰台内外，2022（30）：38-39，46.

[17] 曾婷，危娅婷，戴玉珍，等. 政务改革背景下不动产登记档案信息化建设问题对策与成效：以武汉市为例 [J]. 办公室业务，2022（11）：89-91.

[18] 张记铭. 浅析档案管理现代化 [J]. 黑龙江对外经贸，2010（5）：105-106.

[19] 张文娜. 数字化背景下不动产登记档案信息化建设研究 [J]. 兰台内外，2023（7）：25-27.

[20] 张文娜. 数字化不动产档案管理利用发展平台的构建探讨 [J]. 中外企业文化，2022（4）：111-113.

[21] 张钰. 数字化技术在不动产档案管理中的应用 [J]. 办公室业务，2021（17）：185-186.

[22] 周纲鑫. 基于 GIS 的"互联网+"不动产登记管理平台设计与实现 [J]. 测绘技术装备，2022，24（2）：114-119.

[23] 周建平. 不动产"一码"全链式管理机制研究 [J]. 浙江国土资源，2021（5）：39-41.

附录 《不动产登记暂行条例》

（2014 年 11 月 24 日中华人民共和国国务院令第 656 号公布，根据 2019 年 3 月 24 日《国务院关于修改部分行政法规的决定》修订）

第一章 总则

第一条 为整合不动产登记职责，规范登记行为，方便群众申请登记，保护权利人合法权益，根据《中华人民共和国物权法》等法律，制定本条例。

第二条 本条例所称不动产登记，是指不动产登记机构依法将不动产权利归属和其他法定事项记载于不动产登记簿的行为。

本条例所称不动产，是指土地、海域以及房屋、林木等定着物。

第三条 不动产首次登记、变更登记、转移登记、注销登记、更正登记、异议登记、预告登记、查封登记等，适用本条例。

第四条 国家实行不动产统一登记制度。

不动产登记遵循严格管理、稳定连续、方便群众的原则。

不动产权利人已经依法享有的不动产权利，不因登记机构和登记程序的改变而受到影响。

第五条 下列不动产权利，依照本条例的规定办理登记：

（一）集体土地所有权；

（二）房屋等建筑物、构筑物所有权；

（三）森林、林木所有权；

（四）耕地、林地、草地等土地承包经营权；

（五）建设用地使用权；

（六）宅基地使用权；

（七）海域使用权；

（八）地役权；

（九）抵押权；

（十）法律规定需要登记的其他不动产权利。

第六条　国务院国土资源主管部门负责指导、监督全国不动产登记工作。

县级以上地方人民政府应当确定一个部门为本行政区域的不动产登记机构，负责不动产登记工作，并接受上级人民政府不动产登记主管部门的指导、监督。

第七条　不动产登记由不动产所在地的县级人民政府不动产登记机构办理；直辖市、设区的市人民政府可以确定本级不动产登记机构统一办理所属各区的不动产登记。

跨县级行政区域的不动产登记，由所跨县级行政区域的不动产登记机构分别办理。不能分别办理的，由所跨县级行政区域的不动产登记机构协商办理；协商不成的，由共同的上一级人民政府不动产登记主管部门指定办理。

国务院确定的重点国有林区的森林、林木和林地，国务院批准项目用海、用岛，中央国家机关使用的国有土地等不动产登记，由国务院国土资源主管部门会同有关部门规定。

第二章　不动产登记簿

第八条　不动产以不动产单元为基本单位进行登记。不动产单元具有唯一编码。

不动产登记机构应当按照国务院国土资源主管部门的规定设立统一的不动产登记簿。

不动产登记簿应当记载以下事项：

（一）不动产的坐落、界址、空间界限、面积、用途等自然状况；

（二）不动产权利的主体、类型、内容、来源、期限、权利变化等权属状况；

（三）涉及不动产权利限制、提示的事项；

（四）其他相关事项。

第九条 不动产登记簿应当采用电子介质，暂不具备条件的，可以采用纸质介质。不动产登记机构应当明确不动产登记簿唯一、合法的介质形式。

不动产登记簿采用电子介质的，应当定期进行异地备份，并具有唯一、确定的纸质转化形式。

第十条 不动产登记机构应当依法将各类登记事项准确、完整、清晰地记载于不动产登记簿。任何人不得损毁不动产登记簿，除依法予以更正外不得修改登记事项。

第十一条 不动产登记工作人员应当具备与不动产登记工作相适应的专业知识和业务能力。

不动产登记机构应当加强对不动产登记工作人员的管理和专业技术培训。

第十二条 不动产登记机构应当指定专人负责不动产登记簿的保管，并建立健全相应的安全责任制度。

采用纸质介质不动产登记簿的，应当配备必要的防盗、防火、防渍、防有害生物等安全保护设施。

采用电子介质不动产登记簿的，应当配备专门的存储设施，并采取信息网络安全防护措施。

第十三条 不动产登记簿由不动产登记机构永久保存。不动产登记簿损毁、灭失的，不动产登记机构应当依据原有登记资料予以重建。

行政区域变更或者不动产登记机构职能调整的，应当及时将不动产登记簿移交相应的不动产登记机构。

第三章　登记程序

第十四条　因买卖、设定抵押权等申请不动产登记的，应当由当事人双方共同申请。

属于下列情形之一的，可以由当事人单方申请：

（一）尚未登记的不动产首次申请登记的；

（二）继承、接受遗赠取得不动产权利的；

（三）人民法院、仲裁委员会生效的法律文书或者人民政府生效的决定等设立、变更、转让、消灭不动产权利的；

（四）权利人姓名、名称或者自然状况发生变化，申请变更登记的；

（五）不动产灭失或者权利人放弃不动产权利，申请注销登记的；

（六）申请更正登记或者异议登记的；

（七）法律、行政法规规定可以由当事人单方申请的其他情形。

第十五条　当事人或者其代理人应当向不动产登记机构申请不动产登记。

不动产登记机构将申请登记事项记载于不动产登记簿前，申请人可以撤回登记申请。

第十六条　申请人应当提交下列材料，并对申请材料的真实性负责：

（一）登记申请书；

（二）申请人、代理人身份证明材料、授权委托书；

（三）相关的不动产权属来源证明材料、登记原因证明文件、不动产权属证书；

（四）不动产界址、空间界限、面积等材料；

（五）与他人利害关系的说明材料；

（六）法律、行政法规以及本条例实施细则规定的其他材料。

不动产登记机构应当在办公场所和门户网站公开申请登记所需材料目录和示范文本等信息。

第十七条 不动产登记机构收到不动产登记申请材料，应当分别按照下列情况办理：

（一）属于登记职责范围，申请材料齐全、符合法定形式，或者申请人按照要求提交全部补正申请材料的，应当受理并书面告知申请人；

（二）申请材料存在可以当场更正的错误的，应当告知申请人当场更正，申请人当场更正后，应当受理并书面告知申请人；

（三）申请材料不齐全或者不符合法定形式的，应当当场书面告知申请人不予受理并一次性告知需要补正的全部内容；

（四）申请登记的不动产不属于本机构登记范围的，应当当场书面告知申请人不予受理并告知申请人向有登记权的机构申请。

不动产登记机构未当场书面告知申请人不予受理的，视为受理。

第十八条 不动产登记机构受理不动产登记申请的，应当按照下列要求进行查验：

（一）不动产界址、空间界限、面积等材料与申请登记的不动产状况是否一致；

（二）有关证明材料、文件与申请登记的内容是否一致；

（三）登记申请是否违反法律、行政法规规定。

第十九条 属于下列情形之一的，不动产登记机构可以对申请登记的不动产进行实地查看：

（一）房屋等建筑物、构筑物所有权首次登记；

（二）在建建筑物抵押权登记；

（三）因不动产灭失导致的注销登记；

（四）不动产登记机构认为需要实地查看的其他情形。

对可能存在权属争议，或者可能涉及他人利害关系的登记申请，不动产登记机构可以向申请人、利害关系人或者有关单位进行调查。

不动产登记机构进行实地查看或者调查时，申请人、被调查人应当予以配合。

第二十条 不动产登记机构应当自受理登记申请之日起 30 个工作日内办结不动产登记手续，法律另有规定的除外。

第二十一条 登记事项自记载于不动产登记簿时完成登记。

不动产登记机构完成登记，应当依法向申请人核发不动产权属证书或者登记证明。

第二十二条 登记申请有下列情形之一的，不动产登记机构应当不予登记，并书面告知申请人：

（一）违反法律、行政法规规定的；

（二）存在尚未解决的权属争议的；

（三）申请登记的不动产权利超过规定期限的；

（四）法律、行政法规规定不予登记的其他情形。

第四章　登记信息共享与保护

第二十三条 国务院国土资源主管部门应当会同有关部门建立统一的不动产登记信息管理基础平台。

各级不动产登记机构登记的信息应当纳入统一的不动产登记信息管理基础平台，确保国家、省、市、县四级登记信息的实时共享。

第二十四条 不动产登记有关信息与住房城乡建设、农业、林业、海洋等部门审批信息、交易信息等应当实时互通共享。

不动产登记机构能够通过实时互通共享取得的信息，不得要求不动产登记申请人重复提交。

第二十五条 国土资源、公安、民政、财政、税务、工商、金融、审计、统计等部门应当加强不动产登记有关信息互通共享。

第二十六条 不动产登记机构、不动产登记信息共享单位及其工作人员应当对不动产登记信息保密；涉及国家秘密的不动产登记信息，应当依法采取必要的安全保密措施。

第二十七条 权利人、利害关系人可以依法查询、复制不动产登记资料，不动产登记机构应当提供。

有关国家机关可以依照法律、行政法规的规定查询、复制与调查处理事项有关的不动产登记资料。

第二十八条 查询不动产登记资料的单位、个人应当向不动产登记机构说明查询目的，不得将查询获得的不动产登记资料用于其他目的；未经权利人同意，不得泄露查询获得的不动产登记资料。

第五章 法律责任

第二十九条 不动产登记机构登记错误给他人造成损害，或者当事人提供虚假材料申请登记给他人造成损害的，依照《中华人民共和国物权法》的规定承担赔偿责任。

第三十条 不动产登记机构工作人员进行虚假登记，损毁、伪造不动产登记簿，擅自修改登记事项，或者有其他滥用职权、玩忽职守行为的，依法给予处分；给他人造成损害的，依法承担赔偿责任；构成犯罪的，依法追究刑事责任。

第三十一条 伪造、变造不动产权属证书、不动产登记证明，或者买卖、使用伪造、变造的不动产权属证书、不动产登记证明的，由不动产登记机构或者公安机关依法予以收缴；有违法所得的，没收违法所得；给他人造成损害的，依法承担赔偿责任；构成违反治安管理行为的，依法给予治安管理处罚；构成犯罪的，依法追究刑事责任。

第三十二条 不动产登记机构、不动产登记信息共享单位及其工作人员，查询不动产登记资料的单位或者个人违反国家规定，泄露不动产登记资料、登记信息，或者利用不动产登记资料、登记信息进行不正当活动，给他人造成损害的，依法承担赔偿责任；对有关责任人员依法给予处分；有关责任人员构成犯罪的，依法追究刑事责任。

第六章　附则

第三十三条　本条例施行前依法颁发的各类不动产权属证书和制作的不动产登记簿继续有效。

不动产统一登记过渡期内，农村土地承包经营权的登记按照国家有关规定执行。

第三十四条　本条例实施细则由国务院国土资源主管部门会同有关部门制定。

第三十五条　本条例自 2015 年 3 月 1 日起施行。本条例施行前公布的行政法规有关不动产登记的规定与本条例规定不一致的，以本条例规定为准。